Greta Hessel

Wege einer Schamanin

Die sieben Stufen zur Selbstfindung und Heilung

Urania

Für mein Kind Julian
und für die Zukunft unserer Kinder

Die in diesem Buch vorgestellten Informationen und Übungen sind sorgfältig recherchiert und wurden nach bestem Wissen und Gewissen weitergegeben. Dennoch übernehmen Autor und Verlag keinerlei Haftung für Schäden irgendeiner Art, die direkt oder indirekt aus der Anwendung der Angaben in diesem Buch entstehen. Die Informationen in diesem Buch sind für Interessierte und zur Weiterbildung gedacht und nicht als Therapie- oder Diagnoseanweisung im medizinischen Sinne zu verstehen.

2. Auflage 2002

ISBN 3-908653-04-5

Umschlaggestaltung: Peter Kraft Designagentur, D-79189 Bad Krozingen unter Verwendung eines Photos der Freizeit Revue/J. Stork
Satz: GBS, CH-3250 Lyss
Druck: FVA, D-36037 Fulda
Printed in Germany

INHALT

SCHAMANENREGELN

- Eigenverantwortung, Liebe und Bewußtsein!
- Wiederherstellung wohltuender und Entfernung schädlicher Kräfte.
- Ziel ist die Meisterung der nichtalltäglichen und alltäglichen Bewußtseinszustände.
- Schamanen heilen ihre Klienten nicht, sondern helfen diesen nur dabei, ihre Selbstheilungskräfte zu finden und sinnvoll zu gebrauchen.
- Schamanen brauchen keine Drogen, denn Trance ist ein natürlicher Zustand, der auch nur auf natürlichem Wege, ohne Hilfsmittel und ohne Schaden zu verursachen, erreicht werden kann.
- Schamanen sind Heiler der Gesellschaft, deswegen helfen sie dabei, in die Gesellschaft einzusteigen und sie zu erneuern, anstatt auszusteigen.
- Schamanen sind Individualisten, deswegen lehnen sie Sekten ab, die alle letztendlich die Menschen in eine Hierarchie pressen. Schamanen leben frei und selbstbestimmt.
- Schamanen denken und handeln ganzheitlich. Deswegen beziehen sie die Natur und die Seele des Menschen mit in ihre Arbeit ein und nutzen die Erfahrungen, die Naturvölker seit Tausenden von Jahren gesammelt haben.

VORWORT

Trotz unbestreitbarer Erfolge der modernen Schulmedizin zeigt die Erfahrung der letzten Jahre, daß kranke Menschen zunehmend das Bedürfnis nach komplementären Heilmethoden artikulieren.

Die Menschen spüren, daß es zu umfassender Heilung mehr bedarf als lediglich der Bekämpfung von Symptomen und Krankheiten. Gesundheit ist mehr als die Abwesenheit von Krankheit.

Gerade in unserer hektischen, sinnentleerten Zeit erwächst in kranken Menschen ein tiefes Bedürfnis nach Seelenfrieden.

Naturheilverfahren erleben eine enorme Nachfrage. Psychotherapie wird in steigendem Maße als zusätzliche Therapiemethode auch bei somatischen Erkrankungen in Anspruch genommen, alternative Heilmethoden sind zunehmend gefragt.

Neue Forschungsgebiete wie die Psychoneuroimmunologie, Psycho-Onkologie und Salutogenetische Medizin tragen der Tatsache Rechnung, daß Erkrankungen nicht nur Funktionsfehler einzelner Organsysteme sind, sondern stets den ganzen Menschen betreffen.

Die Medizin, die sich jahrhundertelang ausschließlich mit Krankheiten beschäftigt hatte, beginnt den Menschen zu entdecken. Ohne jeden Zweifel stehen wir an der Schwelle zu einem neuen Zeitalter der Heilkunde. Dem Zeitalter der Heiler!

Es waren Schamanen, die über Jahrhunderte hinweg in allen Kulturen kranken Menschen zur Heilung verhalfen.

Ihre Heilmittel sind Rituale. Rituale sind Handlungen, die Verbindung herstellen mit den tief in jedem Menschen schlummernden Selbstheilungskräften. Indem sie den Kranken Kontakt aufnehmen lassen mit seinen Gefühlen, mit guten und bösen Dämonen, mit seinen Ahnen, der Erde, der Natur. Rituale geben Kraft zur Heilung.

Greta Hessel ist es in bewundernswerter Weise gelungen, in ihrem neuen Buch ein Bewußtsein für die Möglichkeiten des Schamanismus zu erwecken und aus ihrer Erfahrung als praktizierende Schamanin pragmatische Wege aufzuzeigen, jahrhundertealte schamanistische Heilmethoden in einer zeitgemäßen Form anzuwenden.

Ich sehe in ihrem Buch eine große Bereicherung für all jene, die offen und mutig genug sind, über den Tellerrand rationaler Wissenschaftlichkeit hinauszublicken.

Ihr Buch vermittelt Visionen, Hoffnung und Liebe.

Sinzheim, im Juli 1999
Dr. med. Lutz Wesel,
Facharzt für Allgemeinmedizin
und Psychotherapeut

EINLEITUNG

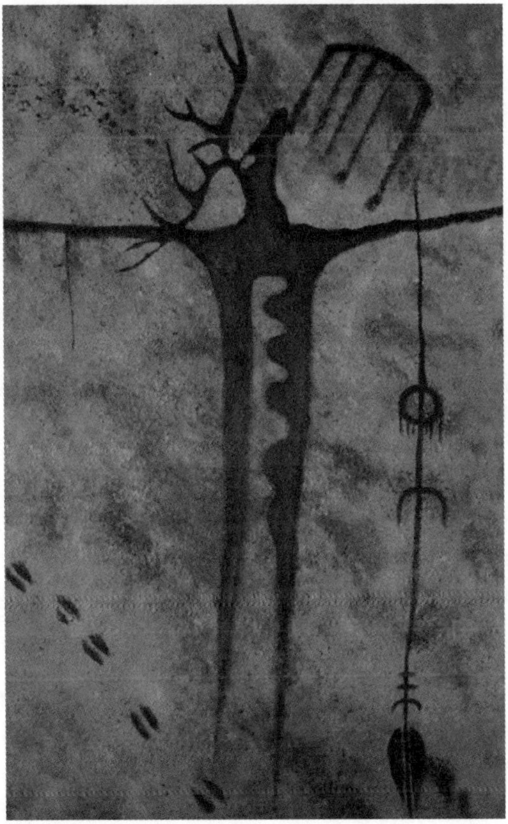

WARUM ICH DIESES BUCH GESCHRIEBEN HABE

Der traditionelle schamanische Einweihungsweg – z.B. in Afrika oder Amerika – umfaßt etwa zehn bis fünfzehn Jahre. Er beinhaltet dabei Themen wie Kräuterkunde, Chirurgie, Ritualwissenschaft, Methoden der Energiearbeit, die Entwicklung medialer Fähigkeiten, psychotherapeutische und sozialpädagogische, psychiatrische und religiöse Inhalte ebenso wie die Entwicklung künstlerischer und handwerklicher Fähigkeiten. Das therapeutische Märchenerzählen, das Wissen um Mythen und Legenden und auch die Geschichte des jeweiligen Stammes oder Volkes bilden den Hintergrund des schamanischen Weges. Die Selbstfindung und das Persönlichkeitswachstum sind der ständig präsente Kern des schamanischen Einweihungsweges.

Viele Elemente der traditionellen schamanischen Ausbildung sind für Schamanen, die in der westlichen Industriegesellschaft in einem urbanen Umfeld arbeiten, nicht mehr notwendig, bzw. können einige Methoden nur von dazu staatlich ermächtigten Menschen angewendet werden. So ist die medizinische und psychiatrische Versorgung im engeren Sinne heute auf die professionellen Mediziner übergegangen.

Aus meinem Hintergrund als Philosophin erwuchs die Erkenntnis, daß ein schamanischer Einweihungsweg für Menschen, die in unserer Gesellschaft tätig sein wollen, nötig geworden ist.

Alle Themen, die in unserer Kultur bereits von z.B. qualifizierten Naturheilkundlern oder Ärzten abgedeckt werden und die für medizinische Laien aus gesetzlichen Gründen im übrigen nicht beruflich anwendbar sind, habe ich in diesem Buch herausgenommen bzw. in spezielle Studiengänge für Angehörige der Heil-und Heilhilfsberufe eingegliedert. Die übrigen Inhalte habe ich mit Hilfe meiner Lehrer so an unsere Zeit und unsere Kultur angepaßt, daß «auch» Menschen, die nicht in einem Naturvolk aufgewachsen sind, erstklassige Schamanen werden können.

Dieses wohl komplette schamanische Arbeitsbuch ist auf einen Zeitraum von mehreren Monaten angelegt und in thematisch abgeschlossene Trainingseinheiten unterteilt. Praktisch bedeutet das: Sie erhalten ein Praxisbuch für einen schamanischen Einweihungsweg und haben damit ein zusammenhängendes Konzept für Ihren persönlichen Erfolgsweg, für Ihr persönliches Glück und Ihre Gesundheit.

Mit diesem vorliegenden Buch versuche ich Menschen zu unterstützen, deren Seele in unserer Gesellschaft auf der Strecke geblieben ist. Bei der Erforschung der archaischen Völker stieß ich auf den Schamanismus und machte dabei wesentliche Erkenntnisse. *«In einer Zeit der Orientierungslosigkeit und Verunsicherung, in der sich der Fortschritt zum Rückschritt erklärt hat und die als ‹Postmoderne› bezeichnet wird, von der Jean-François Lyotard behauptet, daß sie das Ende der Meta-Erzählung, das Ende von Erklärungsmustern, das Ende von Theorien, die einen Sinn in der Geschichte zu entdecken glauben, ist, ist der Bedarf nach Erklärungen und Deutungen geblieben.»*[1]

Gerade in dieser Zeit der Sinnlosigkeit, in der wir den Kontakt zu unserer Seele verloren haben, einer Zeit, die durch Angst bedroht ist, die von Umweltkatastrophen heimgesucht wird, in der das Weltbild auseinanderbricht und es keinen Gott mehr gibt, braucht und sucht der Mensch eine neue Bestimmung.

Die Philosophie war von jeher ein fragendes Suchen, ein Untersuchen, um herauszufinden, was das Wahre, Gute und Schöne sei. Ein Fragen nach dem Seienden und Erlösenden. Von daher ist der Philosoph ein Schamane, ein Außenstehender, ein einsamer Denker, ein Seher und Sinnsuchender. Er ist ein «auf die Gesellschaft Schauender» und damit getrennt von den anderen. Der Schamane stellt in Frage, gleichzeitig jedoch ist er ein Heilender, der an nichts haftet, ein Überwinder, der sich durch Loslassen befreit hat und den Tod als Verwandlungsprozeß sieht. Der Philosoph sollte letztendlich auch ein Schamane, ein Heiler der Gesellschaft sein. Das Leiden an der Welt, die Sensibilisierung an der Wirklichkeit, verbunden mit einer Intensivierung von Leidens- und Todeserfahrungen, ist eine schamanische Initiation.

«Der Schamane muß nämlich, um seiner Aufgabe als Berater und Psychotherapeut nachkommen zu können, über das eigene Seelenleben bestens Bescheid wissen. Genauso wie der Schamane ein Erforscher der äußeren Wirklichkeit ist, durchforstet er die Bereiche des Bewußtseins und seiner eigenen Psyche. Diese Übung in Selbsterkenntnis ist notwendige Voraussetzung für sein Amt und für Erkenntnis überhaupt. Denn letztlich gibt es keine Erkenntnis von der Welt, ohne zugleich eine Erkenntnis von sich selbst zu haben.»[2]

Ist nun das Ende der Theorien auch gleichzeitig das Ende der Philosophie? Brauchen wir noch neue Utopien, gibt es überhaupt andere Visionen? Jean Baudrillard sagt dazu:

«Die Postmoderne ist eine Ersatzideologie, eine Ablenkung, um zu verbergen, daß es jetzt keine übergeordneten Werte mehr gibt. Man hat sich bemüht, das zu keinem Konzept zu verknüpfen – eine Form der Prothese, eine künstliche Synthese all der Nichtkonzepte.»[3]

Es haben schon viele Philosophen über den Gegensatz von Ich und Welt gedacht, über die Spaltung von Selbstsein und Weltsein. Hegel versuchte diesen Dualismus zu überwinden, diese Wunde, das Trauma zu lösen:

«Der Mensch ist erst gottlos, dann wertlos und zum Schluß sich selber los.»[4]

Er verliert das eigene Ich, hat keinen Halt mehr in der Welt und keinen Halt in sich selbst. Er ist weder in der Welt zu Hause noch in sich selbst. Wie könnte eine Versöhnungsphilosophie aussehen? Eine Versöhnung von Ich und Welt, von Schein und Wirklichkeit?

Der letzte Mensch kennt nur Begierde, Triebbefriedigung, Wünsche und Entertainment. Er hat seine Seele verloren. Wie kann der Mensch wieder in Kontakt mit seiner Seele kommen? Sich wieder in Einklang bringen mit dem Kosmos, und damit ins Gleichgewicht mit dem Seienden?

Wissenschaftsglaube und Industriealisierungsprojekte, die Errungenschaften der Vernunft entpuppen sich immer mehr als zweifelhafte Siege. Was waren die Gründe? Inwieweit bestimmt das Sakrale unsere postmoderne Gesellschaft, und inwiefern ist die aufkommende mystische Bewegung eine Gegenbewegung zum Rationalitätsbetrieb? Wie kann der moderne Mensch leben, ohne zu verdrängen oder zu kompensieren?

Er kann es in Zusammenarbeit mit den Kräften der Natur und den traditionellen schamanischen Methoden: Für den Schamanen ist nichts ohne Seele, und durch den Respekt vor dem anderen Teil der Welt kann er Beziehungen heilen und Trennungen auflösen.

Der Schamanismus bietet viele Wege dafür, und so ist er wieder aktuell geworden. Alte Rituale sind wiederentdeckt worden und erwachen zu neuem Leben. Doch leider gibt es auch viele Verständigungsschwierigkeiten bei diesem Thema. So betrachten einige den Schamanismus für sich als Aussteigertum und Rückzug aus der Gesellschaft, weil sie mit dieser nicht mehr fertig werden. Andere wiederum meinen, es sei die offizielle Erlaubnis, um Drogen zu nehmen. Viele Menschen leben ganz einfach nur ihre Macht aus. Einige haben den Boden der Realität überhaupt verlassen und befinden sich im ständigen Delirium. Schamanismus ist jedoch kein Egotrip, sondern ein sinnvolles Miteinander.

Nach langem Überprüfen und Forschen habe ich meinen eigenen Weg entwickelt. Als Philosophin habe ich an der Universität sehr schnell begriffen, daß Erkenntnis ohne Erfahrung nichts bringt, gleichzeitig Erfahrung ohne Erkenntnis genauso wenig Sinn ergibt. So verband ich die Erkenntnis (Philosophie) mit der Erfahrung (Schamanismus). Das gleiche ergibt sich aus dem rationalen und dem intuitivem Denken (Verstand/Intuition). Bisher lebten wir in einer seit zweitausend Jahren bestehenden patriarchalisch bestimmten Gesellschaft. Das hatte zur Folge, daß wir dabei sind, uns selbst und unsere Natur zu zerstören. Nun gehen wir einer neuen Zeit entgegen, der androgynen, in der die weiblichen und männlichen Anteile integriert werden. Die Verbindung von männlichem Verstand mit weiblicher Intuition ist der Schamane oder die Schamanin in uns, ist die Rückbindung oder Verbindung zur Natur. In unserer jetzigen Gesellschaft wird hauptsächlich der rationale Anteil im

Menschen gelebt. Dazu gehören: Erfolg, Besitz, Streben nach künstlichem Fortschritt, Analysieren und Beherrschen, Vergrößern und Macht haben. Weibliche Werte dagegen sind: Intuition, Kreativität, Schönheit, Beziehungen, Freude, Gefühle, Loslassen, Einspüren, Wahrnehmen, Weichheit und im Fluß des Lebens sein.

Dieses Buch ist ein Arbeitsbuch und enthält aufeinander aufbauende Lektionen. Zuerst lesen Sie das Buch einfach durch, um sich damit vertraut zu machen. Dann fangen Sie bitte mit dem ersten Kapitel an zu arbeiten und nicht mit dem letzten, obwohl das vielleicht mehr Spaß machen würde. Es ist wichtig, daß Sie zuerst geerdet sind, um später getrost «abheben» zu können.

Im ersten Teil meines Buches versuche ich den Schamanismus zu definieren und auch meine Ansicht über Schamanismus zu erklären.

Die weiteren Kapitel sind nach den Chakren bestimmt und dem jeweiligen Bewußtseinsgrad. So sind die Themen der Chakren folgende:

1. Chakra:	Erdung
2. Chakra:	Gefühle
3. Chakra:	Macht
4. Chakra:	Hingabe
5. Chakra:	Ritual
6. Chakra:	Visionen
7. Chakra:	Einweihung

Zur Heilung des jeweiligen Chakras finden Sie Anleitungen für Bachblüten, Farb- und Aromatherapie und Edelsteine.

Der mittlere Teil besteht aus einem Krafttier-Kartenorakel, das Sie selbst herstellen können. Mit Hilfe dieser Kraftkarten können Sie jederzeit Ihren derzeitigen spirituellen Lernprozeß erkennen. Außerdem haben Sie damit die Möglichkeit, zu einem bestimmten Problem ein Krafttier zu ziehen, wenn Sie Hilfe brauchen.

Am Ende des Buches steht die Einweihung, die Sie direkt von den Naturkräften erhalten. Das ganze Buch ist ein Einweihungsweg, wenn Sie mit Ihrem Herzen und voller Hingabe an Ihrem Schatten arbeiten. Je mehr Dunkelheit Sie auflösen, desto heller wird das Licht.

WIE ICH ZUM SCHAMANISMUS FAND

Im Matriarchat, das vor Tausenden von Jahren in allen frühen Kulturen vorherrschte, war die Frau in ihrem Führungsanspruch so weit gegangen, daß als Gegenbewegung das Patriarchat ausgelöst wurde, dessen einseitige Entwicklung wir heute als technischen Fortschritt und Höhepunkt oder Krise erleben. In beiden Entwicklungen ist das weibliche und das männliche Prinzip zu extrem ausgeprägt. Es geht darum, die richtige Balance zwischen beiden wiederzufinden. Zunächst einmal zeigt sich auf breiter Ebene eine Art Unzufriedenheit mit den bisherigen Werten. Obwohl jeder hier im materiellen Wohlstand lebt, wird doch vielen klar, daß etwas Entscheidendes fehlt. So ist es mir jedenfalls ergangen.

ZUERST KAM DIE PHILOSOPHIE

Ich wollte innere Werte finden und wandte mich deshalb der Philosophie zu, wurde dabei allerdings ziemlich enttäuscht. Die Philosophen leben in einem Elfenbeinturm, scheuen das Intuitive, die Körperlichkeit, das Weibliche überhaupt. Die Herren Philosophen haben in ihrem angeblichen Bemühen, zur Weisheit zurückzuführen, nur intellektuelle Konzepte geboten, d.h. das rationale Denken zementiert.

Über die Philosophie habe ich aber zum Schamanismus gefunden. Durch das Buch «Die Metamorphose der Frau» von einem Philosophen namens Mühlmann entdeckte ich, daß der Schamanismus im Prinzip weiblich ist, und darüber schrieb ich meine Abschlußarbeit und koppelte mich damit erst einmal von der Philosophie ab.

Als ich dann von verschiedenen Lehrern praktisch in den Schamanismus eingeführt wurde und zum Teil sehr gute Erfahrungen machte, merkte ich, daß es nicht genügt, einfach nur schamanische Erfahrungen zu machen. Ein mystisches Erlebnis im Wald hilft wenig, wenn die Erkenntnis fehlt, wie solche Erfahrungen einzustufen sind. Dabei habe ich gelernt, daß beide Seiten, die rationale der Philosophie und die intuitive des Schamanismus, wichtig sind, und hier liegt mein Ansatzpunkt. Der neue Mensch in meiner Vision ist androgyn, in sich ausgewogen. Wir sind auf dem Weg dahin. Viele Frauen glauben zur Zeit, sie müßten den Mann mit seinem Ehrgeiz, Erfolg im Beruf usw. imitieren. Dagegen kommen Männer verstärkt in ihre weibliche Energie. Sie verbinden klares strategisches Denken mit Kreativität und Intuition.

ICH WAR GEGEN ALLES

Ich war bei den Linken, habe über Atomkraftwerke gewettert und gar nicht bemerkt, daß ich meine eigenen Aggressionen nach außen projizierte. Es ist auch absurd, aktiv im Kampf gegen die Umweltzerstörung mitzuwirken und sich dabei selbst durch Zigarettenrauchen zu zerstören. Selbst bei meinem Findhornbesuch[5] war ich zuerst aggressiv, bin abends in die Kneipe gegangen und habe Guiness getrunken. Ich konnte das heilige Getue in den Gruppen nicht ausstehen.
Nach Findhorn war ich so verwirrt, daß ich meinen Geburtstag einen Tag zu früh feierte.

MEINE LEHRER

Dann rief mich Sai Baba nach Indien. Aus Sorge um meine Gesundheit hatte ich einen ganzen Koffer mit Medikamenten vollgepackt, aber gerade auf diesen Koffer wartete ich vergeblich. Und Sai Baba sagte: «Du mußt mit leeren Händen zu mir kommen, damit ich sie füllen kann.»

Ich habe immer wieder überprüft, ob ich der Stimme von Sai Baba vertrauen kann. Ich kann nicht sagen, er sei mein Meister. Ich bin verschiedenen Lehrern begegnet, die mich in dem Sinne geführt haben, daß sie bestimmte Seiten in mir zum Vorschein brachten, wie z.B. Bernhard, der mich mit meiner Eifersucht konfrontierte und der mir zeigte, was eine Vaterprojektion ist. Auch ich sehe meine Aufgabe darin, das aus Menschen herauszuholen, was bereits in ihnen ist, um die Schattenseiten bewußt zu machen, die positiven Fähigkeiten zu stärken und dabei zu helfen, daß jeder lernt, Verantwortung für sich selbst zu übernehmen.[6]

WAS ICH UNTER SCHAMANISMUS VERSTEHE

Ein Schamane oder eine Schamanin ist eine Person, die von den Spirits dazu berufen und auserwählt wurde, andere Menschen in ihrer spirituellen Entwicklung zu begleiten, zu heilen oder auch wachzurütteln.

DIE BERUFUNG

Die Schamanen sind in der Lage, sich mit den Seelen in Verbindung zu setzen und sie zurückzuholen. Dies ist ein schwieriger Prozeß, weil die Schamanen durch Angriffe und persönliche Übertragungen mitbetroffen werden. Ähnlich der Arbeit eines Psychotherapeuten. Der Schamane[7] macht dem Klienten Schritt für Schritt seine Schattenanteile bewußt, die der Klient sich im Laufe seines Lebens zugelegt hat. Der Klient lernt seine Sabotageprogramme kennen, um sie nach langen, schmerzlichen Prozessen aufzulösen. Diese Auflösung ist ein notwendiger und nicht zu umgehender spiritueller Reinigungsprozeß. Viele Menschen erleben diesen Zustand, in dem sie in eine unbewußt gewählte Krankheit gehen. Sie kann sich körperlich wie auch psychisch manifestieren. Manche Menschen verbringen ein ganzes Leben damit, in dieser Krankheit steckenzubleiben, zu jammern und die Schuld auf Ärzte und Umwelt abzuschieben. Sie wollen oft nicht verstehen, daß ihre Krankheit ein Zeichen ihrer Seele ist, die um Hilfe schreit und sich spirituell weiterentwickeln will. Längst hat der Mensch begriffen, daß er mehr als Materie ist, findet aber kein Ventil, dies auszudrücken, weil er keine Anbindung mehr an Mutter Erde erfährt.

UNS FEHLEN SINNLICHE ERFAHRUNGEN

Unsere leiblichen Eltern und Erzieher haben uns in manchen Fällen enttäuscht, vernachlässigt oder gar schon früh verletzt. Die Religionen und Philosophien geben uns keine wahren, sinnlichen Erfahrungen mehr. Nur an etwas zu glauben, was schon längst überholt und nicht selbst erfahrbar ist, überzeugt keine Seele mehr. Sie will erkennen und erfahren.

BEGRÜNDETE ÄNGSTE DER ELTERN

Um so mehr haben Sekten immer größere Chancen, sich breitzumachen. In den Schulen herrscht hinter den Kulissen ein Spiel, das sich schwarze Magie nennt, und manches Kind ist darüber verwundert, daß Magie auch funktionieren kann. Die Ängste der Eltern und Lehrer sind nicht unbegründet. Immer mehr Kinder und Jugendliche wollen abdriften in Drogen, magischen Zirkeln oder folgen esoterischen Meistern, die von irgendwelchen gechannelten Himmeln persönlich abgestiegen sind, um die Menschheit zu retten, aber in erster Linie ihren persönlichen Geldbeutel. Ashtars Kommando ist unterwegs und sucht seine Untertanen.

Auch im Schamanismus sehen viele die Möglichkeit, aus dieser «unerträglichen» Gesellschaft auszusteigen und ein Alibi zu suchen, um sich nicht an diesem Betrieb beteiligen zu müssen. Sie wollen Natur pur, leben und hofieren ihr Armutsbewußtsein und fahren mit besonders alten und umweltverschmutzenden Rostbeulen durch die Gegend, liegen anderen (besser situierten und arbeitenden) Menschen oder gar dem Staat auf der Tasche, indem sie jahrelang von Arbeitslosenunterstützung leben und hauptsächlich nichts tun bzw. unter dem Motto der «Bewußtseinsveränderung» Drogen konsumieren.

SCHAMANISCHE SEELENFÄNGER

Leider gibt es auch unter den Therapeuten einige, die sich als Schamanen und Seelenfänger bezeichnen, weil es nun gerade Mode geworden ist und die Workshops sich auf dieser Schiene besser vermarkten lassen. Sie machen Fehler, weil sie durch jahrelange eigene Ausbeutung ausgebrannt sind und nicht aufhören können, dem Mammon nachzurennen.

Eine grobe Körperverletzung ist es beispielsweise, einen Menschen, der Hilfe sucht, in einen unübersehbaren Prozeß zu stürzen, ihm massiv auf das Atemzentrum zu drücken, um ihn dann alleine in seinem «Erbrochenen» hilflos liegen zu lassen, ohne Prozeßbegleitung.

Es reicht nicht aus, sich als Schamane zu bezeichnen und den Menschen seine Macht dadurch zu demonstrieren, möglichst viele in gefährliche Prozesse zu stürzen.

Der Schamane hat ein leichtes Spiel, seine Macht auszunützen. Sei es, daß Männer und Frauen in ihre Vaterübertragungen hineingeraten und für «den Schamanen» alles tun, ohne eine Gegenleistung zu verlangen. Sie assistieren und arbeiten umsonst und lassen sich ausbeuten, indem der große Geist als Lockmittel gebraucht wird.

IMPORTWARE SCHAMANEN

Zu Mißverständnissen führt auch, daß indianische Schamanen aus Amerika importiert werden, weil wir nicht in der Lage sind, eigene gute Leute auszubilden und unsere eigenen Traditionen zu leben. Wie sollen die Indianer uns hier etwas vorleben, was in ihrer eigenen Kultur von uns Weißen zerstört wurde? Sie leben meist in First-Class-Hotels, während die Seminarteilnehmer sich in Zelten vergnügen, bei Eiseskälte und strömendem Regen. Einige Indianer sind dem Drogenkonsum nicht abgeneigt und mißbrauchen ihre Position, indem sie die Frauen «vernaschen», die sich nur zu gerne hingeben, weil sie denken, sie bekämen dadurch etwas von ihrer Heiligkeit ab.

ÜBERWINDERIN DES TODES

Leider geben die Frauen im Laufe ihres Lebens sehr schnell ihre Macht an Männer ab. Das ist das große Defizit unserer Gesellschaft. Ein Mangel an Weiblichkeit. Damit meine ich allerdings, daß nicht jede Frau unbedingt Kontakt zu ihrer Weiblichkeit besitzt, denn die meisten Frauen leben leider auch nur ihr männliches Potential. Sie wollen Karriere, Besitz, Reichtum und Erfolg und geben dafür alles oder ordnen sich einfach nur ihrem Mann unter, weil sie zu faul sind, für sich zu sorgen oder ein selbstgewähltes, eigenständiges Leben führen zu wollen. Nur das Glück und die Beziehungen bleiben dabei natürlich auf der Strecke.

NEUE MÄNNER

Viele Männer in unserer heutigen Zeit bekommen allerdings immer mehr Kontakt zu ihrer Weiblichkeit. Sie werden sanfter, sinnlicher und wollen an sich arbeiten. Sie erkennen ihre Gefühle, wissen aber oft nicht in unserer Gesellschaft, wie sie sie umsetzen sollen, um nicht gleich als homosexuell abgewertet zu werden.

Ein weiteres Defizit unserer Gesellschaft ist, daß Gefühle meist nur negativ ausgelebt werden, durch Aggressivität, Gewalttätigkeit und Kriminalität. Bei positiv ausgelebten Gefühlen wird man mißachtet, als «anders» betrachtet oder gar als Außenseiter abqualifiziert. Die weiblichen, intuitiven Seiten werden nur wenig gefördert.

SCHAMANISMUS – DIE WEIBLICHE KRAFT

Die wirklichen Schamanen allerdings schöpfen aus dieser «weiblichen» Seite, die wir auch unter anderem als «Inneres Kind» bezeichnen.

Ein Schamane oder eine Schamanin ist erst in der Lage mit seiner/ihrer inneren Vision zu sehen, wenn er oder sie seine/ihre weibliche Seite in sich erweckt und geheilt hat. Unsere männliche, rationale Seite erlaubt uns nur, die Oberfläche der Dinge zu sehen. Erst mit der Erweckung der weiblichen, intuitiven Seite lernt der Schamane zu «sehen» und zu «heilen». Dazu gehört auch, daß die Schamanen sich in erster Linie selbst geheilt haben müssen, bevor sie die Erlaubnis bekommen, mit anderen Menschen zu arbeiten. Voraussetzung dafür ist der schamanische Tod. Jeder Schamane muß dieses «Sterben», diese innere Zerrissenheit durchlebt haben.[8]

Natürlich ist das Ganze symbolisch zu verstehen, und viele Menschen erleiden diesen Prozeß, ohne ihn zu begreifen und diesen Ruf der Kräfte zu hören. Sie wehren sich und werden noch kränker. Verstehen sie aber diesen spirituellen Ruf und machen sich auf den Weg, so bekommen sie sehr schnell Hilfe und finden den richtigen Therapeuten, Lehrer oder Bücher.[9] Die Heilung erfolgt dadurch, daß der Auserwählte den Widerstand gegen seine Berufung aufgibt und die ihm zugemutete Schamanenrolle annimmt. Dabei ist es durchaus nicht notwendig, dafür mit Schamanenhut, ungepflegt und belehrend durch die Gegend zu rennen.

SCHAMANEN HEUTE

Viele Menschen arbeiten schamanisch, ohne sich dessen bewußt zu sein. Sie haben ihre Aufgabe erkannt, begleiten andere Menschen auf ihrem Weg oder engagieren sich für die Umwelt oder ein besseres Leben. Wichtig dabei ist, daß sie ihre Schatten angenommen haben und diese nicht mehr auf andere projizieren, so daß sie mit sich in Harmonie und Frieden leben können. Man merkt es diesen Menschen meist schnell an. Sie haben einen «gereinigten, klaren» Blick, gehen mit sich, anderen und der Umwelt sehr bewußt um. Sie haben etwas zu sagen und plappern nicht einfach drauf los.

Manche Menschen fühlen sich minderwertig oder wertlos. Es gilt hier, die wahren Qualitäten und Bedürfnisse freizulegen und das vorhandene Potential zu fördern. Dieses ist eine schwierige Aufgabe für den Lehrer, denn für den Schüler ist es einfacher, in seinen Übertragungen[10] mit seinem Lehrer, die immer vorkommen, zu bleiben, als sein Sabotageprogramm[11] zu killen und auszusteigen. Viele schaffen es einfach nicht. Dies ist der Test der Spirits, denn wer aus seinen Übertragungen nicht herauskommt, ist selbstverständlich nicht in der Lage, mit so starken Gewalten wie Göttern oder Naturkräften zu kommunizieren. Damit ergibt sich schon eine natürliche Auswahl. Der Schüler muß seine wirkliche weibliche Anbindung erfahren und auch von der Gottheit darin selbst eingeweiht werden.

Er muß lernen, mit seinen inneren Stimmen umzugehen, zumal es da auch eine pathologische, also krankhafte Stimme gibt, die Anweisungen geben kann, aber von der falschen Stelle gelenkt wird, nämlich vom krankhaften, psychotischen Teil des Körpers. Oft ist neben der Ausbildung eine begleitende Psychotherapie notwendig, nämlich dann, wenn vorhandene neurotische Strukturen zutage kommen, d.h. aber nicht, daß der Schüler durch den Schamanismus krank wird, sondern, daß die Veranlagung schon vorhanden war, nur eben verdeckt, sie wäre später ausgebrochen. Der Schüler ist mit sich selbst beschäftigt, seine eigene Geschichte aufzuarbeiten, seine Schatten[12] sehen zu lernen (wer will das schon freiwillig?), und befindet sich in einem immer währenden Reinigungsprozeß. Er bekommt langsam eine neue Haut, seine Seele will wieder in seinem Körper sein und letztendlich werden viele seiner Wünsche erfüllt, wenn er gelernt hat, mit den Spirits auf fairer Austauschbasis zu arbeiten.

DIE LOOSER

Wenn ein Mensch sich entschließt, hart an sich zu arbeiten, wird er dafür belohnt. Wenn er aber nicht gelernt hat, mit Energien umzugehen, wird er als Looser ausgehen. Darunter fallen z.B. jene Leute, die unter einem Heilersyndrom leiden. Das sind Leute, die sich für andere verausgaben und heilen wollen, um sich persönlich damit gut zu fühlen. Ganz einfach gesagt: Solange ich mich mit anderen beschäftige, brauche ich nicht in den Spiegel zu schauen und fühle mich total gut, weil ich ja so mächtig bin. Von der Sorte gibt es eine Menge. Das zweite Argument:

SPIRITUELLE HEILUNG DARF NICHTS KOSTEN! WARUM EIGENTLICH NICHT?

Wenn man die Natur beobachtet, so stellt man fest, daß ein regelmäßiger Austausch von Energien stattfindet. Unterbricht ein Mensch mit Heilersyndrom diese Kette, so bringt er damit das ganze Energiesystem in Gefahr. Wenn man eine Flasche Wein nimmt und sie auf mehrere Gläser verteilt, so ist sie logischerweise leer. Der Mensch fühlt sich genauso leer, wenn er in bezug auf seine Arbeit, welcher Art auch immer, nicht mit Energien weiter versorgt wird. Er fühlt sich nach kurzer Zeit ausgelaugt und ist nicht mehr in der Lage, anderen etwas zu geben, weil er eben nichts mehr hat.

Werde ich aber mit Energie versorgt, und in unserer Gesellschaft ist Energie eben mit Geld gleichzusetzen (was soll ich mit 25 Schweinen machen?), kann ich mich, nachdem ich ein anstrengendes Wochenende hatte und mich für andere verausgabt habe, regenerieren durch Supervision (die ich unbedingt für notwendig halte, wenn man Gruppen unterrichtet) oder anderen schönen Dingen, die mir Spaß machen. Wenn ich reich und satt bin, kann ich mehr geben, als wenn ich ständig dafür sorgen muß, daß ich Brot im Hause habe. Wie soll ein guter Schamane arbeiten können, wenn er einem anstrengenden Job nachgehen muß, um leben zu können. Wird er anständig für seine Arbeit bezahlt, hat er viel mehr Kraft für seine schamanischen Tätigkeiten.

Aber es gibt noch eine weitere Möglichkeit, Looser zu sein. Ich habe festgestellt, daß es «spirituelle Heiler» gibt, die nicht sauber arbeiten und trotzdem Erfolg haben. Unter sauber arbeiten verstehe ich, daß sie nicht gefühlvoll mit Menschen umgehen oder ihr Privatleben vernachlässigen oder so tun, als ob sie spirituell wären und zu Hause ihre Frau verprügeln oder Leute ausbilden, die in die Hände von Ärzten gehören. Sie alle haben materiellen Erfolg und werden finanziell nicht unterbrochen.

Aber finanzieller Erfolg ist noch lange keine Garantie für gute Arbeit. Als ich lernte, hinter die Kulissen zu schauen, konnte ich sehen, daß sie trotzdem die Looser waren. Sie verloren nämlich etwas ganz anderes. Sie wurden von ihren Frauen und Kindern verlassen. Manche mußten auch ihr Geschäft aufgeben.

Jeder Mensch schafft sich selbst sein Karma. Wir Menschen haben nicht das Recht, zu beurteilen und zu kritisieren. Für das, was der Mensch verursacht, hat er auch geradezustehen. Als Schamane muß ich mir genau überlegen, ob ich jemandem mit meiner Handlung schade oder nicht. Wenn ich jemandem schade, kommt dieses wieder auf mich zurück. Je weiter ich spirituell ausgebildet bin, um so größer sind die Konsequenzen für mich, weil ich ja einen gewissen Grad an Bewußtsein besitze.

1. Hinweis: Unter Spirits verstehe ich Wesen, die in einem parallelen Universum existieren, außerhalb von Raum und Zeit. Sie sind göttlich und in der Lage, uns zu helfen und zu unterstützen, wenn wir darum bitten.

2. Meines Erachtens gibt es nur eine Seele in jedem Menschen. Die Seele ist der Inbegriff der Bewußtseinsregungen eines Lebewesens. Durch psychische Verletzungen baut sich die Seele einen Schutzpanzer auf. Und je stärker die Verletzungen, um so mehr zieht sich die Seele aus dem Menschen zurück. Beim Tod löst sie sich ganz aus dem Körper. Bei einem Kranken reist der Schamane mit seinem Bewußtsein in die Unterwelt (geistige Welt) und versucht, diesen verletzten Teil zu überreden, doch wieder in den Körper zurückzukommen. Der Patient muß dafür eine Gegenleistung aufbringen. Er muß an seiner Gesundheit «arbeiten», z.B. etwas weglassen, was seinem Körper schadet.

WAS ICH UNTER ESOTERIK VERSTEHE

Der eine behauptet, Esoterik sei die Wissenschaft vom Geheimen. Etwas, das nur für Eingeweihte zugänglich gemacht wird. Für andere wiederum bedeutet es Schönheit, Gesundheit, Einheit und vor allem Selbstfindung. Da bieten sich viele Wege an, und manche sind gar Umwege oder Einbahnstraßen, Schlaglöcher, Rastplätze oder Fata Morganen. Was einmal geheimes Wissen war, wird heute konsumiert wie Bratwürstchen oder Schokoladeneis. Die Angebote von Autogenem Training bis Zen sind zahllos, und in diesem Irrgarten wird es immer schwieriger, das Gute vom Schlechten zu trennen. Lichtkegel, Kristallkugeln und selbsternannte Erleuchtete erfüllen den esoterischen Rummelplatz.

Für mich bedeutet Esoterik die Frage nach dem Sinn des Lebens. Die Frage nach dem Entstehen und Vergehen, die Frage nach Geist, Bewußtsein und Seele, die Frage nach dem Seiendem, die Urfrage in der Philosophie überhaupt, womit ich wieder bei der Frage nach dem Geheimnis des Lebens bin, denn es wird ein ewiges Geheimnis bleiben, was wir hier alle suchen.

«Wer suchet, der findet» oder «Der Weg ist das Ziel» heißen ein paar abgedroschene Sprüche. Seinen Weg finden heißt erst einmal, durch viele Erfahrungen zu gehen. Manche Erfahrungen sind schmerzvoll, und manche Erfahrungen kann man sich sparen.

Mit diesem Buch möchte ich Sie teilhaben lassen an meinem Weg. Mein Weg sind die eigenen Erfahrungen und das Wundern über die Dinge, die sowieso niemand glauben würde, die sprachlich nicht mehr darzustellen sind. Begleiten Sie mich, und machen Sie Ihre eigenen Erfahrungen. Erfahren Sie, daß es noch Wunder gibt.

EINFÜHRUNG IN DEN SCHAMANISMUS

ÜBER DIE HERKUNFT DER SCHAMANEN

Das klassische Standardwerk zum Thema Schamanismus ist das Buch «*Schamanismus und archaische Ekstasetechnik*» von Mircea Eliade. In diesem wissenschaftlich sehr fundierten Buch beschreibt der Rumäne ausführlich den schamanischen Ursprung bei den zentralasiatischen Völkern.

Ein weiteres und sehr wichtiges Buch zum Thema Schamanismus ist «*Die Metamorphose der Frau*» von dem Philosophen Wilhelm E. Mühlmann. Bei ihm habe ich den Zusammenhang zwischen Schamanismus und weiblicher Spiritualität gefunden. Ich habe versucht, dieses Wissen der beiden bedeutenden Autoren auf seine Essenz hin zu kürzen und hier wiederzugeben.

GESCHICHTE UND URSPRUNG

Der Schamanismus verbreitete sich von Indien über den Rest der Welt. Organisiertes Priestertum verdrängte die schamanische Funktion.

Die Namensbezeichnung «*Schamane*» stammt aus dem Sanskrit und bedeutet «*hausloser Wanderer*». Der Begriff kommt aus der Zeit, als Buddha noch nicht lebte. Die soziale Herkunft oder Kaste spielte beim Schamanen keine Rolle, selbst ein Sklave konnte Schamane sein. Die Schamanen standen sogar über den Brahmanen, welche in Indien die offizielle Priesterschaft darstellten. Ein Wanderer also, der seine Überzeugung verbreitete und bis in die fernen Länder reiste. Über China kamen die Schamanen in die Mandschurei, zu den tungusischen Stämmen, so lernten die Russen von den Tungusen, um dann den Schamanismus bei den sibirischen Völkern zu verbreiten. Bis er letztendlich auch in Westeuropa bekannt wurde.

Verdrängt und aufgelöst wurde der Schamanismus durch den Buddhismus, Lamaismus, Hinduismus und Konfuzianismus. Durch das herrschende männliche System des Priestertums wurde vor allem das weibliche Schamanentum zurückgedrängt und unterdrückt. Schamaninnen traten nur noch in Form von Schutzgeistinnen auf, das machte sie weniger gefährlich.

Der weibliche Schamanismus ist kulturhistorisch der ältere und ursprünglichere. Eine Frau ist Schamanin von Natur aus, weil sie dem Archaischen tiefer verwurzelt ist als der Mann. Dadurch, daß die Frau die monatliche Regel hat, ist sie dem Kosmos direkt angeschlossen. Dies ist für sie eine monatliche Initiationspassage, bei der sie ihre stärksten Heilkräfte entwickelt. Dadurch ist sie einem transformatorischen Reinigungsritual ausgeliefert, und aus diesem Grunde dürfen die indianischen Frauen während ihrer Blutungen nicht an den Schwitzhüttenritualen teilnehmen. Eine noch stärkere Initiation ist die Geburt. Unter Schmerzen und Todesgefahr ist sie in der Lage, neues Leben zu geben. Damit ist sie die «*Überwinderin*» des Todes. Als Mutter hat sie die schamanische Funktion des Helfens und Heilens. Ebenfalls ist die Natur weiblich.

In unserer abendländischen Gesellschaft huldigen wir der Legende vom sanften, passiven Weibe, das umworben werden will und sich kosend anschmiegt. In vielen matriarchalischen Gesellschaften aber geht die erotische Werbung gar nicht vom Manne aus, sondern von der Frau, und dies gilt für alle Kulturen, in denen die «*Weibmächtigkeit*» vorgeherrscht hat.[1]

Aber es reicht heute nicht mehr, einfach nur Frau zu sein, um als Schamanin arbeiten zu können. Frauen haben durch die jahrtausendlange Unterdrückung ihren Zugang zu den archaischen Kräften verloren. Sie müssen neu eingeweiht werden, um zu ihrer Macht zu kommen. Der Beruf der Schamanin braucht einen Einweihungsweg oder eine regelrechte Lehrzeit.

WAS IST DIE FUNKTION DES SCHAMANEN?

Der Schamane ist eine Medizinfrau oder ein Medizinmann. Er ist ein Seelenbegleiter, Priester, Mystiker, Dichter, Künstler oder Schauspieler. Er ist Verbindung zwischen Himmel und Erde. Ein Vermittlungswesen von den Göttern zu den Menschen. Er kommuniziert mit den Naturgeistern, holt die Seelenfragmente der Menschen zurück und heilt die Menschen mit seiner Technik.[2]

SEELENZURÜCKHOLUNG

Was ist Krankheit im schamanischen Sinne? Wenn der Mensch geboren wird, ist er meist noch mit seiner Göttlichkeit verbunden. Doch bald entstehen die ersten Verletzungen. Die Bedürfnisse des Kindes werden nicht erfüllt. Es schreit, weil es Hunger und Durst hat oder die Windel zu lange naß ist. Es schreit, weil es Zuwendung braucht oder Schmerzen hat. Und wenn ein Kind in diesem Zustand alleine gelassen wird, entstehen viele kleine seelische Wunden. Vater und Mutter nehmen ihre Lehrerfunktionen nicht mehr richtig wahr. Das Kind fühlt sich verloren, oder es bekommt nicht genügend Nestwärme, vielleicht sogar Schläge. Die Psychologen nennen diese Verletzung Trauma. Der Mensch fängt an, seine Gefühle zu verdrängen. Da die Seele in diesem Körper nicht sein will, sucht sie sich die für sie nächste Möglichkeit auszuweichen, nämlich die Krankheit. Die Aufgabe des Schamanen besteht nun darin, die ausgewichenen Seelenfragmente wieder zurückzuholen. Erst dann kann ein ganzheitlicher Heilungsprozeß in Gang gesetzt werden. Das erklärt auch, warum manche Menschen nicht gesund werden, obwohl sie in guter Behandlung sind. Die Seele will gar nicht zurück, weil die Umstände nicht geändert wurden.

WAS SIND SCHAMANISCHE SEELENZUSTÄNDE?

«Die schamanischen Seelenzustände weichen vom normalen Alltagsleben ab. Ihre Erfassung geschieht meist überfallartig, ist also mehr ein Erfaßtwerden. In dieser Vision sieht der Schamane mit einer absoluten Klarheit die Dinge, wie sie wirklich sind. Wenn der Geist aus dem Schamanen spricht, sieht, hört oder rezitiert, gibt er eine Wirklichkeit wieder. Und jede richtig verstandene Stimme trägt bei zu der Integration des Sich-selbst-Begreifens. Die Stimme bringt die Dinge auf den Punkt, offenbart das Verborgene, Geheime – Andere. In diesem Augenblick schafft er Bewußtsein und sieht die Dinge in ihrer Wahrheit, welche dann Heilung hervorbringt. Und jede richtig verstandene «Stimme» trägt bei

zu der Integration des «Sich-selbst-Begreifens». «Die ‹Stimme› weissagt die Zukunft, offenbart das Verborgene, Geheime – anderen nicht Vernehmliche. Darin liegt ihre spezielle Beziehung zur Esoterik und damit auch zu den geheimen Bünden. Sie sagt, was zu tun ist, motiviert also zum richtigen Handeln, d.h. rituellen Handeln. Sie diktiert sogar Texte. Wir Heutigen sind gegenüber diesem Phänomen der Stimme kopfscheu geworden, weil es ja auch die pathologische (krankhafte) Stimme beim Geisteskranken gibt.»

Die Erkenntnis des Schamanen war privat. Bedeutungsvoll für die Gemeinschaft wurde sie erst dann, als der Schamane «Erfolge» (Heilungen) demonstrieren konnte. Konnte er diese nicht vorweisen, so wurde er unmittelbar aus der Gemeinschaft ausgeschlossen, weil er wohl die Kraft der Götter verloren hatte.»[3]

«Nach indischer Überzeugung lebt der Mensch heute in dem schlechtesten aller Zeitalter, dem Kali-Yuga, das gerade begonnen hat und mit einer Katastrophe enden wird. Daß dieses Zeitalter die Züge der Göttin Kali in ihrem zerstörerischen Aspekt trägt, ist bedeutsam.

Das Fatale ist, daß selbst totgeglaubte Dämonen sich wieder erheben können, z.B. scheinbar ausgerottete Seuchen.

Geister haben ihre eigenen Schlupfwinkel, ziehen es aber vor, die Dörfer der Menschen heimzusuchen und menschliche Beute zu machen. Sie dringen des Nachts in die Zelte der Menschen ein, werfen Netze über deren Seelen, zerstückeln und kochen diese in einem Kessel und füttern ihre Kinder damit. Bei dieser Sachlage wird es verständlich, daß einem Experten für den Umgang mit den Geistern die größte Bedeutung zukommt, dem Schamanen. Er weiß genau, wie man mit ihnen umgeht, was man tun muß, um sie zufriedenzustellen. Und je mehr all diese «Mächte» in ihrer Unberechenbarkeit tätig sind, um so mehr ist auch der Geisterglaube lebendig, denn er ist ja nichts anderes als die symbolische Verdichtung und Anerkennung der potentiellen Bösartigkeit dieser Mächte.

Wer wird nun zum Schamanen auserwählt?»[4]

DIE BE-RUFUNG

Die Schamanenkraft wird verliehen durch:
1. erbliche Übertragung oder durch
2. spontane Berufung (Ruf oder Auserwählung).

Welches nun auch die Art der Erwählung ist, anerkannt wird er erst durch eine doppelte Unterweisung in:
1. Ekstase (Träume oder Trance) und
2. Überlieferungstechniken (schamanische Techniken, Namen und Funktionen der Geister, Mythologie, Rituale usw.). Diese doppelte Unterweisung alter Schamanengeister kommt einer Initiation gleich.

Die Schamanen waren früher Auserwählte und hatten als solche Zutritt zum Bereich des Heiligen, der für die übrigen Mitglieder der Gemeinschaft unzugänglich war. Meist sind sie vorher durch eine spirituelle Krise gegangen. Viele Mystiker vergangener Zeiten hatten Visionen und durchaus schamanische Veranlagungen. In der Gemeinschaft hatte der Schamane die Funktion, über die einzelnen Seelen zu wachen, er allein kann sie wahrnehmen und kennt ihr Schicksal.

INITIATION DURCH KRANKHEIT

Ein jakutischer Schamane bekennt: *«Im Alter von zwanzig Jahren erkrankte ich und begann mit meinen Augen zu sehen und meinen Ohren zu hören, was die anderen Menschen weder sehen noch hören können. Neun Jahre lang kämpfte ich gegen den Geist, ohne mit jemandem davon zu sprechen, was geschehen war, denn ich fürchtete, daß man zweifeln oder mich verspotten würde. Schließlich wurde ich so krank, daß ich dem Sterben nahe war. Da begann ich zu schamanisieren und fühlte sogleich eine Besserung meines Zustandes. Auch heute noch, wenn ich längere Zeit ohne schamanische Wirksamkeit geblieben bin, treten Übelbefinden und Krankheit ein.»*

Ist nun ein Individuum zum Schamanen bestimmt, entweder durch Vererbung oder durch den Ruf der Götter, so greifen die Geister mit eisernen Haken in die Gelenke des Körpers, zerreißen ihn, reinigen die Knochen, kratzen das Fleisch ab, entfernen die Körpersäfte, nehmen die Augen aus den Höhlen und legen sie daneben. Dann setzen sie alles wieder zusammen und verbinden ihn mit Eisendraht. Das «*Zerreißen*» macht natürlich nur anschaulich, was wir unter seelischer Zerrissenheit verstehen. Das Werdende, aber noch widerwillige schamanische Individuum fühlt diese Zerrissenheit physisch. Diese Zerrissenheit führt zum Tode, aber Absterben muß jeder Initiand, wenn er Schamane werden soll. Ein leidensvoller Prozeß. Die Initiationsneurose verschlimmert sich in dem Maße, wie der leidende Mensch sich dagegen wehrt; er riskiert Verblödung, Verstörung, hemmungslose Aggression und Suizid. Da hilft nur eins: die Schamanentrommel ergreifen und die aufgezwungene Rolle übernehmen. Kein Schamane übernimmt seinen Beruf gerne und freudig. Die Heilung erfolgt dadurch, daß der Initiand den Widerstand gegen seine Berufung aufgibt und die ihm zugemutete Schamanenrolle annimmt. Der Tungusenforscher S.M. Sirokogorov nennt den Schamanen «eine nahezu tragische Gestalt» und meint, man könne ohne Übertreibung sagen, daß das Leben eines Schamanen schwer sei, «ein beständiges Selbstopfer».[5]

Edmund Husserl sagt über seine philosophische Jugend: «*So habe ich von Verzweiflung zu Verzweiflung, von Wiederaufraffen zu Wiederaufraffen fortgelebt.*»

Hierin begegnet sich Husserl mit Kierkegaard, der den Anfang des Philosophierens nicht in das «Staunen» setzt, sondern in die Verzweiflung. Im Verzweifeln-Können sieht Kierkegaard einen Vorzug des Menschen.»

Viele Menschen gehen in der heutigen Zeit durch eine spirituelle Krise. Nur hören sie den Ruf oder verstehen den Lernprozeß des sich Hingebens nicht. Oft aber auch wissen Menschen noch nicht einmal, daß sie sich in einer spirituellen Krise befinden. Sie rennen von einem Arzt zum anderen, lehnen die Verantwortung ab und können nicht erkennen, warum sie krank geworden sind.[6]

Dazu Mircea Eliade: «*Krankheiten, mehr oder weniger pathogene Träume und Ekstasen sind Mittel, zum Schamanentum zu gelangen. Manchmal bedeuten diese außerordentlichen Erlebnisse einfach die ‹Erwählung›, die von oben kommt, und sind für den Kandidaten nur eine Vorbereitung auf neue Offenbarungen. Meistens jedoch bilden Krankheiten, Träume und Ekstasen schon selbst eine Initiation, haben also den Zweck, den profanen Menschen vor der ‹Erwählung› in einen Handhaber des Sakralen zu verwandeln. Alle ekstatischen Erlebnisse weisen das traditionelle Schema einer Initiationszeremonie auf: Leiden, Tod und Auferstehung. Von diesem Gesichtspunkt aus betrachtet, erfüllt eine jede ‹Krankheitsberufung› die Rolle einer Initiation, denn ihre Leiden entsprechen den Initiationsfolterungen; ebenso bildet die psychische Isolierung eines ‹erwählten Kranken› das Gegenstück zu der rituellen Isolierung und Einsamkeit der Initiationszeremonie, und die Todesgefahr, welche der Kranke erlebt hat, die Analogie zu dem symbolischen Tod, der in allen Initiationszeremonien dargestellt wird.*

Mitunter handelt es sich nicht um eine Krankheit im strengen Sinn, sondern mehr um eine zunehmende Veränderung der Lebensweise. Der Kandidat beginnt viel zu meditieren, sucht die Einsamkeit, schläft viel, zeigt sich geistesabwesend, hat prophetische Träume, manchmal auch Anfälle. Alle diese Symptome sind nichts anderes als das Vorspiel des neuen Lebens, das den Kandidaten erwartet, ohne daß er davon weiß. Sein Benehmen erinnert übrigens an die ersten Zeichen der mystischen Berufung, die in allen Religionen dieselben sind.»[7]

KATHARSIS

Katharsis ist gleichzusetzen mit Reinigung, und zwar besonders die mystische Reinigung der Seele von den Schlacken der Sinnlichkeit und der Leiblichkeit. Nach Aristoteles ist es Zweck der Tragödie, eine Katharsis der Seele, eine «Läuterung der Leidenschaften» bzw. von den Leidenschaften herbeizuführen.

Methoden der Katharsis werden in der modernen Psychotherapie angewandt, wodurch Abreaktionen und Befreiung von verdrängten traumatischen Erlebnissen bewirkt werden.[8] Initiation und Katharsis werden in unserer heutigen Gesellschaft weder gefördert noch rituell eingesetzt: «*Krankheit und Tod haben die abendländische Kultur und Medizin den Kampf auf ganzer Linie angesagt: dem Tod, weil er uns das Ende des irdischen Lebens bedeutet, und der Krankheit, weil sie eine Beeinträchtigung der Daseinslust bedeutet. Krankheit gilt als etwas Schlechtes, etwas, das es so schnell wie möglich loszuwerden und abzutöten gilt. Krankheit kommt für unser Verständnis von außen, als Krankheitserreger; sie ist ein uns zutiefst fremder Prozeß, der unseren Körper innerlich zersetzt und lähmt, ein widernatürlicher Verlauf, den es mit allen nur erdenklichen Mitteln zu unterdrücken gilt – kurzum: das häßlichste Schreckgespenst für unsere Zivilisation.*

Verstünden auch wir Krankheit und Leiden als einen Zustand der körperlichen und psychischen Transformation, so wie asiatische Gesellschaften oder Stammeskulturen sie begreifen, könnten wir dadurch einen tieferen Blick in das psychosomatische und psychospirituelle Geschehen werfen und eher erkennen, welche vielfältigen Möglichkeiten sich durch Leiden und Ego-Tod eröffnen. Krankheit ist eine Aufforderung zur Selbsterkenntnis und zur Selbstwerdung oder eine Spielart der schamanischen Initiation.»[9]

DER WEIBLICHE SCHAMANISMUS

«*Die Erwählung des Schamanen ist meist erotisch geprägt. Jeder Schamane bedarf eines Schutzgeistes. Das transzendente Erlebnis der Besitzergreifung durch eine außerweltliche Macht durchdringt die Vitalsphäre. Als heilig rein und Bestandteil des sakramentalen ‹Verzehrs› gelten in besonderen Ritualen die sogenannten ‹fünf M's› (nach den Anfangsbuchstaben im Sanskrit): Wein, Fleisch, Fisch, Korn und Geschlechtsverkehr. Die Elemente des heftigen Begeh-*

rens werden geheiligt, und die strenge Ritualisierung des Geschlechtsverkehrs steht, so paradox das klingt, der Askese nahe.»[10]

Dieser Zusammenhang deutet darauf hin, daß das schamanische Denken sehr stark mit dem Tantrismus in Verbindung steht. Tantrismus ist das religiöse System der Yoni-Verehrung, ein frauenzentrierter Sexualkult, der angeblich vor Tausenden von Jahren in Indien von den Frauen einer Geheimsekte gegründet wurde Die Angehörigen dieser Sekte wurden *Vratyas* genannt und waren Vorläuferinnen der *devadasis* oder heiligen Tempelhuren. Diese Religion wurde mit später verfaßten Schriften, den Tantras, in Verbindung gebracht; daher die Bezeichnung Tantrismus. Der ursprüngliche Gegenstand ihrer Verehrung war das Lingam-Yoni, das Zeichen männlicher und weiblicher Prinzipien in ihrer Vereinigung (der Gott Shiva und die Göttin Shakti-Kali).

Das Grundprinzip des Tantrismus war der Gedanke, daß Frauen mehr spirituelle Energie besitzen als Männer und daß ein Mann sein göttliches Wesen nur durch sexuelle und gefühlsmäßige Vereinigung mit einer Frau entfalten kann. Den fundamentalen Ritus bildete der kontrollierte Geschlechtsverkehr (Verkehr ohne männlichen Orgasmus). Dem lag die Überlegung zugrunde, ein Mann solle seine vitalen Kräfte sammeln, anstatt sie in einer Ejakulation ausströmen zu lassen. Durch tantrische Übungen lernte er, mit dem Penis die Feuchtigkeit, die durch den Orgasmus seiner Partnerin zustande kam, in sich aufzunehmen und den Geschlechtsverkehr auf viele Stunden auszudehnen. So konnte er wie Shiva werden: Der Gott, der sich in ständiger Vereinigung mit seiner Göttin befand. Der Theorie zufolge werden die derart gesammelten Kräfte am unteren Ende der Wirbelsäule gespeichert, steigen dann durch die Chakren zum Kopf empor und erblühen dort zur Inspiration göttlicher Weisheit. In den Tantras werden diese und andere aus der Verehrung der Göttin abgeleitete Praktiken anhand philosophischer Überlegungen erläutert.

Das allerheiligste Mantra (heilige Silbenfolge), das die Prinzipien tantrischer Verehrung verdeutlicht, lautet: *om mani padme hum, das Juwel (Penis) im Lotus (Vulva).*

Der tantrische Buddhismus entsprang einer nicht umproblematischen Ehe zwischen einem ursprünglich asketischen buddhistischen Kult und uralten sexuellen Praktiken. Wie sein 500 Jahre jüngerer christlicher Ableger beruhte der Buddhismus auf der Ablehnung des weiblichen Prinzips und dem Glauben, daß Männer Frauen zu meiden hätten: Um die Lebensenergie ihrer Seelen zu bewahren, sollten sie ihren Samen zurückhalten und sich auf das Selbst besinnen.

Erotische Formen des tantrischen Buddhismus breiteten sich in ganz Asien aus, obgleich patriarchalische Sekten sie später unterdrückten und ihre geschichtliche Existenz leugneten. Frühe gnostische Christen nannten ihre Religionen *Shaktismus*, den Shakti-Weg, ein anderer Name für Tantrismus. Sie beteten offenbar die weibliche Lebenskraft auf eine erotische Weise unter dem Namen *Sophia* an. Dies ist der weibliche Heilige Geist, eine weibliche Seele oder die Shakti Gottes. Sie wurden später als Ketzerinnen verdammt.

Es gibt verschiedene Arten der tantrischen Übungen, um die Kundalini-Shakti zu erwecken, davon sind am wichtigsten der rechtshändige Pfad, der linkshändige Pfad, in den Frauen miteingeschlossen sind, und kulacara, das eine Synthese der beiden anderen darstellt. Die Anhänger des linkshändigen Pfades vollziehen den Ritus der 5 M's, dessen Name sich auf fünf Bestandteile bezieht, die im Sanskrit jeweils mit dem Buchstaben M beginnen: 1. Madya (Wein), 2. Mamsa (Fleisch), 3. Matsya (Fisch), 4. Mudra (geröstetes Getreide) und 5. Maithuna (sexuelle Vereinigung). In den Texten heiß es:

«Wer unfähig ist, die Knoten von Scham, Haß und Furcht zu durchtrennen, ist nicht reif, um in diesen Weg eingeweiht zu werden. Spiritueller Fortschritt kann nicht erreicht werden, wenn Sehnsüchte und Leidenschaften nur verdrängt werden. Vielmehr gilt es, jene Neigungen, die den Menschen enger an seine Triebwelt binden, zu sublimieren und sie zu Vehikeln der Erlösung zu verwandeln.»

Während des Rituals ist die «*rituelle Projektion*» von Gottheiten und Elementen in verschiedenartige Teile des eigenen Körpers äußerst wichtig. Die Tantriker vollziehen auch Rituale, in den die Teilnehmer als Gruppe gemeinsam aktiv sind. In diesem Ritual wird die Frau als Guru verehrt. Sie haben einen therapeutischen Zweck. Es sind Methoden, die das Einfühlungsvermögen erweitern, die Konzentration vertiefen und das Bewußtsein stärken. Die Verwendung von Dingen wie Weihrauch, Blumen, Sandelholzpaste, Honig usw. sowie das gemeinsame Essen und Trinken lassen die Sinne zu neuem Leben erwachen.

Im Tantrismus hat die verletzende Sprache eine doppelte Bedeutung, sie ist nämlich konkreter und symbolisch, und zwar hauptsächlich, um eine Umwandlung der Sinneserfahrung in einen Erkenntniszustand zu bewirken.

Tantrische Riten können entweder rein im Geist vollzogen werden oder auf der Ebene des Wahrnehmbaren durch den Gebrauch von Mantras (heiligen Worten), den Bildern der Gottheiten und anderen rituellen Zubehörs. Mantras sind unerläßlich für den tantrischen Weg. Wörtlich übersetzt bedeutet Mantra «das, was durch Nachdenken befreit». Jeder Buchstabe ist mit Energie geladen und erzeugt Schwingungen im Bewußtsein. Die Klangschwingungen sind Manifestationen der Shakti. Daraus folgt, daß diese Klänge gleichbedeutend mit Gottheiten sind. Für den Eingeweihten sind sie Keime spiritueller Kräfte.[7]

Bön heißt herbeirufen, rezitieren. Im tibetischen Buddhismus ein Sammelbegriff für die verschiedenen religiösen Strömungen. Padmasambhavas (der aus dem Lotus Geborene) besondere Auszeichnung lag in der Bezähmung der einheimischen Dämonen bzw. der durch sie verkörperten Naturgewalten. Die Methode des Padmasambhava bezog sich hauptsächlich auf den Umgang mit Kultinstrumenten wie der Phurbu, das Vadjra und das Dzogchen. Noch heute wird er als «kostbarer Lehrer» verehrt. Die Bön-po-Priester unterscheiden sich in nichts von echten Schamanen; sie teilen sich sogar in «weiße» und «schwarze» Bön-po, obwohl beide die Trommel zu ihren Riten benutzen. Der Lamaismus hat die schamanische Tradition der Bön fast ganz bewahrt. Sogar die berühmtesten Meister des tibetanischen Buddhismus haben, wie es heißt, Heilungen und Wunder reinster schamanischer Tradition durchgeführt.[11]

«Es gibt in Tibet einen tantrischen Ritus namens ‹tschöd› von deutlich schamanistischer Struktur, der darin besteht,

daß man sein eigenes Fleisch den Dämonen zum Fressen anbietet, was seltsam an die Initiationszerstückelung des künftigen Schamanen durch ‹Dämonen› und Ahnenseelen erinnert: ‹Man führt dabei unter dem Schalle der Trommeln aus Menschenschädeln und der Schenkeltrompete Tänze auf und lädt die Geister zum Festmahle ein. Durch die Macht der Meditation entspringt sodann eine Göttin mit blankem Säbel aus dem Haupt des Opfernden, haut ihm den Kopf ab und zerstückelt ihn, worauf die Dämonen und wilden Tiere über ihn herfallen, sein Fleisch fressen und sein Blut trinken›.»[12]

Weibliche Schamanen haben stets «lebendige Ehemänner». Männliche Schamanen sind fast immer Junggesellen, feminin, vielleicht auch öffentlich Transvestiten, latent oder aktiv homosexuell. Eine besondere Rolle übernimmt die Schamanin, wenn sie die Einweihung von Knaben oder jüngeren Männern in das Leben übernimmt. Sie schließt in der Regel einen erotischen Unterricht ein. Sie übt einen magischen Bann aus durch ihre Hingabe, die oft nur ein Versprechen künftiger Wonnen ist, und erzwingt dadurch als Gegengabe die völlige Hingabe des Mannes.

Schutzgeist und Schützling verbinden sich in einer Unio mystika. So sind also auch die erotischen Akte in der mystischen Vereinigung nicht einfach physisch, sondern sakral. Das transzendentale Gelingen ist hier beinahe ein Göttergeschenk, also selten.

Der Schüler, ungestüm wie er eindringt, empfängt dennoch alles von der Göttin, die keinen Zweifel daran läßt, ihm die Wahrheit gewährt, die sie selber repräsentiert. Er soll lernen, die Pforte der Natur freizulegen, sich durchströmen zu lassen von den verborgenen Energien, Sanftmut und Duldsamkeit in sich entwickeln. (Auch das ist nur symbolisch zu verstehen!) Durch Identifikation mit dem Prinzip der Weiblichkeit soll vollkommene Weisheit erlangt werden.

Die Alterslosigkeit gehört zu den inneren Tendenzen der Schamanin sowie eine geradezu überirdische Schönheit. Durch Opfer und Gebete wird die Kluft zwischen Göttlichem und

Menschlichem überbrückt. Als echte Schamanin sieht «Kassandra» sowohl das Vergangene als auch das Zukünftige. Und ihr letztes Wort ist: *«Genug des Lebens; wer alles geschaut hat, ist nicht mehr lebensfähig.»*

TIERVERWANDLUNG

Ein außergewöhnliches Merkmal der Schamanen ist das «Sichverwandeln». Bestandteil des Schamanen auf seiner Seelenreise ist die Verwandlung in Tiere oder in das andere Geschlecht. Diese Metamorphose kann auch ein Instrument der «*Todlosigkeit*» sein, denn wenn «*Ich*» nicht mehr bin, kann ich auch nicht vernichtet werden. Also schüttele ich mein Ich ab und nehme ein anderes an.

«Zum Phänotyp des Schamanen gehört der Gestaltwechsel, das proteushafte Sichverwandeln. Vor allem kann er das Geschlecht wechseln, sich in eine Frau bzw. einen Mann verwandeln oder in ein Tier. Die Tierverwandlung geschieht zum Angriff wie auch zur Flucht und ist ein Bestandteil der Abenteuer des Schamanen auf der Seelenreise. Die Metamorphose kann auch ein Instrument der ‹Todlosigkeit› sein.»[13]

EKSTASIS

Wenn ein Schamane in Trance geraten ist, löst sich seine Seele vom Körper und geht auf große Fahrt in die Über- oder Unterwelt, besteht mannigfache Abenteuer und kehrt nur unter Schwierigkeiten in den Körper zurück. Die Seelenreise setzt voraus, daß die begriffliche Trennung von Leib und Seele vollzogen ist. Wie auch die Bezeichnung Ekstasis das «*Außer-sich-Sein*» schon ausdrückt.

Eng verwandt mit dieser Erlebnisweise ist das «*Sich-erhoben-Fühlen*» über dem Boden oder Entschweben; manche fühlen auch in der Ekstase eine extreme Leichtigkeit des Körpers.

«Um bis ans Ende der Ekstase zu gehen, wo wir uns im Sinnengenuß verlieren, müssen wir ihr immer die unmittelbare Grenze ziehen: diese Grenze ist der Schrecken.

Wir erreichen die Ekstase nicht, wenn wir nicht – und sei es nur in der Ferne – den Tod, die Vernichtung vor uns sehen. Es gibt einen Bereich, in dem der Tod nicht das bloße Verschwinden bedeutet, sondern jenen unerträglichen Aufruhr, in dem wir gegen unseren Willen verschwinden, während wir um jeden Preis nicht verschwinden sollten. Gerade dieses um jeden Preis, dieses gegen unseren Willen zeichnet den Augenblick der äußersten Lust und der nicht benennbaren, aber wunderbaren Ekstase aus. Die Lust wäre verächtlich, wenn es nicht ein überwältigendes Überschreiten wäre, daß nicht nur der sexuellen Ekstase vorbehalten ist. Die Mystiker haben es in der gleichen Weise erfahren. Das Sein wird uns gegeben in einem unerträglichen Überschreiten des Seins, das nicht weniger unerträglich ist als der Tod. Und da das Sein uns im Tod zur gleichen Zeit, da es uns geschenkt, auch wieder genommen wird, müssen wir es im Erleben des Todes suchen, in jenen unerträglichen Momenten, in denen wir zu sterben glauben, weil das Sein in uns nur noch Exzeß ist, wenn die Fülle des Schreckens und die der Freude zusammenfallen. Am Ausgang dieser leidenschaftlichen Reflexion, die sich in einem Schrei selbst vernichtet, die sich selbst nicht ertragen kann und in ihrer Unduldsamkeit versinkt, finden wir Gott wieder. Der Mensch ist nicht auf das Organ der Lust beschränkt.»[14]

Ekstase, Visionen, Verzückungen sind anormale Zustände, und es nicht leicht, zwischen dem Anormalen und dem Krankhaften zu unterscheiden. Man darf sich also nicht wundern, wenn die Mystik mitunter von nervösen Störungen begleitet ist; man trifft diese ja auch bei anderen Formen des Genies. Das war übrigens die Meinung der großen Mystiker selbst. Sie waren die ersten, die ihre Schüler vor Visionen warnten, die bloße Halluzinationen sein können. Und ihren eigenen Visionen, sofern sie welche hatten, haben sie im allgemeinen nur sekundäre Bedeutung beigemessen. Man muß über sie hinwegschreiten, und ebenso auch die Entzückungen und Ekstasen hinter sich lassen, um das Ziel zu erreichen, nämlich das Einswerden des menschlichen mit dem göttlichen Willen. Die mystische Seele will dieses Werkzeug sein. Sie entfernt aus ihrer Substanz alles, was nicht rein genug, nicht widerstandsfähig und geschmeidig genug ist, damit Gott es benutzen kann. Jetzt handelt Gott durch sie: Die Vereinigung ist vollkommen und damit endgültig. Durch Gott hindurch, in Gott liebt er die ganze Menschheit mit einer göttlichen Liebe.[15]

«Nichtsdestoweniger bleibt der Schamane die beherrschende Gestalt, denn in dem ganzen Bereich, wo das ekstatische Erlebnis für das religiöse Erlebnis schlechthin gehalten wird, ist der Schamane, und nur er, der große Meister der Ekstase. Schamanismus = Technik der Ekstase. Die Schamanen sind Wesen, die sich im Schoß ihrer jeweiligen Gesellschaft durch bestimmte Züge hervortun, welche innerhalb der Gesellschaften des modernen Europas die Zeichen einer Berufung oder doch einer religiösen Krise sind.»[16]

DIE BEZIEHUNG ZU DEN GEISTERN

Der Schamane arbeitet mit Hilfsgeistern. Vom Besessenen unterscheidet er sich darin, daß er die Geister beherrscht, in dem Sinne, daß er als menschliches Wesen eine Verbindung mit den Toten, den Dämonen und den Naturgeistern zustande bringt, ohne sich dazu in ihr Instrument verwandeln zu müssen. Der Schamane ist Experte im Umgang mit Geistern. Er weiß genau, wie man mit ihnen umgeht, was man tun muß, um sie zufriedenzustellen.

TOTEN- UND AHNENKULT

«Der Schamanismus hat eine innige Beziehung zum Toten- und Ahnenkult. Die Passage ins Totenreich ist für den Verstorbenen überhaupt keine einfache Sache, sie ist auch eine Initiation und muß also rituell umständlich vollzogen werden. Ein Teil des Totenrituals ist daher darauf angelegt, den

Verstorbenen sozusagen davon zu überzeugen, daß er nun auch wirklich tot ist. Die psychologische Bewältigung des Todes ist offenbar eine Aufgabe von immenser Schwierigkeit. Die Lösung wird darin gesehen, daß der Tod kein Untergang, sondern ein Übergang ist, also die Initiation in einen neuen quasi ‹lebendigen Zustand›.

In der schamanischen Thematik ist diese Bejahung des Absterbens eine Voraussetzung für die Wiedergeburt. Es ist das Ziel, den leiblichen Tod durch immer erneutes Absterben zu meistern, das Selbst alterslos zu machen bzw. die Unsterblichkeit des transzendenten Selbst zu entdecken; so daß neu erklommene Initiationsstufen gleichsam eine Verjüngung sind.

Jedoch wird beim primitiven wie bei jedem anderen Menschen der Wunsch nach Kontakt mit dem Heiligen durchkreuzt durch die Furcht, damit seinen Zustand als gewöhnlicher Mensch aufzugeben und zu einem mehr oder weniger wehrlosen Instrument für irgendeine Manifestation des Heiligen (Götter, Geister, Ahnen usw.) verwandelt zu werden. Kein Mensch will freiwillig von anderen Wesen ‹benutzt› werden.»[17]

DIE SCHAMANISMUSWELLE

Die Entzauberung der Welt durch Ausschaltung der Magie und der Spiritualität bildet den denkbar schärfsten Gegensatz zum Schamanismus, gleichwohl der völlige Verlust der Erotik und der gestörten Beziehungen der Geschlechter zueinander. Elmar Gruber schreibt dazu: «*Die Welt erhält und erneuert sich in einer ständigen Wiederherstellung des Gleichgewichtes. Wo der Ausgleich fehlt, ersetzt Dekadenz die Harmonie und Zerfall tritt an die Stelle der Wiedergeburt. Unsere Ohren und Herzen sind nicht mehr offen für die Arbeit des Schamanen; wir haben uns verkauft an die einseitige Ausbeutung der Erde. Vor dieser Einseitigkeit haben die Schamanen mit Nachdruck gewarnt. Sie haben ihr das Bild des Bewußtseinsabenteurers entgegengestellt. Der Schamane ist die schöpferische Antwort auf Allgegenwärtigkeit der mystischen Dimension und der Versuch ihrer bewußten Verarbeitung als Ziel eines sinnerfüllten menschlichen Daseins.*

Dabei läßt sich der Schamanismus von der heutigen Sucht nach Bewußtseinsveränderung der naiven Neo-Schamanen aus der Gegenkultur der sechziger Jahre unterscheiden.

Da es eine grundlegende Aufgabe des Schamanen ist, ein Gleichgewicht aufrechtzuerhalten, das in letzter Instanz die Beziehung zwischen der Natur und dem menschlichen Eingriff in diese ausgleicht, steht der Schamanismus wieder hoch im Kurs.

Die fortgesetzte Trennung des Menschen von der Natur hat eine große Unausgeglichenheit auf der Erde geschaffen und die spezielle Art und Weise des Schamanen, diese wieder herzustellen, zeugt von einer zutiefst demütigen und spirituellen Einstellung der Welt und dem Leben gegenüber – eine Attitüde, die mit der Technisierung aus dem Bereich des Menschlichen nach und nach verdrängt, verschoben, vergessen wurde, aber ein traumatisches Schisma hinterlassen hat.

Der Schamane geht durch die Zeit des Chaos, durch die Auflösung aller Selbstverständlichkeiten und des Hergebrachten, um zu einer neuen Ordnung zu finden.»[18]

«Entscheidend für die schamanische Lehre ist ihr Bezug zur psychischen Wirklichkeit. Die Weltgesundheitsorganisation hat auf ihrem Kongreß 1980 beschlossen, daß schamanische Methoden die gleiche Bedeutung in der Heilung psychosomatischer Krankheiten zukommen, wie die der europäischen Medizin. Sie gibt dem einzelnen die Möglichkeit, das Trauma des persönlichen Todes zu überwinden und damit eine psychische Gesundheit zu erlangen, die in der technischen Zivilisation selten geworden ist. Der Schamane wendet sich einem Patienten mit der gleichen Aufmerksamkeit, ja mit dem Einsatz seines Lebens zu, die sonst nur Liebenden gemeinsam ist.»[19]

SCHAMANISCHE TECHNIKEN

Die vielen verschiedenen Arten der schamanischen Heilung!

Schamanisches Heilen ist eine Reise zu sich selbst. Die schamanische Reise ruft auf, sein schamanisches Selbst zu entdecken und zu erforschen und seine eigene Vision vom Leben zu finden.

Die Schwitzhütte

Die Schwitzhüttenzeremonie ist ein indianisches Ritual des Gebetes, der Reinigung und der Heilung. Sie findet meist bei Voll- oder Neumond statt. Die Schwitzhütte sieht aus wie ein kleines Iglu, welches aus einem Gerippe von Baumästen besteht, über das Felle und Decken gelegt werden und in dessen Mitte in ein Loch heiße Steine gebracht werden. Durch das Aufgießen von Wasser und Kräutern entsteht eine Temperatur wie im Dampfbad. Die Steine werden zuvor in einem in Richtung Osten liegenden Feuer erhitzt. Das Feuer symbolisiert das männliche Prinzip, während die Hütte Mutter Erde verkörpert. In der Schwitzhütte selbst wird gebetet und gesungen. Es entsteht eine heilige Stimmung, und durch die Hitze und Enge kommt der Mensch sehr schnell in seine Gefühle. Trauer, Angst und Schmerz kommen hoch und werden bewußt. Dadurch hat der Mensch die Möglichkeit, sich von seinen psychischen Belastungen zu befreien. Jedesmal, wenn Unruhen in der Gemeinschaft entstanden oder wichtige Entscheidungen getroffen werden mußten, gingen die Indianer in die Schwitzhütte und baten um Hilfe und Beistand.

Hultkrantz sagt dazu: «*Die jüngste panindianische religiöse Strömung, die Schwitzhüttenbewegung, ist die Peyotereligion, eine kultische Neubelebung, die im Prinzip auf das Heil und die Wohlfahrt des gesamten Stammes abzielt, aber natürlich auch die Bedürfnisse des einzelnen im Auge hat.*

Etwa ab 1970 – nach anderen mir zugänglichen Informationen erst ab 1980 – hat sich diese neue Bewegung im

Westen ausgebreitet. Grundlage der Bewegung ist eine Einrichtung, die seit Hunderten von Jahren aus verschiedenen Formen bei vielen nordamerikanischen Stämmen existiert. Ihr Gegenstück ist die altbekannte finnische Sauna und ähnliche Institutionen im nordeurasischen Raum.

Doch gibt es einen wesentlichen Unterschied zwischen den Schwitzhütten der Neuen und Alten Welt: Jene bezwecken spirituelle Reinigung, diese jedoch Körperhygiene und Vergnügen.»[20]

Das Medizinrad

Es gibt viele Traditionen von Medizinrädern. Das bekannteste ist das Sun-Bear-Medizinrad. Sun Bear war ein Chippewa-Indianer aus den USA. Er gründete den Bärenstamm, eine Lehr- und Medizingesellschaft, die sich zur Aufgabe gemacht hat, Menschen und Umwelt zu heilen. Das Abhalten von Zeremonien ist eine Möglichkeit, auf kraftvolle Weise Energien zurückzugeben. Schon die Naturvölker wußten um die heilende Kraft der Zeremonien und machten sie zu einem wesentlichen Teil ihres Lebens.

Die Visionssuche

Bei der Visionssuche geht der Mensch hinaus in die Einsamkeit, verbindet sich mit der Natur, um dort seine Bestimmung, seine Aufgabe oder seinen spirituellen Weg zu finden. Der Mensch kommt dabei in Kontakt mit seiner Essenz, seinem wahren Sein. Die Elemente Wasser, Erde, Feuer und Luft unterstützen und heilen diesen Prozeß.

Der Kraftplatz

In jeder näheren Umgebung gibt es Orte der Kraft. Gebirgszüge z.B., wo die Erde mit bestimmten Linien, die sich an bestimmten Plätzen kreuzen, überdeckt ist. Es sind alte, heilige Plätze, die von den Kulturen immer wieder als Altäre benutzt werden. Manche sind über 30 – 40 000 Jahre alt. Oftmals sind auf diesen Plätzen Kirchen gebaut worden, weil sich dort die Lebenskraft konzentriert. Das macht sich darin bemerkbar, daß sich die Wahrnehmungen intensivieren. Der Kraftplatz unterstützt und verstärkt die Gefühle, die im Moment im Vordergrund stehen. Damit ist es leichter, in einen Spiegel zu schauen und sich selbst besser wahrzunehmen.

«Orte der Kraft sind besondere Stellen, an denen eine sehr starke kosmo-tellurische Schwingung herrscht. Der Mensch befindet sich in einem Umfeld kosmischer und irdischer Strahlen. Er existiert im Gleichgewicht zwischen negativen Erdkräften und positiven kosmischen Kräften. Unser Universum schwingt positiv, und das entspricht der väterlichen Energie, während die Erde negativ ist und dem weiblichen und mütterlichen Prinzip der Materie entspricht. An einem Ort der Kraft stehen die kosmischen und die Erdkräfte im Gleichgewicht. Die Kraftplätze befinden sich auf höheren, subtileren Schwingungsebenen, die nichts mehr mit der uns bekannten physischen Ebene zu tun haben. Diese Stellen sind bewußt von den Priestern und Eingeweihten der jeweiligen Epoche bestimmt worden, um Riten und Götterverehrung zu praktizieren.»[21]

Reisen in die Ober- und Unterwelt

Schamanen leben teilweise in anderen Wirklichkeiten. Jeder kann in die Ober- und Unterwelt reisen, um dort Kontakt zu seinem Krafttier oder Schutzgeist zu bekommen, wenn er sich dafür öffnet. Notwendig dafür ist die schamanische Trommel, durch deren eintönigen Klang entsteht eine Tiefenentspannung, und der Mensch ist in der Lage, Kontakt zu seiner Intuition aufzunehmen.

Grundlegende Hilfsmittel zum Eintritt in den schamanischen Bewußtseinszustand sind Trommel und Rassel. Der stetige, monotone Trommelschlag wirkt wie eine Trägerwelle, zunächst als Hilfe zum Eintritt in den schamanischen Bewußtseinszustand und dann als Unterstützung auf seiner Reise. Durch Laboruntersuchungen wurde nachgewiesen, daß das Trommeln Veränderungen im zentralen Nervensystem hervorruft. Die rhythmische Erregung beeinflußt die Aktivität des Gehirns. Außerdem sind Trommelschläge von einer niedrigen Frequenz, was bedeutet, daß durch einen Trommelschlag mehr Energie zum Gehirn übertragen werden kann, als durch einen Tonerreger von höherer Frequenz.

In Afrika wird die Trommel benutzt bei rituellen Festen, Hochzeiten, Beerdigungen oder bei der Aufnahme eines Neugeborenen in die Gemeinschaft.

Die Djembe ist in Westafrika eine der bekanntesten Trommeln, deren Ursprung im heutigen Guinea und in Mali zu finden ist.

In Afrika sind die Trommeln ein Teil des alltäglichen Lebens. Sie begleiten den Menschen von der Geburt bis an das Ende des Lebens. Ihr Klang erleichtert die schwere Arbeit, bringt die Menschen bei Festen zusammen und läßt sie mit den Mächten der Natur in Verbindung treten. Im Laufe der Jahre haben sich verschiedene Trommelstile entwickelt. Ihnen allen ist etwas gemeinsam: die Vitalität, die Lebensbejahung, die uns Menschen verborgen ist, in einer Gemeinschaft zu feiern und miteinander zu teilen.

Die Trommel, eines der ältesten Instrumente der Menschheit, bietet uns einen Spiegel an, den wir für unsere Selbsterkenntnis nutzen können. Sie fordert eine bestimmte Umgehensweise, um sie zum Sprechen zu bringen, und die Rhythmen folgen einem bestimmten Muster der Konversationen, einer Sprache, die das Herz, dessen Natur der Rhythmus ist, oft am besten zu verstehen weiß.

Der Trance-Tanz

Trance bedeutet nicht, wie oft fälschlicherweise gedacht wird, «*wegtreten*» oder «*Kontrollverlust*». Trance bedeutet Klarheit, Bewußtsein und Erkenntnis. Trance hat etwas mit der Vielfalt unserer inneren Welten zu tun. Wir haben den Kontakt zu unserem «*Tieferen Ich*» verloren und die Auseinandersetzung damit vernachlässigt. Trance ist eine Methode zum persönlichen Wachstum durch die Mobilisierung der eigenen Lebensenergie im Entspannungszustand. Durch die Trommelmusik wird zusätzlich die rechte und linke Gehirnhälfte ausgeglichen, so daß Kreativität und Intuition gefördert werden können.

«Der Weg des Tanzes führt uns aus der Trägheit des Schlafwandelns in die Ekstase. Bewegung ist Medizin. Der Körper muß befreit werden, um die Kraft des Seins zu erfahren. Ein Körper ohne Seele hat keinen Rhythmus, und ein Mensch ohne Bewegung ist wie eine Leiche.

Der Tanz ist eine Technik, zur Ekstase zu gelangen. Ekstase ist ein natürlicher Zustand des reinen Seins. Ekstase ist Erfahrung mit Gott. Es ist ein Zustand der völligen Lebendigkeit und Einheit. Dieser Zustand ist notwendig, um unsere seelische Zerstückelung zu heilen. Wir können nicht leben, wenn der Körper vom Geist oder der Seele abgespalten ist. Das drückt sich aus in einem Gefühl der inneren Zerrissenheit, einem Gefühl von Abgespaltensein. Ekstase ist Heilung. In unserer Kultur wird Ekstase weder geschätzt, noch glaubt man an sie. Deswegen sind unsere Seelen so verkümmert. Wir sind abgestumpft gegenüber unseren Empfindungen. Manch einer ist nicht mehr in seinem Körper zu Hause. Wir müssen lernen, unsere alltäglichen Muster kennenzulernen. Wie wir über die Welt denken und in ihr handeln. Die konstruierte Persönlichkeit und unser wahres Selbst. Unser Ego verursacht all unseren Schmerz. Es ist voll mit Geplapper, Beurteilungen, Ablehnungen, Hoffnungslosigkeit, Ausschweifungen, festgefahrenen Überzeugungen und dem Bedürfnis, Dinge zu kontrollieren. Egos tanzen nicht. Sie halten uns davon ab, zu sein, wer wir wirklich sind.»[22]

Das Krafttier und die Traumzeit

«Während das mythische Paradies der Tier-Mensch-Einheit in der normalen Wirklichkeit verlorenging, bleibt es dem Schamanen dennoch in der nicht-normalen Wirklichkeit zugänglich. Der Begriff ‹Traumzeit› der Eingeborenen Australiens verkörpert diese Bewußtheit; denn sie bezieht sich auf eine mythologische Vergangenheit, die zuweilen noch parallel zur heutigen normalen Wirklichkeit existiert und in Träumen und Visionen betreten werden kann.»[23] Nimmt eine Schamanin Kontakt mit einem Tier auf, so ist es nicht nur dieses eine Tier, sondern der Geist oder die Energie dieser Rasse, z.B. arbeitet sie nicht mit der Medizinkraft eines Bären, sondern mit dem höheren Selbst aller Bären. Jedes Tier steht für eine besondere Medizinkraft, so ist der Wolf beispielsweise «*der Lehrer*» und hat die Aufgabe, für den Menschen «*geistiger Lehrer*» zu sein. Der Kontakt mit dem Krafttier wird über die schamanische Reise hergestellt, oder es drängt sich in der Natur auf, indem ein Tier sich auffällig benimmt.

«Schamanen haben schon lange erfahren, daß die Kraft des Tieres den Betreffenden widerstandsfähiger gegen Krankheit macht. Der Grund ist einfach: Die Verbindung mit dem Krafttier verschafft dem Menschen einen kraftvollen Körper, weil er dem Eindringen fremder Kräfte (Viren) besser widerstehen kann. Vom Standpunkt des Schamanen aus betrachtet, ist einfach kein Raum in einem kraftgeladenen Körper für das leichte Eindringen der schädlichen Energien, die in der normalen Wirklichkeit als Krankheit bezeichnet werden. Kraftvoll zu sein bedeutet, gleichsam ein Kraftfeld in und um sich zu haben; denn man ist widerstandfähiger gegen äußere Krafteinbrüche, die für den Schamanen gleichbedeutend mit Infektionen sind.»[24]

Die schamanische Sitzung

Wenn ein Mensch Kraftverlust durch Depression oder Krankheit zeigt, geht der Schamane in den anderen Bewußtseinszustand und holt dort für den Klienten das Krafttier und pustet es in sein Herz und in die Fontanelle ein. Dies ersetzt natürlich nicht den normal üblichen Arztbesuch. Aber auch hier haben Ärzte festgestellt, daß ein Patient schneller gesundet, wenn er zusätzlich schamanisch behandelt wird.

Wenn jemandem ein Krafttier zurückgegeben wurde, fühlt der Betreffende sich meistens sofort besser und spürt, wie zunehmend Kraft in seinen Körper fließt. Das drückt sich so aus, daß der Mensch mit alltäglichen Problemen besser fertig wird, kaum krank ist und sich körperlich und geistig wohl fühlt.

Die schamanische Beseitigung der schädlichen Krafteindringlinge ist eine schwierige Arbeit, weil der Schamane sie aus dem Patienten mental und emotional herausholt.

SCHAMANISMUS IN DER KUNST

Der Schamane als der künstlerisch-schöpferische Mensch.

«Die Welt des Wunderbaren ist nicht die jenseitige, sondern die ‹alte›, nicht gesehene, unbeachtet gebliebene Welt. Indem ich sie wahrnehme, weil ich sie nicht mehr ausschließlich im Handlungsablauf des praktischen Funktionierens gebrauche, entdecke ich ihre Schönheit. Und diese Schönheit kann ich in den Handlungsablauf hineinnehmen und die Schönheit vermehren – aus Arbeit wird Kunst.

Der ästhetische Daseinsentwurf gelingt, wenn die praktische Welt der Handlung und Arbeit verlassen wird, die Sprache nicht weiter als Transportmittel und Signal für Kommunikations- und Handlungsabläufe ‹dienen› muß.»[25]

Joseph Beuys

«Er besaß ein ausgeprägtes Gefühl für die dunklen Seiten des Lebens, die Geheimnisse des Kosmos, und war vorbereitet, seine überdurchschnittlichen Kenntnisse in Physik, Chemie, Botanik mit dem Mystischen in Einklang zu

bringen. In diesem Zusammenspiel von Mythos, Existenz und Naturwissenschaft ist nicht zuletzt jene ‹Soziale Plastik› begründet, die später als Ziel des von Beuys entwickelten ‹erweiterten Kunstbegriffs› zur Diskussion gestellt wird.»[26]

Joseph Beuys überlebte im Winter 1943 einen Flugzeugabsturz auf der Krim. Er wurde bewußtlos von einer Gruppe nomadisierender Tataren gefunden. Sie salbten seine Wunden mit tierischem Fett, wickelten ihn in Filz ein und ernährten ihn mit Milch, Quark und Käse. Beuys erlitt einen doppelten Schädelbasisbruch, hatte Splitter im Körper, Rippen, Beine und Arme waren gebrochen, die Haare bis zur Wurzel versengt, das Nasenbein war zertrümmert. Ohne die Tataren hätte er nicht überlebt.

Filz und Fett wurden daher wesentliche Elemente seiner Materialien. Beuys transformierte die Erfahrung von Schmerz, Todesnähe, Nomadentum, Steppe und Tataren später in seine Kunst. Sein Plan war, die Grenzen der Kunst zu sprengen. Beuys war darüber hinaus von einer dämonischen Unruhe besessen. Er zog redend, predigend, kündend, werbend und lehrend durch die Lande.

Zur schamanischen Initiation gehört die Überwindung der psychischen Krankheit. Als seine Verlobte ihren Verlobungsring zurückschickte, löste sie bei ihm eine tiefe Depression aus. Beuys vagabundierte umher, kam zur psychiatrischen Behandlung in die Düsseldorfer Klinik, jedoch ohne Erfolg. Er schloß sich wochenlang in seine Wohnung ein, bis ihn Freunde in einem total verdunkelten Raum fanden. Er hatte bereits Wasser in den Beinen und sagte, er wolle sich auflösen. Er ließ eine Kiste schreinern, die er mit Teer beschmierte. In seiner Vorstellung war die Kiste ein schwarzer, leerer, isolierter Raum, in dem Untersuchungen stattfinden und neue Erfahrungen gemacht werden sollten. Er verspürte den Zwang, mit dem Leben aufhören zu wollen. Beuys magerte ab, war ohne Energie, ein Wrack in jeder Beziehung, etwa zwei Jahre lang, bis eine Frau, die Mutter seines Freundes, sich seiner erbarmte. Sie holte ihn zu sich. Beuys war von dem Gedanken besessen, daß Gott ihn nicht lieben würde. Sie heilte ihn.

Von da an verknüpfen sich in seiner Arbeit alte Themen und Vorstellungen mit neuen Einsichten. Seine schamanischen, archaischen Bilder begannen sich auszudrücken. Die Frau hatte sein Vertrauen gestärkt, sie hatte seine Seele zurückgeholt mit der Einfachheit und Liebe ihres Herzens, was keinem Psychiater gelungen war. Beuys selbst sagte über seine Krise.[27]

«Im Grunde mußte etwas absterben, diese Phase hat mich konstituell völlig umorganisiert; ich hatte zu lange einen Körper mit mir herumgeschleppt. Der Initialvorgang war ein allgemeiner Erschöpfungsvorgang, der sich allerdings schnell in einen regelrechten Erneuerungsvorgang umkehrte. Die Dinge in mir mußten sich völlig umsetzen, es mußte bis in die Physis hinein eine Umwandlung stattfinden. Eine derartige Krise ist ein Zeichen dafür, daß entweder eine Richtungslosigkeit vorliegt oder zu viele Richtungen angegangen worden sind. Sie ist eine entscheidende Aufforderung, manches zu bereinigen, um in bestimmter Richtung zu neuen Ergebnissen zu kommen.»[28]

Beuys spricht immer wieder von Veränderungen, von Transformationen, die der Mensch selbst in Gang setzen kann. Der Mensch sei der Schöpfer selbst. Beuys wollte einen gesellschaftlichen Heilungsprozeß in Gang setzen, aber keineswegs wollte er zu den Ursprüngen zurück, sondern Zeichen setzen für die Zukunft.

«Der Mensch muß wieder nach unten, mit den Tieren und Pflanzen, der Natur, und nach oben mit den Engeln und Geistern in Beziehung treten.»[29]

Für den Kunsthistoriker Udo Kultermann ist der Künstler der Schamane der modernen Gesellschaft. Dieser produziere nicht Objekte, sondern handle durch ein Opfer an die Gesellschaft. Dadurch, daß er sich selbst einsetzt, aktiviere er heilende Verhaltensformen in anderen. Der Schamane unserer Zeit kenne und beherrsche die Technik, die unsere Zivilisation hervorgebracht hat, sowie die Massenmedien. Von hier ausgehend, mit ihnen, suche er nach neuen Freiheiten.

Beuys war mit dem Schamanismus vertraut. Ein Schamane war für ihn eine Gestalt, in der sich materielle und spirituelle Kräfte vereinen konnten. In der gegenwärtigen, materialistischen Zeit repräsentiert der Schamane also das Zukünftige.

Schamanen-Aktionen von Beuys

100 Tage auf der Dokumenta reden, sich in Filz einwickeln, stundenlang auf einem Bein stehen, mit einem Kojoten zusammenleben, Leuten die Füße waschen, Gelatine von der Wand nehmen, den Wald fegen, den toten Hasen die Bilder erklären, eine Partei der Tiere gründen und das Messer verbinden, weil es ihn geschnitten hatte.

«Das Ästhetische ist der Weg, auf dem ein reflektiertes Erleben dieses Schmerzes realisiert werden kann. Die Katharsis befreit von den Leidenschaften, weil sie erregt und gleichzeitig ins Kosmische der Schönheit aufgehoben wird.»

«So ist Nietzsches Satz, das Dasein sei nur als Ästhetisches gerechtfertigt, zu verstehen.»[30]

EINFÜHRUNG IN DIE CHAKRENARBEIT

Es gibt viel Literatur über die Lehre der Chakren, aber die Vielfalt der Informationen kann auch sehr verwirrend sein. Ich habe das Wichtigste hier zusammengefaßt, um einen Überblick zu verschaffen.

Was ist ein Chakra?

Das Wort Chakra kommt aus dem Sanskrit und bedeutet Rad oder Energiewirbel. Die Chakren befinden sich in ständig kreisender Bewegung, wobei sich die Drehrichtung von Chakra zu Chakra abwechselt. Die Rechtsdrehung wird als männliche Qualität beschrieben, die Linksdrehung als die weibliche. Die Chakren bestimmen unsere Energie. Wenn sie keine Energie mehr aufweisen, sind wir gestorben. Wie wir uns fühlen, wie und was wir denken und wie wir leben und uns verändern, das ist alles abhängig von unseren Chakren, deren Energie und der damit verbundenen verschiedenen Bewußtseinszustände.

Es fließt ein Energiestrom in der Aura durch alle sieben Chakren rauf und runter, vorne und hinten. Vorne ist unser bewußtes Erleben, hinten unser unbewußtes Erleben. (Deswegen tragen die Naturvölker Rückenamulette.)

Wurzel und Kronenchakra sind nach oben und unten geöffnet. Durch das Wurzelchakra wird die Schöpferenergie aufgenommen, durch das Kronenchakra strömt unsere Energie aus, Shakti unten, Shiva oben.

Die Veränderung in einem Chakra bewirkt die Veränderung in allen Chakren.

Die Energiefelder sind mit 3 Nervensträngen verbunden:

1. Ida, Anima, weibliche Energie
2. Pingala, Animus, männliche Energie
3. Sushumna, die neutrale oder verbindende Energie.

Sie werden auch als Nadis, Yoganerven benannt. Sie sind nicht materiell durch Nervenstränge repräsentiert. Sie entsprechen eher den Meridianen, deren Punkte akupunktiert werden können. Unser Körper ist von den Nadis, einem nicht materiellen Verteilernetz durchzogen. Auf dieser Ebene wirken homöopathische Heilmittel, Blüten und Duftessenzen, Edelsteine, Kristalle usw.

1. Die Chakren entsprechen Sinnesorganen, durch die wir mit der Welt in Kontakt treten.
2. Man kann die einzelnen Chakren mit Knoten vergleichen, wobei das Wort Knoten hier als ein Bild für die Verdichtung des Bewußtseins angesehen werden kann.
3. Man kann die Chakren nur dann öffnen, wenn man eins nach dem anderen öffnet.
4. Um ein geschlossenes Chakra zu öffnen, sollte man wissen, wie es geschlossen (verknotet) wurde.

Chakren ziehen Energie an, verteilen diese über den menschlichen Körper und geben auch Energien ab. Chakren sind die Stufen des Bewußtseins.

Die 7 Energiezentren

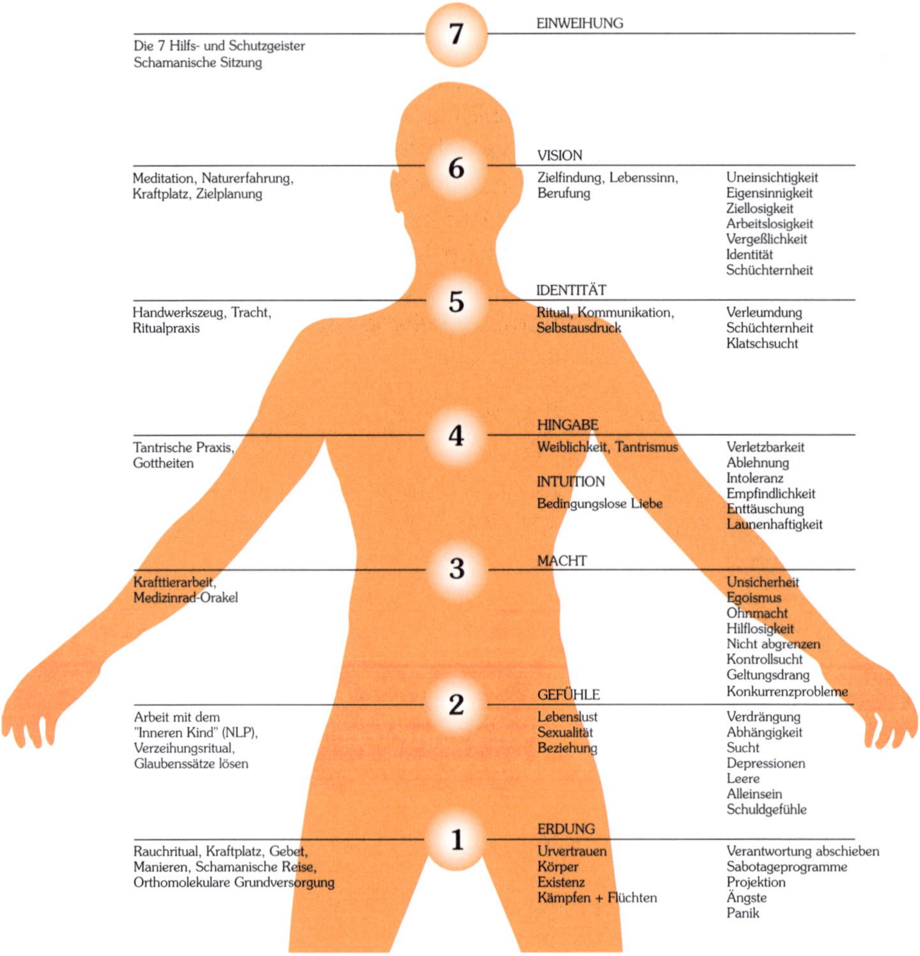

Schamanische Arbeit		Thema	Blockaden
Die 7 Hilfs- und Schutzgeister Schamanische Sitzung	7	EINWEIHUNG	
Meditation, Naturerfahrung, Kraftplatz, Zielplanung	6	VISION Zielfindung, Lebenssinn, Berufung	Uneinsichtigkeit Eigensinnigkeit Ziellosigkeit Arbeitslosigkeit Vergeßlichkeit Identität Schüchternheit
Handwerkszeug, Tracht, Ritualpraxis	5	IDENTITÄT Ritual, Kommunikation, Selbstausdruck	Verleumdung Schüchternheit Klatschsucht
Tantrische Praxis, Gottheiten	4	HINGABE Weiblichkeit, Tantrismus INTUITION Bedingungslose Liebe	Verletzbarkeit Ablehnung Intoleranz Empfindlichkeit Enttäuschung Launenhaftigkeit
Krafttierarbeit, Medizinrad-Orakel	3	MACHT	Unsicherheit Egoismus Ohnmacht Hilflosigkeit Nicht abgrenzen Kontrollsucht Geltungsdrang Konkurrenzprobleme
Arbeit mit dem "Inneren Kind" (NLP), Verzeihungsritual, Glaubenssätze lösen	2	GEFÜHLE Lebenslust Sexualität Beziehung	Verdrängung Abhängigkeit Sucht Depressionen Leere Alleinsein Schuldgefühle
Rauchritual, Kraftplatz, Gebet, Manieren, Schamanische Reise, Orthomolekulare Grundversorgung	1	ERDUNG Urvertrauen Körper Existenz Kämpfen + Flüchten	Verantwortung abschieben Sabotageprogramme Projektion Ängste Panik

Die Aufgaben der Chakren

Die Chakren haben die Aufgabe, den menschlichen Körper mit Bewußtseinsenergie zu versorgen. Sie sind verantwortlich für Gesundheit und Wohlbefinden und beeinflussen unser Denken und unsere Gefühle.

Ein Chakra erzeugt durch seine Rotation ein vibrierendes elektromagnetisches Aurafeld.

Die Lage der Chakren

Die Chakren sind nicht materiell. Sie sind eine Parallele zwischen körperlichen, gefühls- und bewußtseinsmäßigen Vorgängen. Man kann sie als Energie- und Lichtphänomene des menschlichen Körpers wahrnehmen. Sie sind ein Modell, um Bewußtseinszustände und Vorgänge im menschlichen Körper besser verstehen zu können.

Sie sind eine Landkarte, die uns hilft, auf unserem Weg zu einem höheren Bewußtsein zu finden. Das Bewußtsein ist das Gebiet, was wir bereisen wollen. Durch die Vorstellung der Chakren können wir uns in diesem unbekannten Gebiet orientieren, aber sie sind weder unser Körper, noch unser Bewußtsein selbst.

Prana

Prana ist ursprünglich das Prinzip der Bewegung, wie es sich im allgegenwärtigen Kosmos ausdrückt.

Die sieben Energiezentren besitzen die Aufgabe, diese Bewegungsenergie der Pranakraft im physischen Körper des Menschen zu verteilen.

Prana entspricht dem Äther. Der Äther wird als absoluter flüssiger Urstoff gedacht, wobei Licht eine Wellenbewegung des Äthers und Materie eine Wirbelbewegung des Äthers darstellt. Andere Ausdrücke dafür sind: Ki, Chi, Mana, Orgon, Wakan, Pneuma, Heilkraft der Natur, Elan vital, Libido.

Apana ist die Energie, die für die Ausscheidung des verbrauchten Materials aus dem Körper sorgt. Apana wird besonders durch die unteren drei Chakren aufgenommen. Apana ist auch für das Loslassen von Geistesgiften wie Gier, Eitelkeit, Eifersucht und so weiter zuständig. Die sechs Geistesgifte sind: Geiz, Gier, Neid, Eifersucht, Anhaftung und Verwirrung. Die Kundalini reinigt diese Gifte.

Kundalini

Kundalini heißt wörtlich übersetzt «die zusammengerollte Schlange». Sie symbolisiert unsere geistig-spirituelle Energie, die unten an der Wirbelsäule schlummert und darauf wartet, geweckt zu werden.

Die Schlange steht für die weibliche Gottheit, die das große Wissen um den Ursprung der Menschheit besitzt und die wie in der nordischen Mythologie als Midgard-Schlange die erhaltende Kraft des Universums symbolisiert. Wir besitzen alles, was das Herz begehrt, können aber nicht damit umgehen. Bei der Erweckung des Bewußtseins steigt die Schlange langsam in den Chakren hoch. Das Ziel ist:

1. Klares Bewußtsein, Gegenwärtigsein und
2. das Gefühl, daß dem Körper mehr Energie als gewöhnlich zur Verfügung steht.

Die Schlange steigt durch drei Kanäle auf, die sogenannten Nadis.

Der männliche Kanal wird Ida genannt. Er repräsentiert die Sonnenenergie und damit die Bewußtseinskraft, die uns hilft zu erkennen und zu unterscheiden. Ida ist der Weg der Differenzierung und des Intellekts und damit nach außen gerichtet.

Der weibliche Kanal wird als Pingala bezeichnet. Er repräsentiert die Mondenergie und die Kräfte des Unbewußten, die aus der undifferenzierten Einheit die Vielheit gebären. Diese Kräfte streben immer wieder der Einheit zu. Pingala kann als Weg der kreativen Energie des Unbewußten angesehen werden und wirkt daher nach innen.

Diese beiden Kanäle winden sich spiralförmig von den Nasenöffnungen ausgehend um die Sushumna, die durch den mythologischen Berg Meru verdeutlicht wird und die Zentralachse im Körper bildet. Die Sushumna selbst weist wieder drei Schichten auf und stellt somit ein Hologramm des gesamten Leitungssystems feinstofflicher Energie dar.

Die Lebensenergie

Die Chakren bestehen aus Lebensenergien. Man bezeichnet sie üblicherweise auch als
1. Prana oder
2. Kundalini bzw. Shakti.

Solange die als Kundalini bezeichnete Lebenskraft im Körper nicht erweckt ist, stellt Prana die Lebensenergie dar. Da bei uns meist die Kundalini nicht erweckt ist, leben wir aus der Pranaenergie. Banalitäten, Routine und Alltagsleben blockieren die Kundalini.

Kundalinienergie fließt nur dort, wo die Chakren geöffnet und wo keinerlei Streß und Angst vorhanden sind. Jedes einzelne Chakrathema wird bewußt gelebt, und unverarbeitete Erlebnisse werden integriert. Das ist meist nur möglich bei außergewöhnlichen Menschen oder Menschen, die jahrelang an sich bewußt und diszipliniert gearbeitet haben. Oft auch mit Hilfe eines Therapeuten oder Lehrers.

Mit diesem Buch haben Sie die Möglichkeit, Ihre Kundalini freizusetzen und langsam nach oben zu befördern. Das setzt aber voraus, daß Sie sich mit jeder Bewußtseinsstufe gründlich auseinandersetzen und auch notfalls Hilfe bei einem Therapeuten in Anspruch nehmen.[31]

Die Chakrenbehandlung

Es gibt zwei Wege, die Chakren zu behandeln. Der erste Weg ist der des Bewußtseins. Von innen nach außen. Der zweite Weg führt über die Behandlung durch Farb- und Aromatherapie, Bachblüten und Edelsteine auf der feinstofflichen Ebene von außen nach innen.

Wenn Sie zum Beispiel an einem bestimmten Thema noch nicht arbeiten können, weil der Widerstand zu groß ist, dann fangen Sie zuerst an, die Bachblüten zu nehmen.

Die Farbtherapie

Jedes Chakra ist einer bestimmten Farbe zugeordnet. Wenn Sie festgestellt haben, daß Sie mit einem bestimmten Chakra ein Problem haben, dann umgeben Sie sich besonders viel mit dieser Farbe. Kaufen Sie Lebensmittel, nähen Sie neue Vorhänge, streichen Sie die Wände, kaufen Sie sich neue Kleider oder malen Sie Bilder in Ihrer neuen Farbe. Das beeinflußt positiv Ihre feinstoffliche Ebene.

Oder malen Sie intuitiv, spüren Sie sich einmal in die Farben ein. Nach welcher Farbe ist Ihnen? Wenn Sie laufend nach orange greifen, haben Sie mit Sicherheit ein Beziehungsproblem. Auch so können Sie Ihre Blockaden feststellen.

Die Edelsteintherapie

Sie finden jedem Chakra zugeordnet die Angaben verschiedener Edelsteine. Die Informationen hierzu habe ich zusammengetragen aus den Büchern: «*Die Kraft der Steine*» von Edith Schaufelberger-Landherr und aus «*Pfeile des Lichts*» von Eva Laurich. Im Anhang finden Sie noch weitere Literatur über Edelsteine.

Wichtig ist, daß Sie lernen, intuitiv mit den Steinen umzugehen. Besorgen Sie sich pro Chakra einen Stein. Am besten je Chakrafarbe, dann können Sie sie gut unterscheiden.

Auf den Hämatit (1. Chakra) können Sie sich gut hinsetzen. Die anderen Steine legen Sie entsprechend dem Chakra auf. Machen Sie jeweils eine schamanische Reise zu dem jeweiligen Edelstein, und bitten Sie ihn um Hilfe. Danach bedanken Sie sich und halten ihn mindestens 30 Sekunden unter fließendes

Wasser, wenn nicht anders angegeben. Zum Aufladen mit Energie können Sie den Stein entweder in die Sonne legen oder eine Nacht dem Vollmond aussetzen. Gehen Sie immer sorgfältig mit den Steinen um, sonst zerbrechen sie.

Die Aromatherapie

Kaufen Sie sich ein Aromaöl pro Chakra, und geben Sie ein paar Tropfen in die Aromalampe oder ins Badewasser. Bei körperlichen Anwendungen immer zu verdünnen mit Jojoba oder Mandelöl. Stellen Sie sich Ihre persönliche Duftmischung her, oder geben Sie jeden Morgen ein paar Tropfen verdünntes Chakraöl auf das entsprechende Chakra.

Vorsicht: Es gibt auch giftige Öle. Dazu kann ich eine kleine Broschüre empfehlen von Erich Keller: *«Sicherheit im Umgang mit ätherischen Ölen»*.

Die Bachblüten

Kaufen Sie sich je Chakra eine Bachblüte, die genau zu Ihrem Problem paßt. Sie können aber auch bis zu drei Bachblüten mischen. Grundsätzlich werden Bachblüten verdünnt. Nehmen sie dazu ein Apothekerfläschchen, und füllen Sie dieses halb mit Wasser und halb mit Alkohol, dazu geben Sie 3-4 Tropfen der jeweiligen Bachblüte.

Nun nehmen Sie täglich morgens, mittags und abends 3-4 Tropfen der verdünnten Bachblüte ein. Achten Sie auf Erstverschlimmerungen. Diese können eintreten, aber sie dauern nur ein bis zwei Tage.

1. STUFE:
ERDUNG

Erdung ist die Grundlage des Menschen überhaupt und dem ersten Chakra zugeordnet. Wer nicht gut geerdet ist, fällt bei der geringsten Belastung um. Schauen Sie sich einen Baum an, vielleicht eine dicke tausendjährige Eiche. Die Wurzeln des Baumes dringen tief in die Erde, aus der er seine Nahrung bezieht, seine Kraft, sein Leben. Aus der Erde dringt sein Stamm hervor, der ihm Stabilität gibt, Umfang und Präsenz darstellt. Nicht einmal der stärkste Sturm kann ihn entwurzeln. In der Krone verzweigt er sich mit anderen Bäumen, gibt anderen Nahrung, läßt die Tiere in seinen Ästen spielen, kommuniziert mit der Umwelt, blüht, verliert seine Blätter, erträgt den Winter, die Sonne, und immer wieder erwacht das Leben in ihm im Frühling aufs neue.

Jetzt stellen Sie sich einen Baum vor, der nicht gut verwurzelt ist, er wird krank, weil er nicht genügend Nährstoffe erhält, er zittert vor Angst, weil er weiß, daß er den nächsten Sturm nicht überstehen wird. Den Angriffen der Umwelt ist er nicht gewachsen, und den Tieren kann er nichts geben, weil er nichts ist und hat.

Jetzt schauen Sie sich an. Wie sind Sie? Gut verwurzelt, wie die Eiche oder eher verwundbar wie das kleine Bäumchen? Wenn Sie wie die Eiche sind, müssen Sie nicht weiterlesen. Wenn Sie sich aber wie das kleine Bäumchen fühlen, ist es an der Zeit, tiefe Wurzeln zu schlagen, sich gut zu nähren und sich wieder mit Mutter Erde zu verbinden.

Die Wurzeln der tausendjährigen Eiche bestehen aus:

1. Leben: Lebendigkeit, Eigenverantwortung, Realität, Urvertrauen,
2. Körper: Nahrung, Arterhaltung, Gesundheit,
3. Existenz: Geld, Besitz, Eigentum, Arbeit,
4. Psyche: Angst, Ich, Unterbewußtsein, Überich, Schatten und Vergangenheit,
5. Verhalten: Kämpfen und Flüchten, Verdrängung und Widerstand.

LEBEN/ENERGIE – URVERTRAUEN

Was heißt es überhaupt zu leben? Fängt das Leben schon vor der Geburt an, oder bei dem ersten Lebensschrei? Wann fangen wir an, bewußt zu leben? So mancher Mensch stirbt, ohne überhaupt gelebt zu haben.

«*Die* Lebensphilosophie *fragt im allgemeinen nach* Sinn, Ziel *und* Wert *des Lebens. Insbesondere wenn sie sich vom theoretischen Wissen ab und sich der unverfälschten Fülle des unmittelbaren Erlebens zuwendet. Die Lebensphilosophie will ‹das Leben aus ihm selber verstehen› und steht auf der Seite des Gefühls, des Instinkts, gegen den Intellekt; auf Seiten des Irrationalismus (Unvernunft), der Mystik (das Geheimnisvolle) gegen den Rationalismus (Verstandesstandpunkt), der Anschauung (unmittelbares visuelles Erleben der Dinge) gegen den Begriff (konstruierter Denkakt über einen Gegenstand), des Schöpferischen gegen das Mechanische. Zur Lebensphilosophie rechnet man viele Vorsokratiker, deutsche Naturphilosophen u.a., besonders aber Nietzsche, Schopenhauer, Freud und Bergson.*

Henri Bergson, ein französischer Philosoph, lebte von 1859 bis 1941 in Frankreich. Er lehrte, daß sich das Denken *des Gehirns nur als eines automatischen Werkzeugs bediene und die* Intelligenz *nur das Starre, Tote der anorganischen (nichtlebendigen) Natur begreifen könne, nicht aber das Leben, das in seinem Wesen schöpferische Aktivität und begrifflich unfaßbar sei. Das seelische Individuum sei eine fließende, rational (verstandesmäßig) nicht festhaltbare, unzerlegbare Mannigfaltigkeit, das Leben nur durch eigenes Erleben, nur durch* Intuition *begreifbar. Ebenso das Universum; denn es lebt, wächst in schöpferischer Entwicklung und entfaltet sich nach dem ihm innewohnenden Lebensdrang. Diesen bezeichnet er mit dem Begriff ‹Elan vital›. Das bedeutet ein* Sichhingeben *an den Anschauungsgehalt der Dinge, als Bewegung eines tiefen* Vertrauens *in die Unumstößlichkeit alles schlicht und evident ‹Gegebenen›, als mutiges* Sichselbstloslassen *in der Anschauung und der liebenden Bewegung zu der Welt in ihrer Angeschautheit.*»[1] Das Bedürfnis im Menschen nach Vorwärtsbewegung nennt Bergson Lebensschwung (Energie), der physikalisch (damals) nicht meßbar war, der aber einem inneren Antrieb entspricht.

Leben ist Energie, Weiterentwicklung. Die ganze Natur besteht aus Leben. Schon im kleinsten Plankton befindet sich die Lebensenergie, sich fortzubewegen. Nur, wenn diese Energie gestört wird, sei es durch schlechte Umweltbedingungen, durch zu wenig Nahrung oder anderen von außen eindringenden, zerstörerischen Elementen, stirbt es ab oder wird krank. Eine Eizelle entwickelt sich im Bauch der Mutter ganz von alleine zu einem Lebewesen, wenn es nicht durch störende Einflüsse daran gehindert wird.

Welche störenden Einflüsse gibt es, die einen Menschen an seiner Lebendigkeit hindern können? Sind die Umweltbedingungen für Sie lebenswert? Luft, Räume, Arbeit, Menschen?

Urvertrauen

«In den ersten Lebensmonaten erwirbt das Kind eine Grundeinstellung, die sich danach richtet, ob es Menschen seiner Umwelt trauen kann oder nicht, entsprechend der Beziehung zu seinen engsten Pflegepersonen. Diese Einstellung bildet ebenso wie das Urmißtrauen *den Hintergrund für alle späteren Beziehungen des Menschen zu seiner sozialen Umwelt. Mangelhaft ausgeprägtes Urvertrauen kann soziale Beziehungen stark beeinträchtigen.»*[2]

KÖRPER: VITAMINE

Der Körper ist unsere äußere Hülle, aber nicht nur das, er ist unser Tempel, durch den wir uns ausdrücken können. Wir können ihn hegen, pflegen und schmücken. Das sind Zeichen von Lebendigkeit. Wir können ihn aber auch verdrängen, ignorieren und vor allen Dingen langsam zerstören durch Zigaretten, Alkoholkonsum usw.

Manche Menschen meinen, Schönheit dürfe sich nur von innen ausdrücken und konfrontieren ihre Umwelt mit ihrer betonten Häßlichkeit oder Schlampigkeit. Jeder Mensch hat seine eigene Schönheit, die er durchaus betonen oder ignorieren kann.[3]

Schauen Sie sich einmal ganz kritisch im Spiegel länger an. Was können Sie verändern? Was gefällt Ihnen und was nicht?

Vitamine

Bausteine unserer Gesundheit sind: Vitamine, Mineralien, Spurenelemente, essentielle Fett-und Aminosäuren. Leider sind unsere Nahrungsmittel heute durch Umweltgifte stark belastet. Die Hälfte aller Krankheiten hat ernährungsbedingte Ursachen. Falsche Eßgewohnheiten, einseitige Ernährung (Kantine), qualitativ minderwertige Nahrungsmittel ergeben eine erschreckende Bilanz.

Aber gerade die Nährstoffe spenden uns Energie und Vitalität. Ohne die richtigen Nährstoffe in der richtigen Menge ist kein Leben möglich. Vitamine, Mineralien und essentielle Aminosäuren sind Bestandteile von Enzymen, ohne die das Leben erstirbt, denn alle Lebensvorgänge werden enzymatisch gesteuert. Am Ende der oft jahrelangen Mangelernährung stehen unweigerlich Befindlichkeitsstörungen, Erkrankungen und chronische Leiden.

Orthomolekulare Ernährung

«Hier handelt es sich um die wenigen, nämlich nur rund 50 essentiellen (lebensnotwendigen) Nährstoffe, die uns vital und gesund erhalten.

Orthomolekulare Ernährung gibt die Sicherheit, das Richtige zu tun. Sie beruht auf dem ebenso einfachen wie einleuchtenden Prinzip:

Wir sind gesund, wenn unsere Zellen gesund sind. Unsere Zellen sind gesund, wenn sie alle natürlichen Substanzen zur Verfügung haben, die sie brauchen, um ihre Funktionen richtig zu erfüllen.

Viele lebenswichtige Nähstoffe werden dem Körper nicht mehr in ausreichendem Maße zugeführt, das gilt besonders für Diäten, bei zunehmendem Alter, durch schlechte Nahrungsverwertung, durch schädigende Umwelteinflüsse, ungesunde Lebensweise, wenig Bewegung, Erkrankungen, Medikamentenverbrauch, Genuß von Süßigkeiten, Alkohol und Nikotin, Antibabypille usw.

Nährstoffe dienen aber nicht nur Ernährungszwecken, sie haben bedeutsame Heilwirkungen. Es gibt kaum eine Krankheit, bei deren Behandlung Nährstoffe nicht eine heilende Wirkung entfalten könnten. Sie werden dann gezielt und oft höher dosiert eingesetzt.

Viele Therapeuten (Ärzte, Heilpraktiker usw.) befassen sich intensiv mit den Möglichkeiten der orthomolekularen Medizin, denn es ist eine Medizin, die mit körpereigenen Substanzen arbeitet und deshalb frei ist von unerwünschten Nebenwirkungen.»[4]

In meiner Beratung überprüfe ich zuerst den Mangelzustand, bzw. den Beschwerdezustand des Klienten. Oft sind Angstzustände, Depressionen oder andere Befindlichkeitsstörungen mit einem bewußten Einsatz von orthomolekularen Vitaminen leicht zu beheben. Hier fängt der erste Schritt zur Eigenverantwortlichkeit und zur Selbsthilfe an. Ein werdender Schamane muß lernen, sich selbst optimal zu versorgen, damit er den Anforderungen des Lebens gewachsen ist und so anderen Menschen weiterhelfen kann.

Machen Sie sich eine Liste von Ihren Befindlichkeitsstörungen. Beobachten Sie sich ein paar Tage lang. Schlafen Sie viel oder wenig? Was essen Sie? Rauchen Sie? Trinken Sie regelmäßig Wein oder Bier? Sind Sie unkonzentriert, oder haben Sie öfter Kopfschmerzen? Wie ist Ihre Haut? Anhand der nachfolgenden Liste können Sie nun sehr schnell Ihren Mangel an einem bestimmten Vitamin herausfinden.

Wie gehen Sie mit Ihrem Körper um? Ernähren Sie sich vernünftig, treiben Sie Sport, halten Sie sich fit und gesund?

Tip: Machen Sie eine Blutuntersuchung bei einem Heilpraktiker. Lassen Sie aber alle Werte untersuchen.

Mangel/Beschwerden	Vitamine
Herpes, Konzentrationsschwäche, Müdigkeit, gerötete Augen, Schwindelgefühle, Übelkeit, besonders Vegetarier und ältere Menschen	Aminosäure: L-Lysin
Akne, Haut-und Augenprobleme, Knochen, Zahnfleischbluten, -verfall	Vitamin A
Herzkrankheiten, Herzbeschwerden	Vitamin D
Freie Radikale, Krebsvorsorge, vorzeitige Alterungsprozesse, Umweltbelastungen	Beta-Carotin
Zu wenig rote Blutkörperchen, Sauerstoffunterversorgung, Frauen in den Wechseljahren, Schwangere und stillende Frauen, bei Anti-Baby-Pilleneinnahme, Diäten, Arteriosklerose, aktiver Arthrose	Vitamin E

Autoimmun-Erkrankungen, Regulierung des Cholesterinspiegels	Vitamin F
Streß, Persönlichkeitsveränderungen, Streitsucht, Depression, Lustlosigkeit, Antriebsschwäche, Vergeßlichkeit, Erschöpfung, Kopfschmerzen, Herzklopfen, Verstopfung, Schlaflosigkeit	Vitamin B 1
Blutunterlaufene Augen, Entzündungen an der Nase, in den Mundecken oder an den Ohren	Vitamin B 2
Migräne, Hautprobleme, Ausschläge am Mund, Magen und Darmstörungen, krampfartige Gefäßverengungen	Vitamin B 3
Streß, zentrales Nervensystem, Stoffwechsel, Sonnenbrand, zu niedriger Blutzuckerspiegel, Geschwüre am Zwölffingerdarm, Infektionen, bei schweren körperlichen Erschöpfungs- und Schockzuständen, nach Operationen, Dermatitis, Geschwürbildungen im Magen-Darm-Trakt, Verlust von Erinnerungsvermögen	Vitamin B 5
Stoffwechsel, Frauenleiden, Beschwerden bei der Regel und in den Wechseljahren, Schwangere und Stillende, Antibabypille, PMS, Migräne, Kribbeln in Armen und Beinen, Neuritis, geschwollene Fingergelenke, Rheumatismus	Vitamin B 6

Befindlichkeitsstörungen, Mangel an roten Blutkörperchen, Schwäche und Müdigkeit, depressive Verstimmung, Gedächtnisstörungen, Veränderung der Persönlichkeit, Muskelschlaffheit, Bewegungsstörungen, Antibabypille	Vitamin B 12
Leberstörungen, Gedächtnisschwund, Haarausfall, Ekzeme, Schlafstörungen, Alzheimer Krankheit, Einnahme von Alkohol	Cholin/Inositol
Mangel an roten Blutkörperchen, Antibabypille, Erschöpfung, Schwangere, Darmparasiten, Reizbarkeit, Vergeßlichkeit, Unkonzentriertheit, Gicht	Folsäure
Freie Radikale, Raucher, Erkältungskrankheiten	Vitamin C
Probleme mit der Verdauung und Nahrungsverwertung	Enzyme
Herzprobleme, ältere Menschen	Coenzym Q 10
Schlafstörungen, Knochenaufbau	Calcium
Muskel und Nervenbeschwerden, Störungen im Natrium/Kalium-Gleichgewicht	Kalium
Nerven und Muskelschwäche, Entspannungsstörungen	Magnesium
Freie Radikale, Entgiftung	Mangan

Oxidationsschäden der Zellen, freie Radikale, körperfremde Schadstoffe, Umweltgifte	Selen
Hautprobleme	Zink

Ich empfehle, täglich eine *Multi-Max-Tablette* (für Männer) einzunehmen, damit ist der tägliche Bedarf an allen lebensnotwendigen Nährstoffen gedeckt.

Für Frauen empfehle ich *Vitality for Women*, weil sie noch spezielle Kräuter enthalten, wie beispielsweise *Dong Quai*, das sind chinesische Kräuter, die das Hormonsystem der Frau auf natürliche Weise regulieren. Fast alle Frauen haben mehr oder weniger Hormonprobleme.

Frauen und alle, die gerne Süßigkeiten, Alkohol und Nikotin (Vitamin B-Räuber) zu sich nehmen, sollten zusätzlich eine Vitamin-B-Kur einlegen, weil sie einen größeren Bedarf an Vitamin B haben. Raucher sollten sich zusätzlich mit Vitamin C versorgen.

Schlafstörungen

Viele Menschen leiden unter Schlafstörungen. Sie schlafen nicht durch oder wachen zu früh auf. Ein gutes Mittel gegen Schlaflosigkeit ist Melatonin.

Melatonin ist ein körpereigenes Hormon. In der Kindheit haben wir mehr Melatonin und schlafen deshalb auch viel. Je älter wir werden, um so mehr baut der Körper Melatonin ab, deshalb brauchen ältere Leute weniger Schlaf. Melatonin sorgt für einen natürlichen Schlaf und Wachrhythmus. Und ein gesunder Biorhythmus ist wichtig, damit unser ganzer Organismus bestens funktionieren kann. Dadurch stärkt Melatonin das Immunsystem, schützt vor Krebs und hat eine lebensverlängernde Wirkung. Melatonin ist schon seit Jahren in Amerika als Einschlafmittel ohne Nebenwirkungen (die ein normales

Schlafmittel aber hätte) bekannt und in jedem Gesundheitsladen erhältlich. Es ist unter «Nahrungsergänzung» einzustufen und kein Medikament (Schlafmittel bekommen Sie nur auf Rezept!). Die Ungiftigkeit von Melatonin ist seit Jahren gut erforscht.

Eine weitere Unterstützung des Schlafes ist die Nachtkerze. Sie enthält die für den Organismus lebensnotwendige Gamma-Liniolensäure. Die Nachtkerze war bereits bei den Hopi-Indianern bekannt. Sie hilft bei Erschöpfung, Neurodermitis, PMS, Allergien, Asthma und Menstruationsbeschwerden.

Schüßlersalze

Dr. med. Schüßler lebte von 1821-1898 in Deutschland und nannte die von ihm nach langen Jahren in eigener Praxis entwickelten und am kranken Menschen tausendfach erprobten Arzneien «Funktionsmittel», weil sie im Organismus des Menschen lebenswichtige Funktionen zu erfüllen haben.

Als Biochemie (bios = Leben) bezeichnete er seine Behandlungsmethoden, weil er erkannt hatte, daß der Bau und die Lebensfähigkeit des menschlichen Organismus wesentlich vom Vorhandensein bestimmter Mineralsalze, eben dieser Funktionsmittel – das sind anorganische Stoffe wie Kochsalz, Eisenphosphat, Kalziumphosphat u.a. – abhängig sind und ihr Mangel zur Funktionsunfähigkeit zunächst im Bereich der Zelle, des Zellverbandes und schließlich der einzelnen Organe führt. Funktionsunfähigkeit heißt in diesem Sinne ganz allgemein Krankheit. Seine Therapie hat sich seit über 100 Jahren bewährt und ist eine risikolose Therapie.

Es gibt insgsamt 12 Funktionsmittel, also Lebenssalze:

Calcium fluoratum

Wichtigstes Mittel für das Stütz- und Bindegewebe. Anwendung bei Bindegewebsschwäche, Organsenkung, Krampfadern, Hämorrhoiden, Haltungsschwäche.

Calcium phosphoricum
Biochemisches Aufbau- und Kräftigungsmittel. Anwendung bei schlecht heilenden Knochenbrüchen, zur Unterstützung bei Rachitis und in der Rekonvaleszenz.

Ferrum phosphoricum
Hauptmittel für das erste Entzündungsstadium (trockener Schwellungscharakter). Anwendung bei Blutarmut, Durchblutungsstörungen mit rheumatischen Beschwerden, Konzentrationsmangel.

Kalium chloratum
Hauptmittel für das zweite Entzündungsstadium (fibrinöse Entzündungen). Anwendung bei Mandel-, Bauchfell-, Brustfell-, Mittelohr-, Lidrand- und Bindehautentzündung, Bronchitis und Sehnenscheidenentzündung.

Kalium phosphoricum
Anwendung bei allgemeinen Erschöpfungszuständen, Nervenschwäche, Herzbeschwerden, Übererregbarkeit, Gedächtnisschwäche.

Kalium sulfuricum
Hauptmittel für das dritte Entzündungsstadium (eitrig-schleimige Sekretion). Zur Förderung der Ausscheidungs- und Entgiftungsvorgänge, bei chronischen Schleimhautkatarrhen.

Magnesium phosphoricum
Senkt den Grundumsatz und den Cholesterinspiegel, wirkt antithrombotisch, antiallergisch und gallebildend. Anwendung bei allen schmerzhaften Krampfzuständen, Neuralgien, Migräne, Herzenge, krampfhafter Verstopfung.

Natrium chloratum
Wichtigstes Mittel zur Aufrechterhaltung des Säure-Basen-Gleichgewichts, reguliert den Wasserhaushalt, regt die Blutbildung an. U.a. Anwendung bei Abmagerung, chronischer Verstopfung und rheumatischen Beschwerden.

Natrium phosphoricum
Zur Herabsetzung der allgemeinen Entzündungsbereitschaft und Anregung der Stoffwechselausscheidungen. Anwendung bei Rheuma, Ischias, Gelbsucht und Nierenentzündung.

Natrium sulfuricum
Fördert den Abbaustoffwechsel, regt die Ausscheidungsvorgänge an. Anwendung bei Fettsucht und funktionellen Störungen des Leber-Galle-Systems.

Silicea
Wirkt besonders auf das Bindegewebe. Anwendung bei allen eitrigen Prozessen und bei Wachstumsstörungen, schlechter Heilungstendenz der Haut: allgemeines Regenerationsmittel.

Calcium sulfuricum
Wie Silicea bei chronischen Eiterungen und bei lokal bedingtem Rheuma im Hals-, Nasen- und Ohrenbereich.

Der Biochemische-Verein gibt laufend vergünstigte Seminare zur Fort-und Weiterbildung, und jeder angehende Schamane sollte hier Mitglied sein und das Wissen beherrschen, um sich und anderen Menschen zu helfen. Es gibt in jeder größeren Ortschaft einen Verein.[5]

EXISTENZ: GELD UND ARBEIT

Ich erlebe immer wieder, daß Menschen zu mir kommen und eine Ausbildung von mir möchten, aber gleich sagen, sie hätten eigentlich kein Geld dafür. Am Anfang hatte ich Mitleid und bot ihnen bei uns im Haushalt Arbeit oder beispielsweise Handwerksarbeiten an. Einen Tauschhandel sozusagen. Arbeit gegen Arbeit. Es war auch für mich ein Lernprozeß zu verstehen, daß dies nicht möglich ist. Ich ließ mich auf diesen Handel ein, weil ich Schüler haben wollte. Die Schüler ließen sich darauf ein, weil sie nicht in der Lage waren, für sich zu sorgen. Sie waren ganz einfach zu faul, hatten keine Lust zu arbeiten, waren inkompetent und unfähig. Bis ich verstand, daß sie von mir erwarteten, daß ich ihre Probleme lösen sollte. Sie wollten von mir Wege und Möglichkeiten aufgezeigt bekommen, um aus dieser Realität aus- und in andere, bequemere Bewußtseinszustände einzusteigen. Sie scheiterten alle in der Ausbildung, und mir war von diesem Moment an klar, daß einer, der nicht in der Lage ist, seine finanziellen Probleme in den Griff zu bekommen, bzw. wenn er eine Ausbildung will, auch respektiert, daß er eine entsprechende Leistung dafür einzubringen hat, sich auch nicht wirklich auf einen Lernprozeß einlassen will. Ich beschloß, diesen Kuhhandel nie wieder einzugehen.

Können Sie so für sich sorgen, daß Sie sich die Wünsche und Bedürfnisse, die Sie haben, erfüllen können? Wenn nicht, was steht Ihnen im Wege, vorübergehend eine Arbeit anzunehmen, die vielleicht ein bißchen anstrengend ist, aber Ihnen die Möglichkeit verschafft, bald aus dieser Situation auszusteigen?

Geld ist eine Form von Energie. Wenn diese Energie nicht im Fluß bleibt, wird die Quelle versiegen. Eine sehr wichtige Erfahrung, die ich gemacht habe.

Wie gehen Sie mit Ihrem Geld um? Halten Sie es fest, oder können Sie sich gegenüber auch großzügig sein? Wie sieht es mit Ihrer Energie aus? Leben Sie alleine, haben Sie eine Arbeit und können Sie gut für sich sorgen?

PSYCHE: ANGST

Ein großes und wichtiges Thema in der Schamanen-Ausbildung ist Angst. Meist ist es eine unbestimmte Angst: Angst vor sich selbst, vor seinen eigenen Gefühlen. Ich erlebe oft, daß Leute sich bei mir zu den Seminaren anmelden, aber dann vor lauter Angst nicht kommen. Wer spielt ihnen da einen Streich, denn bezahlt haben sie ja meist schon? Es ist ihr eigener Saboteur, der besonders gerne zuschlägt, weil er nämlich schon ahnt, daß es ihm an den Kragen gehen soll. Deshalb verhindert er mit tausend Ausreden, manchmal sogar auch mit Krankheit, die Teilnahme an den Seminaren.

Angst entsteht meistens in dem Moment, wo ein Schüler seinen Vertrag unterschreiben soll. Auch hier schlägt der Saboteur gnadenlos zu. Mit tausend Stimmen vernichtet er den vorher gefaßten Plan. Er weiß genau, daß es um ihn geht, und wird mit tausend Ausreden versuchen, die Entscheidung rückgängig zu machen.

Wer hier nicht stabil genug ist und wirklich an sich arbeiten will, wird seinen Saboteur behalten.

Connie Zweig und Jeremiah Abrams haben sich in ihrem Buch «Die Schattenseite des Lebens» ausführlich mit diesem Thema beschäftigt. Das Wichtigste habe ich hier zusammengefaßt, empfehle aber dennoch Literatur hinzuzuziehen, weil der Verdrängungsmechanismus bei diesem Thema sehr ausgeprägt ist.

Wer ist der Saboteur? Was ist ein Schatten?

Je mehr ein Mensch sich spirituell entwickelt, um so mehr wird er mit seinen Schatten konfrontiert. Wenn Sie sich in die Sonne stellen, können Sie Ihren Schatten sehen. Jeder von uns hat eine Alltagspersönlichkeit und ein dunkles, verborgenes Ich, das meist unbekannt, verborgen, unterdrückt, vertuscht und geheimgehalten wird. Dieses dunkle Ich drückt sich aus in negativen Emotionen wie Wut, Eifersucht, Haß, Gier, Lüsternheit, Scham und mörderischen und selbstmörderischen Tendenzen. Tageszeitungen, Nachrichten und Since Fiction leben davon, geben ihnen Nahrung und Existenz. Und wenn wir die Nachrichten anschauen, freuen wir uns, daß wir gerade nicht betroffen sind. So können wir uns beruhigt unseren eigenen Schatten im Fernsehen anschauen, ohne daß er uns schadet.

Wie entsteht so ein Schatten?

Er bildet sich in jedem Kleinkind auf ganz natürliche Weise. Es klingelt, die Tante Hermi kommt zu Besuch. Die Mutter ruft zu Klein-Erna, daß sie anständig das Händchen und ein Küßchen geben sowie einen artigen Knicks machen soll. Klein-Erna haßt Tante Hermi, weil sie schlecht riecht und zu laut lacht. Klein-Erna will aber auch die Mutter nicht enttäuschen und fürchtet die Strafe hinterher. Also überwindet sie ihren Ekel und benimmt sich anständig und brav, obwohl sie die Tante haßt. Hier ist schon die erste Abspaltung geschehen. Klein-Erna konnte ihre Gefühle nicht ausdrücken und mußte sie verdrängen.

Das Leben geht aber weiter, und alle vom Ich abgelehnten und in den Schatten verbannten Gefühle und Fähigkeiten tragen bei zu der Macht der dunklen Schatten. Später ist Klein-Erna nicht mehr in der Lage, in einer Beziehung ihre wahren Gefühle auszudrücken. Dieses Erlebnis kann sich durchaus in neurotische Symptome verlagern.

Das Gefährliche an dem Schatten ist, daß er weder sichtbar noch faßbar ist. Das Unbewußte kann nicht bewußt sein. Wir haben aber eine Möglichkeit, unseren Schatten durch andere zu erkennen, z.B. durch unseren Ehepartner, durch Freunde und besonders durch Lehrer.

Das, was ich am meisten bei dem anderen hasse, was mich wütend macht, ist mein eigener Schatten. Aber wir sind meist so betriebsblind für uns selbst, daß wir ganz einfach auch da noch in unseren Emotionen stecken bleiben, anstatt zu lernen. Es ist viel einfacher, den Lehrer für alles verantwortlich zu machen, als seinen Schatten anzunehmen.

Die direkte Begegnung mit unserem Schatten kann eine erschreckende Erfahrung sein, die unser Bild von unserem Selbst erschüttert. Deshalb verdrängen wir ihn auch ganz schnell wieder. Dies nennt man Selbstverleugnungsprozeß. Wir bemerken unser Nichtbemerken nicht mehr.

Ihren Schatten begegnen Sie

Wenn Sie sich über andere aufregen,
negativ über andere herziehen,
bei verschiedenen Menschen die gleiche negative Rückkoppelung bekommen. Z.B. fünf Leute sagen Ihnen, daß Sie neidisch sind, dann sollten Sie dieses Thema genau anschauen.
Wenn Ihnen plötzlich etwas rausrutscht, was Sie gar nicht sagen wollten, damit aber andere verletzten.
Wenn Sie sich von anderen gedemütigt fühlen.
Wenn Sie sich über die Fehler der anderen aufregen (es ist dann Ihr Fehler!).
In Situationen, in denen Sie sich danebenbenehmen, wo starke Scham- und Zorngefühle hochkommen – das nennt man Schatteneruption.

Wenn Ihre Seele danach schreit, angenommen zu werden, dann drücken sich Ihre Schatten aus in: Depressionen, Krankheiten, Arbeitsbesessenheit, Ablenkungen und Lebensunlustgefühlen.

Außer diesen persönlichen Schatten gibt es noch einen kollektiven Schatten. Wie schon oben erwähnt, werden wir jeden Abend durch die Nachrichten damit konfrontiert. Es ist das menschlich Böse, die Scheinheiligkeit, negative Gruppenprojektionen und das Aufbauen von Feindbildern.

Auch unsere Phantasie deutet Schatten um in Drachen, Ungeheuer und bedrohliche Bestien. Die ganze Filmindustrie lebt von diesem Thema. Hier wird der Schatten in sicherer Entfernung angeschaut, und unsere eigenen dunklen Impulse können sich darin ausleben und entladen. Ein gutes Beispiel dafür ist Catchen. Gehen Sie einmal in eine Catchveranstaltung und beobachten Sie das Publikum, besonders die Frauen. Sie feuern in obszönen Ausrufen wie «mach ihn fertig» usw. die auf der Bühne agierenden Schauspieler an. Sie schreien und toben sich kollektiv aus. Im Grunde verprügeln sie dabei ihre eigenen Männer, was sie sich aber in der Realität nicht erlauben können, weil sie sich inzwischen abhängig gemacht haben. Am nächsten Tag sitzen sie artig und folgsam im Büro mit heiserer Stimme oder stehen am Kochtopf, um ihren geliebten Männern, die sie eigentlich am liebsten vergiften würden, ein Essen zuzubereiten.

Ein weiterer Schatten, von dem wir alle betroffen sind, ist der Familienschatten. Er enthält alles, was das Familienbewußtsein von sich weist, alle Gefühle und Handlungen, die die Familie als Bedrohung für ihr eigenes Bild von sich selbst erfährt. In einer wohlanständigen christlichen Familie wären das Trunkenheit, Mischehe, Mißhandlungen von Frauen und Kindern und auch sexueller Mißbrauch der eigenen Kinder, der oft noch von Ehefrauen unterstützt oder verdrängt wird. Hier finden Tragödien statt, und manch einer braucht jahrelange Psychotherapie, um aus diesem Dilemma wieder auszusteigen.

Der Schatten ist allerdings kein Produkt der Neuzeit, er wurzelt in unserem Dasein, ist in jeder unserer Zellen verankert. Denn unsere Ahnen konnten nur mit Hilfe und unter Einsatz von Zähnen und Klauen überleben. Es ist die Bestie in uns, die immer noch lebendig ist, nur eben die meiste Zeit eingesperrt. Sie rührt sich und quält uns, wenn wir unsere Gefühle abschneiden wollen. Wir haben uns für die Kultur und gegen die Natur entschieden und dadurch unsere Beziehung zu unserer eigenen Wildheit verloren.

Was sind Projektionen?

«Eine Projektion feststellen heißt, eine Unwahrheit über sich selbst herausfinden.»

Übung

Verbinden Sie Ihrem Partner die Augen. Nun fragen Sie: Was nimmst du von mir wahr? Was habe ich an? Welche Augen oder Haarfarbe habe ich? Wie bin ich geschminkt? Welche Accessoires trage ich? usw. Schreiben Sie genau auf, was er sagt, und überprüfen Sie, welche Wahrnehmungen er von Ihnen hat.

Übung

Setzen Sie sich Ihrem Partner entspannt gegenüber, und schauen Sie ihm in die Augen (fünf Minuten lang), dabei stellen Sie die Frage: Was denkst du, wer ich bin? Stellen Sie aber immer wieder die gleiche Frage.
Nächste Runde: Was denkst du, denken andere über dich?
Welche Vorurteile hast du? Und welche Auswirkungen hat das in deinem Leben?
Welche negativen Eigenschaften stören dich bei anderen?
Wie äußern sich andere über dich?

Übung

Meditieren Sie fünf Minuten lang über die Frage: Welche Grundsätze gibt es in meinem Leben? Schreiben Sie auf, was Ihnen dazu einfällt.
Welche Erwartungen stellen Sie an einen Mann/Frau? (Beschützer, Autoritätsperson usw.)

Die alten Griechen wußten schon von der Existenz des Schattens. Im Tempel von Delphi steht geschrieben: Selbsterkenntnis ist Gotteserkenntnis.

«Und oberhalb von Delphi feierten sie alljährlich ein Fest, bei dem sie dem Naturgott Dionysos huldigten. Es wurden kollektive Orgien gefeiert, indem sie sich mit der Gottheit identifizierten. Heute existiert Dionysos nur noch im heruntergekommenen Bild des Satans, des Teufels, den wir von uns abgespalten haben, mit dem wir nichts zu tun haben wollen, der aber in uns gärt und brodelt.

Weiterhin steht in Delphi geschrieben, daß alles Übermäßige in unbewußte Schattenanteile abwandert. In unserer Gesellschaft drückt sich das heute so aus:
das Machtstreben durch Naturerkenntnis und Naturbeherrschung,

das zwanghafte Helfen- und Heilenwollen, um Abhängigkeiten zu schaffen,
die immer hektischeren und menschenunwürdiger werdenden Arbeitssituationen,
die mit allen Mitteln betriebene Gewinnmaximierung,
der materialistische Hedonismus (Prestigekonsum, Verschwendung und hemmungslose Umweltverschmutzung),
die persönliche Ausbeutung und Manipulation anderer (auch im esoterischen Bereich),
der umsichgreifende Narzißmus,
die Kontrolle über unser Intimleben,
unsere ständige zwanghafte Beschäftigung mit der Materie, weil wir uns vor dem stets gegenwärtigen Tod fürchten.»[6]

Bei welchen Situationen geraten Sie besonders schnell in Panik?
Was stört Sie besonders bei anderen Menschen?
Machen Sie eine Liste von Menschen oder Situationen, die Sie besonders nerven.
Was tun Sie für Ihre Psyche, Ihre Stimmungen? Wie fühlen Sie sich? Sind Sie glücklich, depressiv, traurig, wütend oder spüren Sie nicht mehr so viel?
Welche Ängste haben Sie, und wie stark ist Ihr Urvertrauen?
Können Sie sich abgrenzen?

Von dem Schatten lernen

«Knüpfen Sie eine nicht endende Beziehung zu Ihrem Schatten. Das Unbewußte ist kein dämonisches Monster mehr, solange Sie in richtiger Beziehung zu ihm stehen. Es wird nur dann gefährlich, wenn Sie den Kontakt verlieren und den Schatten nicht richtig einschätzen können. Die richtige Beziehung zu ihm eröffnet Ihnen die Möglichkeit, wieder Anschluß an Ihr verschüttetes Potential zu bekommen, sich selbst und Ihre wahren Bedürfnisse kennenzulernen und zu Ihrem Glück zu kommen.»

Wenn Sie bereit sind,
Ihren Schatten anzunehmen,
können Sie

sich besser kennenlernen und auf echte Weise akzeptieren, urplötzlich auftretende, negative Emotionen entschärfen, das Ausmaß Ihrer Scham- und Schuldgefühle im Hinblick auf Ihr negatives Empfinden und Handeln reduzieren, Ihre Beziehungen durch aufrichtiges Selbsterforschen und direktes Handeln in Ordnung bringen, die schöpferischen Imaginationen – wie Träume, Rituale, Malen und Tanzen – nutzen, um sich damit den verleugneten Teil wieder anzueignen.

«Es liegt ganz alleine an Ihnen, den verstümmelten Teil Ihrer Persönlichkeit zu erlösen, Ihr Leben grundlegend zu verändern, den Drachen zu töten und zu einem König oder einer Königin zu werden. Sie selbst sind Ihr Erlöser.»[7]

Erster Fall: Erfahrungen einer Klientin

Durch das Seminar *Erdung* bekam ich die Anregung, intensiver über mich selbst nachzudenken. Ich lernte mein Sabotageprogramm kennen und konnte meinen Saboteur abgeben.

Meine Selbstsabotage war die Angst vor Lebendigkeit. Durch verschiedene Dinge in meinem Leben habe ich ständig meine Gefühle unterdrückt, durch Rauchen, Alkohol und übermäßigen Streß. Ich habe erkannt, daß ich meine Gefühle nicht auslebe. Die Selbstverleugnung war die Angst vor Unzulänglichkeit. Ich traute mir nichts zu, hatte immer das Gefühl, die zweite Geige zu spielen, versuchte aus Angst vor dem Versagen Verantwortung zu vermeiden, hatte Angst vor einer Abschlußprüfung und fing deshalb erst gar nicht an. Ich fühlte mich weniger wert als andere und stellte mich deshalb immer in den Hintergrund. Die Ungeduld war die Angst vor Versäumnis. Ich tanzte auf vielen Hochzeiten gleichzeitig, und aus Angst etwas zu verpassen, wurde ich aggressiv. Durch das Nichtausleben meiner Gefühle wurde ich psychosomatisch krank.

Die Veränderung nach dem Seminar:

In Situationen, in denen ich bisher gleichgültig reagiert, jedoch nicht gleichgültig empfunden habe, reagiere ich nun sehr heftig, z.B. mit Eifersucht. Kürzlich erst wollte ich das Haus verlassen (sonst immer mein Partner!). Ich habe meinem Partner klargemacht, daß ich mir nichts mehr gefallen lasse, denn ich hatte ständig Magenschmerzen, weil ich mich in der Vergangenheit immer schuldig gefühlt habe. Seitdem ich nun meine Gefühle direkt auslebe, sind die Magenschmerzen verschwunden.

Zweiter Fall: Das Sabotageprogramm einer Alkoholikerin

Die Stimme des Saboteurs

Mache erst deine Heilpraktiker-Ausbildung, man muß Dinge zu Ende bringen, was werden die anderen denken und sagen, du weißt nicht, was du willst, das schaffst du nicht, du bist dann immer unterwegs, was dann alles wieder hochkommt: deine Schmerzen, deine Traurigkeit, dein bisheriges Unglück, willst du das alles ertragen?

Die Antwort vom Ich: Du hast es geschafft, mich so viele Jahre, fast mein ganzes Leben lang, unglücklich und krank zu machen, nun will ich nicht mehr, ich will endlich gesund und glücklich werden, mach, daß du weg kommst.

Danach fühlte ich Befreiung und Erleichterung.

Das Sabotageprogramm

Dunkle Schatten ziehen durch den Raum, es sind meine Ängste, ich habe das Gefühl, mit den Anforderungen überfordert zu sein, und mein Saboteur nutzt meine Ängste, um zuzuschlagen: Das schaffst du nicht, das ist viel zu anstrengend in deinem Alter. Bist du auch sicher, daß du alles gut genug machst? Du machst dich lächerlich mit dem ganzen Kram. Du könntest dir von deiner Rente so ein schönes Leben machen, wozu diese Anstrengungen? Du hast nicht mehr genug Zeit, dein Leben zu genießen. Du mußt auf alles verzichten, was dir Spaß macht: im Café sitzen und lesen. Mit deinen Freunden kannst du nicht mehr ausgehen. Du bist ganz schön blöd, du kannst doch morgen tot sein, du lebst nur einmal.

Ich vermeide den aufkommenden Trinkanfall. Zur Erdung fange ich an zu putzen, waschen, bügeln und habe mir schöne Blumen gekauft, Mantren gesungen; und es ging mir besser, ich habe meinen Kraftplatz aufgebaut und an meinem Altar zu *Tara* gebetet. Ich habe den Saboteur nicht siegen lassen! Meine Sucht, sein größtes Druckmittel, mit dem er so viel Macht über mich hatte, ist zur Zeit nicht greifbar für ihn. Ich bin stolz auf mich und fühle viel Kraft in mir. Den letzten Trinkanfall hatte ich vor dem ersten Seminar, ich fühle mich erleichtert.

Etwas später schlägt er wieder zu: Ich bin erschöpft, kraftlos und immer müde. Ich habe viel Kopfschmerzen, spüre Übelkeit und einen dumpfen Druck im Kopf. Mit meiner Allergie im Gesicht sehe ich ausgemergelt und krank aus. Ich habe an Gewicht verloren, meine Regel kommt wieder nicht durch, und ich stelle wieder zu hohe Anforderungen an mich. Ich will alles so gut wie möglich, noch besser und so schnell wie möglich machen, aus Angst, ich könnte das alles nicht schaffen. Ich setze mich selbst gewaltig unter Druck, mache mir selbst ständig Streß. Ich brauche tagelang Erholung von dem mir selbst auferlegten Streß und Druck, ich möchte gerne die Wut loslassen.

Ich fange an, negativ besetzte Gefühle, die ich bisher verdrängt habe, nun zuzulassen. Ich spüre große Wut auf meine frühere Freundin, Sie hat mich jahrelang bewußt belogen und unbewußt verletzt, um mich klein und schwach zu halten, um mich zu beherrschen. Ich konnte mich nicht wehren, ich habe mich als Opfer angeboten, ich wollte das nie wahrhaben, obwohl ich es intuitiv wußte. Mein Körper gab mir immer Signale, ich hatte Angst, sie zu verlieren. Angst vor dem Alleinsein, jetzt habe ich endlich meine Wut zugelassen. Ich habe alles, was sie mir geschenkt hat, zerrissen und zerschnitten und laut brüllend darauf herumgetrampelt. Am Schluß lag ich bitterlich weinend auf dem Trümmerberg. Ich habe viel geweint, obwohl ich mir geschworen hatte, daß mir so etwas nie wieder passiert. Ich spürte eine tiefe Enttäuschung, aber auch Erleichterung. Danach habe ich alles in die Mülltonne geworfen. Mir war ganz heiß, ich war erschöpft und zittrig.

Veränderung: Ich habe die Wut nicht mehr gegen mich gerichtet, ich will mich nicht mehr selbst zerstören, aber dieser Heilungsprozeß ist auch sehr anstrengend.

Dritter Fall:

Wie kann ich lernen, meine Bedürfnisse zu spüren?

Ich kann Erwachsenen gegenüber nicht wütend sein, weil ich immer selbst an allem Schuld bin. Ich habe das Gefühl, ich fahre mit angezogener Handbremse.

Erkenntnisse: Ich habe Angst vor Fehlentscheidungen. Ich stelle zu hohe Ansprüche an mich selbst, ich kann mir nicht verzeihen, ich überfordere mich ständig, ich will allem gerecht werden, ich habe Schwierigkeiten, laut zu reden.

Mein Sabotageprogramm

Das ist doch alles Quatsch, dieser Schamanismus. Du hast wieder den falschen Weg gewählt und schmeißt dein Geld zum Fenster raus, fällst auf Scharlatane rein und verdienst hinterher doch kein Geld damit. Du bist ganz alleine und keiner hilft dir. Aggressionen, Skepsis und Zweifel, Vorwürfe, Infragestellung – speziell an die Erfüllung meiner idealen Ansprüche.

Jedes Fehlverhalten, jede menschliche Schwäche wird gleich als totales Scheitern verurteilt. Mein totaler Perfektionismus war mein Saboteur und vernichtete alles, was dem nicht entspricht. (Wie habe ich das bloß überlebt?) Auch habe ich Neidgefühle auf die anderen.

Der Saboteur

Er verhindert, daß ich an meine Gefühle komme, mich in der Gruppe integrieren kann, indem er mich in einer Rolle festhält (Identifikation mit einer Leiterposition, mit hoher Anforderung, perfektionistisches Bild), die mich momentan völlig überfordert und distanziert (von mir und anderen). So muß ich mich über die anderen stellen in einer Arbeitshaltung, die mich distanziert hält, weil ich die Konfrontation mit Nähe als zusätzliche Belastung empfinde. Ich konnte nicht bei mir sein (ohne Schuldgefühle zu haben), totale Überforderung! So lädt mir mein Saboteur (Ich) soviel Arbeit auf, daß ich völlig von mir weg (voraus) gehen muß und die Verbindung zu mir und meinen Gefühlen, Bedürfnissen und Kraftquellen (inneres Kind) verliere. Dadurch werde ich gefühlskalt, unzufrieden, unkonzentriert, verbissen und kann nicht mehr arbeiten, dann ist nichts und niemand mehr wichtig und richtig. Alles ist eine große Enttäuschung (nach dem Größenwahn, die Verzweiflung). Ich habe zu niemandem mehr Vertrauen. Da sind nur noch die perfektionistischen Ansprüche, die weder ich noch andere erreichen können (eine kalte Idealwelle). Selbstzweifel kommen immer wieder: Ich habe wieder alles falsch gemacht. Nichts ist gut genug, alles ist zu chaotisch und erscheint mir sinnlos und meinen Ansprüchen nicht gerecht. Dabei taucht bei mir eine innere Leere und Sinnlosigkeit auf (Gefühlskälte). Alles, was ich gebe und bekomme, ist wertlos.

Das ist der Mechanismus von meinem Sabotageprogramm: mich auf und ab vom Größenwahn zu starken Selbstzweifeln zu treiben, von einem Extrem ins andere, ein Machtkampf zwischen männlichem und weiblichem Anteil. Ein selbstzerstörender Machtkampf, aber wie löse ich ihn auf?

Ich sehe meinen Saboteur in Form einer Schlange, die mir ständig ins Ohr flüstert und alles, was ich tue und will, schlechtmacht und völlig in Frage stellt. All diese negativen Aspekte/Gedanken kommen aber nicht ans Licht, weil ich sie nicht ausspreche (sie nicht zu mir gehörig finde bzw. sie ablehne, nicht haben will), und so kommt es nie zu einem klärenden Konflikt (es ist, als hätte mir jemand das Infragestellen, das Anzweifeln, das Hervorbringen einer anderen Meinung unter Lebensstrafe verboten), so kann es im Außen nicht zu einer wirklichen Konfliktlösung kommen, und in mir rumort es immer wieder, ich kann die vielen Fragen nicht lösen, ich habe dadurch das Gefühl, in einem Glashaus zu sitzen, und keiner kann mir helfen.

Dank der schamanischen Arbeit konnte sich die Klientin aus ihrem Sabotageprogramm befreien.

Fragen zum 1. Chakra

Wieviel Stunden am Tag verbringen Sie mit Arbeit, Freizeit und Schlaf? ....
Machen Sie eine Skizze!
Begründen Sie, warum. ....
Was erleben Sie in Ihrer Arbeit?..
Wie sind Sie in Ihrer Arbeit? ....
Welche Maske benutzen Sie bei Ihrer Arbeit? ....

Wo genau liegen Ihre körperlichen Probleme? ....
Wie ernähren Sie sich? ....

Wie sieht Ihre Existenz aus?
Sehr gut..........gut..........mäßig..........schlecht..........

Für welche Bereiche geben Sie wieviel von Ihrem Geld aus?

Haushaltsführung	(..........€)	Kleidung	(..........€)
Kosmetik	(..........€)	Wohnung	(..........€)
Auto	(..........€)	Medikamente	(..........€)
Bücher	(..........€)	Esoterik	(..........€)
Therapie	(..........€)	Sport	(..........€)
Hobby	(..........€)	Urlaub	(..........€)
Vergnügen	(..........€)	Aus- und Weiterbildung	(..........€)
Geschenke	(..........€)	Sport	(..........€)
Wohlbefinden	(..........€)		

Sonstiges ....
....

Ich möchte gerne mehr Geld haben,
weil ....
....

Können Sie gut mit Geld umgehen? ....

Welchen Beruf führen Sie zur Zeit aus, und was haben Sie gelernt? ....

Welchen Beruf würden Sie gerne ausführen? ....

Wie sieht Ihre Altersversorgung aus? ....

Was denken Sie über:

Arbeit ....

Reichtum. ....

Erfolg ....

Armut ....

Geld ....

Besitz ....

Sind Sie ordentlich? ....

Können Sie Ihre Zeit einteilen? ....

Wie gehen Sie mit Ihren Aggressionen um? ....

In welchen Fällen kämpfen Sie, und wann flüchten Sie? .....

Wie ist Ihr Vertrauen? ....

Wie sieht Ihre Lust zum Leben aus? ....

Sind Sie selbstbewußt? ....

Leben Sie Ihre Sexualität? ....

Welche Krankheiten und Symptome haben Sie? ....
....

SCHAMANISCHE BASISARBEIT

1. Rauchrituale – Energetische Reinigung

«Soweit man zurückdenken kann, hat der Mensch im Zusammenhang mit Ritualen und Religion Weihrauch verwendet. Vor vielen Jahrtausenden warf man wohlriechende Kräuter zusammen mit leicht brennbarem Holz in Feuer oder glühende Asche, um die aromatischen Bestandteile der Pflanzen aus ihrem natürlichem ‹Gefängnis› zu befreien. Später legte man Kräuter und Pflanzen auf glühende Kohlen, in spezielle Schalen oder in Weihrauchgefäße.

Die Kraft des Weihrauchs beruht einerseits auf seinen feinstofflichen Schwingungen und andererseits auf seinem Duft. Viele Pflanzen riechen völlig anders, wenn sie als Räucherstoff verbrannt werden.

Weihrauch wird auch verwendet, um gute Schwingungen zu erzeugen, um Räume zu reinigen, bevor man mit einer Zeremonie anfängt, um schlechte Einflüsse und Energien zu bannen und zu vertreiben, um Kräfte zu konzentrieren und auf ein Ziel zu richten.»[8]

Weihrauch bekommen Sie in Bioläden, Kräuterläden, Esoterikbuchhandlungen, Duftläden und Chinaläden, oder Sie können ihn auch selbst herstellen. Weihrauch kommt von «weihen» oder «heiligen». Weihrauch wurde in der Vergangenheit verwendet, um die Götter günstig zu stimmen, als Neutralisationsmittel und als Mittel zur Stimmungsveränderung.

«In Ägypten schrieb man dem Weihrauchharz zu, es sei das Blut einer beseelten, göttlichen Pflanze. Den verschiedensten Weihraucharten schrieb man spezifische, magische und mystische Eigenschaften zu. So verbrannte man für den Sonnengott Re dreimal täglich Weihrauch: Morgens opferte man Olibanumharz, mittags verbrannte man Myrrhe und abends Kyphi. Die Ägypter führten außerdem Räucherungen durch, um bei medizinischen Behandlungen Dämonen (negative geistige Haltungen) auszutreiben, die man als Verursacher bestimmter Krankheiten ansah. Die Griechen

opferten den Weihrauch Zeus, dem Oberhaupt der Götter, sowie Hermes, dem Gott der Händler und Götterboten, und Demeter, der Göttin des Ackerbaus.»[9] In Indien ist es selbstverständlich, daß morgens und abends die Götter mit Weihrauch verehrt werden. Um Punkt 18.00 Uhr bei Sonnenuntergang beginnt in ganz Indien der Pujar, d.h. die Götterverehrung.

Praxis

Auf den Boden des Weihrauchgefäßes streuen Sie eine Schicht Sand, in der Sie Linien ziehen, damit die Räucherkohle von unten Luft bekommt. Halten Sie immer Sand in Reserve, weil Sie einen Teil wegwerfen müssen.

Bei jeder schamanischen Arbeit wird zuerst geräuchert, damit keine negativen Energien sich einmischen können. Jeder von uns trägt eine Menge Emotionen in seiner Aura, die sich manchmal auch in den Räumen festsetzen. Sie müssen vor der Arbeit entfernt werden. Dazu nehmen Sie eine Räuchermischung und eine Feder. Beginnen Sie immer an der Eingangstür, folgen Sie sodann dem Verlauf der Wohnungswände, bis Sie wieder zur Eingangstür ankommen. Gehen Sie im Uhrzeigersinn, wedeln Sie den Rauch an die Wand und besonders viel in die Ecken, und wiederholen Sie dabei immer wieder die Worte: *«Celebration, Celebration, Danksagung an alle Kräfte, möge dieser Rauch diesen Raum reinigen und schützen.»*

Dann reinigen Sie sich und andere. Beginnen Sie über dem Kopf, und enden Sie an den Füßen, einmal von vorne und einmal von hinten, dabei sagen Sie das gleiche wie oben, «möge dieser Rauch mich (oder Dich) reinigen und beschützen».

Fangen Sie nie ohne dieses Ritual an, denn es beschützt Sie und alle Beteiligten.

2. Errichtung eines Altars

Es gibt heutzutage wenig Menschen, die Platz für einen eigenen Tempel besitzen, aber selbst auf engstem Raum gibt es die

Möglichkeit, einen Altar zu errichten, der die Familienangehörigen, die sich an diesem spirituellen Platz stören könnten, nicht bedrängt, z.B. in einem Regal, auf einer Kommode usw. Es können symbolisch Steine verwendet werden, ein Strauß Blumen oder andere normale Dinge des Lebens.

Erschaffen Sie sich Ihren Altar nach Ihrem persönlichen Geschmack. (Ein paar Ziegelsteine und Bretter können dafür wunderbar als Untergrund benutzt werden.) Vielleicht finden Sie in der Natur Gegenstände, die Sie persönlich ansprechen. Wichtig ist, daß dieser Platz immer rein ist und angenehm duftet.

Duftender Rauch kann Ihre Stimmung verändern und in der ganzen Wohnung eine rituelle Atmosphäre verbreiten. Als Räucherstäbchenhalter benutzen Sie eine Schale gefüllt mit Sand, Reis oder Gerste und stecken das Räucherstäbchen hinein, es bleibt aufrecht stehen und die Asche vermischt sich mit den Körnern. Ich stecke das Räucherstäbchen meist in eine Pflanze, die auf dem Altar steht, Pflanzen mögen den Duft und die Asche.

Nach indianischer Tradition können Sie Salbei in eine Muschel legen, anzünden und den Rauch über sich fächern. Das bewirkt eine psychische Reinigung. (Salbei nicht für Schwangere!) Benutzen Sie Kerzen nach bestimmten Farben. Kerzen verbreiten Lebendigkeit und unterstützen die Konzentration.

Rasseln Sie mehrmals über Ihren Altar, um die Energien zu wecken. Gehen Sie einmal morgens und einmal abends kurz zu Ihrem Altar, um Ihre Göttin zu begrüßen und zu danken. Seien Sie verantwortlich für Ihren Altar, und kümmern Sie sich um ihn, denn er gleicht Ihrem eigenen spirituellen Zustand. Ist er durcheinander, staubig, ungepflegt und leblos wie Sie? Verbinden Sie sich durch das Licht einer Kerze mit Ihrer Göttin, aber Vorsicht: Vergessen Sie nie, die Kerze auszumachen.

3. Der Ort der Meditation

Besonders am Anfang empfiehlt es sich, an einem bestimmten Ort (Altar, Kraftplatz) und zu einer bestimmten Zeit zu meditieren. In Indien hat jedes Haus seinen spirituellen Platz, den die Inder morgens um sechs und abends um sechs beehren. Sie zünden ein Räucherstäbchen an, bedanken sich für das, was sie haben, nehmen eine heilige, geweihte Speise ein, segnen sich mit Vibhuti (heiliger Asche) auf der Stirn und bitten die zuständige Gottheit um das, was sie momentan brauchen: Reichtum, Kreativität, Gesundheit usw. Da das jeder Inder um die gleiche Zeit macht, ergibt sich eine geballte Energie über das ganze Land.

An diesen Kraftplatz haben Sie die Möglichkeit, immer wieder zu kommen, wenn Sie sich nicht wohl fühlen oder Hilfe brauchen. Sie werden merken, daß Sie hier schnell Ihre Mitte wiederfinden und wieder zentriert werden.

Sie können sich auch draußen einen schönen Meditationsplatz einrichten, aber es sollte auch immer derselbe sein. Vielleicht ein Baum, der mit Ihnen spricht, oder eine Quelle. Hier können Sie mit der Göttin direkt kommunizieren. Auch diesen Platz sollten Sie sauberhalten und verehren.

Setzen Sie sich gerade hin, am besten auf einem Meditationskissen, und schlagen Sie die Beine ineinander. Konzentrieren Sie sich auf Ihren Atem. Übergeben Sie alle Gedanken, die Sie stören, einem Fluß, und schauen Sie zu, wie sie wegschwimmen. Übergeben Sie Ihre Probleme den Gottheiten, denn die sind viel schlauer als Sie und finden bessere Lösungen für Ihre Probleme. Sie können in alle vier Ecken Ihres Altars beispielsweise vier verschiedene Rauchmischungen stellen.

4. Anrufen der Gottheiten

Um schamanisch zu arbeiten, brauchen Sie mehrere Gottheiten und Krafttiere, die Sie bei jedem Ritual um Hilfe und Schutz bitten. Bevor Sie mit schamanischer Arbeit anfangen, setzen Sie sich bitte vor Ihren Altar und sagen laut:

Hier spricht (der schamanische Name, z.B. Bahya, der See im Paradies, aus dem die Tiere trinken. Solange noch kein Name da ist, sprechen Sie Ihren eigenen Namen aus). Sie ruft Mutter Erde, Tara, die Göttin der allumfassenden Liebe und des Mitgefühls, Sai Baba, Ganesha und die vier Himmelsrichtungen sowie die Krafttiere und Schutzgeister. Sie bittet um Schutz und Führung für das nun bevorstehende Ritual sowie um Hilfe und Heilung für sich und die anderen.

Bei Beenden des Rituals sagen Sie wieder: Hier spricht: ... *Sie dankt für die Mithilfe und Unterstützung und verabschiedet nun Mutter Erde usw. und alle, die sie gerufen hat.*

Ganesha

ist ein indischer Elefantengott und hat die Aufgabe, alle Hindernisse von einem fernzuhalten. Kaufen Sie vier Ganeshas, und stellen Sie je einen in je eine Himmelsrichtung in Ihrer Wohnung auf. Wichtig: Er soll mit dem Gesicht nach draußen schauen, nur so kann er die Hindernisse fernhalten. Tragen Sie einen kleinen Ganesha an einer Kette um den Hals, als persönlichen Schutz.

Tara

ist eine tibetische Göttin der allumfassenden Liebe und des Mitgefühls und kann zu jeder Zeit gerufen werden, weil sie schnell ist wie der Wind und ein mitfühlendes Wesen hat, um den Menschen zu helfen. Mehr dazu im Kapitel: Hingabe.

Sai Baba

ist ein indischer Heiliger und ein Mensch mit übernatürlichen Kräften. Er kann transpersonal angerufen werden.

Mutter Erde

ist unsere weibliche Erdkraft, die natürlich auch gerufen werden kann.

Krafttiere und Hilfsgeister

kommen meist über die schamanische Praxis zu den Menschen, die sie rufen.

5. Heilige Gesänge und Mantren

Mantras sind magische Gesänge der Kraft. Über Mantras und Kraftlieder wird die Energie der Gottheit direkt angerufen.

«Niemand kann das Mysterium der Mantras voll und ganz erklären. Diese magischen Klänge helfen, körperliches Ungleichgewicht wieder ins Lot zu bringen, den Geist zu entspannen, die Emotionen zu besänftigen und das Herz zu öffnen. Sie stimulieren, aktivieren, motivieren und machen wieder jung.»[10]

Man kann ein bestimmtes Mantra zu einem bestimmten Zweck singen. Dazu wird dieses Mantra ohne Unterbrechung 108 Mal am Tag und das vierzig Tage lang hintereinander gesungen. Desweiteren finden Sie Chants in dem Kapitel Medizinrad angegeben.[11] Sie können auch einfach Lieder singen, die Sie kennen (vielleicht nicht gerade Karnevalslieder). Hauptsache man singt sie voller Hingabe und mit ganzer Energie.

6. Die schamanische Reise

Sie benötigen einen Walkman und eine Kassette mit schamanischer Trommel-Musik, dazu eine Augenbinde (gibt's in Apotheken) und ein Traumzeitbuch.

Legen Sie sich entspannt hin, decken Sie sich zu und setzen Sie den Walkman auf. Der Weg nach unten und zurück ist auf manchen Kassetten mit schnellen Schlägen gekennzeichnet.

Sie suchen sich in Ihrer Vorstellung einen Baum mit einem Loch. Sie schlüpfen in das Loch hinein und lassen sich durch einen Tunnel nach unten fallen. Dort treffen Sie einen Wächter, von diesem holen Sie sich einen Schlüssel und bitten ihn, daß er Sie in die Traumzeit hineinläßt.

Sie schließen das Tor auf und befinden sich in der Traumzeit. Jetzt rufen Sie Ihr Krafttier und lassen sich von ihm führen und leiten.

Sie können zu den verschiedenen Hütern gehen und Fragen stellen. Sie können auch einfach über Ihre Probleme nachdenken und um Informationen bitten. Lassen Sie sich von Ihrem Tier und den Trommeln leiten.

Wenn die Zeit gekommen ist, zurückzugehen, verabschieden Sie sich von Ihrem Krafttier, gehen wieder durch das Tor, geben den Schlüssel ab, bedanken sich bei dem Wächter, gehen zurück durch den Tunnel und steigen wieder aus dem Baum und kommen zurück auf den Boden, auf dem Sie liegen.

Wichtig: Schreiben Sie sofort Ihre Reisen in ein *Traumzeitbuch* auf.

ZUSAMMENFASSUNG

Wenn Sie eine Blockade im ersten Chakra haben, dann unterstreichen Sie die Begriffe, bei denen Sie sich emotional angesprochen fühlen.

Eßstörungen, Anorexie, Bulemie, Leidenschaftlichkeit, Gewalttätigkeit, Rücksichtslosigkeit, Neigung zu Unmäßigkeit, Eifersucht, Kompromißlosigkeit, Abhängigkeit bis hin zur Hörigkeit, Krieg, Zorn, Haß, Lebensangst, Lebensüberdruß, Besitzanspruch, Abhängigkeit von Geld und Besitz, Extremismus, Egoismus, Sicherheitsdenken, Durchsetzung der eigenen Wünsche, Haben-Wollen um jeden Preis, übertriebene Eifersucht, fehlendes Selbstbewußtsein, mangelndes Interesse an Sexualität, Ängste, Sorgen und übertriebene Befürchtungen, den Boden unter den Füßen zu verlieren, nervöse Hektik, Abhängigkeit von sinnlichen Reizen und Genüssen (Drogen, Alkohol usw.), übersteigerte Kampfbereitschaft (Risiko wird gesucht), übersteigerter Pazifismus (ich verzichte gerne für die anderen), fehlende Struktur (Unordnung, wirres Reden, Handeln und Denken, chaotische Lebensführung) oder zuviel Struktur, negative Gedanken und Gefühle, Fehlurteile, Kritiksucht.

Physische Störungen drücken sich aus in: Verstopfung, Übergewicht, Stoffwechselstörungen, schwache körperliche Konstitution, mangelnde Widerstandskraft.

HILFE ZUR SELBSTHILFE

Wie Sie sich selbst helfen können

Erkenntnis: Welches Problem habe ich im ersten Chakra?
Einsicht: Ich habe ein Problem und möchte es loslassen.
Information: Welche Hilfen und Möglichkeiten gibt es?
Handlung: Ich setze alle Hilfsmittel ein, um mein Problem zu lösen.

DIE FARBE ROT

Dynamik, Vitalität, Lebenskraft; sie schenkt Mut und Durchschlagskraft, um sich den Anforderungen des Lebens zu stellen, und ruft starke Revitalisierung hervor.

Anwendung: Roter Heilstrahl oder Folie auf die Füße, Fußsohlen und auf die untere Wirbelsäule. Farbmeditation: Setzen oder legen Sie sich entspannt hin, und konzentrieren Sie Ihren Geist auf Ihr 1. Chakra, welches die Wurzel Ihres Lebens ist. Spüren Sie nun, wie die Wurzeln sich in die Erde graben. Nun lassen Sie die Farbe Rot in Ihr Wurzelchakra fließen und sehen eine Zeitlang zu, wie die Farbe Rot durch Ihr Chakra wirbelt. Atmen Sie immer wieder die rote Farbe ein, wie eine feurige Energie. Mit jedem Atemzug wird die heilsame Farbe immer leuchtender und kraftvoller. Rot bedeutet Energie. Spüren Sie, wie Ihr Chakra mit Energie aufgeladen wird. Lassen Sie sich Zeit für eine Antwort, vielleicht erscheint Ihnen ein Bild, oder Sie haben eine andere Wahrnehmung, die Ihnen einen wichtigen Hinweis für Ihr jetziges Leben geben könnten. Verabschieden Sie sich nun, und versuchen Sie, Ihre Visionen umzusetzen.

STEINE

Die Hüter der Steine sind unsere Freunde.

Achat – Bewußtwerdung

Dieser Stein wurde in alten Zeiten getragen, um den Göttern zu gefallen (nach Orpheus kann man damit ruhig in die Hölle fahren).

Der Achat beschützt den Träger, stärkt das Herz, gibt Mut und macht widerstandsfähig (besonders der gestreifte), wirkt kühlend bei Fieber, schärft das Sehvermögen, erleuchtet den Geist, verstärkt die Vitalität, schützt gegen Übermut, erleichtert Entbindungen, verstärkt die Selbstachtung und verleiht Widerstand gegen negative Emotionen.

Der Achat hilft bei Augenkrankheiten und Augenschwäche. Er ist aufbauend für alle Organe, die der Fortpflanzung dienen. Er beschützt das werdende Leben, daher ist der Achat ein sehr guter Stein für die Schwangerschaft. Auch bei Kopfschmerzen, Krämpfen und Rückenschmerzen, bei Epilepsie, Erkrankung der Nieren, des Darms, bei Prostata-Problemen, Wallungen und Schwellungen. Er stärkt die Lungen, den Magen, die Leber und das Gehirn, er regt die Verdauung an und ist sprachfördernd. Seine Schwingungen lösen die Blockaden und Stauungen in unserem Körper. Er hält negative Energien von uns fern. Am besten stellt man ihn in der Wohnung auf, somit hält er das Böse fern (Stier, Skorpion).

Blutjaspis (Heliotrop): Der Mittler der Bäume und Steine

Dieser Stein eignet sich gut, um sich mit Bäumen und Steinen zu unterhalten. Beim Menschen sorgt er für einen ständigen, ausgeglichenen Energiefluß und ist hilfreich bei Personen, die sich *erden* müssen. Er hält auch Plätze neutral und gleicht unterschiedliche Schwingungen aus. Legen Sie ihn an einen Platz, den Sie neutral halten möchten. Durch seine neutralisierende Wirkung ist er für jeden Menschen geeignet.

Er hilft beim gesamten Energiefluß im Körper, für den Fluß in Blut-und Nervenbahnen, für den Energiefluß in der Wirbelsäule, er reinigt die Organe – speziell Leber, Nieren, Milz und Blut –, hilft bei Durchblutungsstörungen des Herzens und Blasenbeschwerden, gibt Vitalität und Lebenskraft, stärkt den Geruchssinn, die Leber, Lungen und das Muskelsystem, hilft bei Krampfadern und offenen Beinen. Der Heliothrop ist ein Schutzstein für Reisende, da er vor Unfällen bewahrt. Er stärkt den Intellekt und bewahrt uns vor Alpträumen. (Bei Blasenerkrankungen direkt auf die Schmerzstelle auflegen. Bei Krampfadern zur sanften Massage verwenden.)[12]

Roter Jaspis: Der Hüter des Baumgeistes. Der Stein der Verwirrung

Der Jaspis hat die Eigenschaft, seinen Träger leicht in Verwirrung zu versetzen. Die Baumgeister stiften sehr gerne Unruhe, und dennoch hüten sie das Geheimnis und das Wissen dieses Steines. Der Jaspis entfaltet gerne Trugbilder, die zum Teil sehr verführerisch sein können. Deswegen sollten labile Menschen ihn nicht verwenden. Für jemand, dessen Strukturen jedoch gelockert werden sollten, der zu kopflastig ist, kann er starres Denken lockern und die Phantasie zurückbringen. Er ist gut geeignet für Fantasiereisen, hilft bei Verengung der Herzkranzgefäße, bei Augenerkrankungen und Gelenkkapselentzündungen.

Er ist kein Stein, der zur spirituellen Weiterentwicklung dient, sondern er hilft, festgefahrene Strukturen aufzulösen.

Er hilft in der Schwangerschaft, da er kräftigend wirkt, aktiviert die Fortpflanzungsorgane, hilft bei Verdauungsbeschwerden, Blähungen und Verstopfung, ist gut für Leber, Milz und Bauchspeicheldrüse, er stärkt den Magen und verhindert den Brechreiz, hilft Sexualdrüsen zu aktivieren, fördert geregelten und schmerzarmen Menstruationsablauf, ist ein hervorragender Geburtshelfer, nimmt negative Schwingungen in sich auf und bewahrt uns deshalb auch vor negativen Beeinflussungen (Widder, Skorpion).[13]

Hämatit: Der Hüter des Kampfes

Der Hämatit spiegelt die Außenwelt, und nur ein Sehender kann das Wissen wirklich wahrnehmen. Er eignet sich gut zur Täuschung, denn er läßt Trugbilder entstehen, die den Träger äußerlich anders erscheinen lassen. Sie verwirren stets den Gegner. Ist jedoch der Träger des Hämatits selbst in Verwirrung, so können sich seine Kräfte ungünstig auswirken.

Ein Heilungsritual, um böse und zerstörerische Krankheiten und Sabotageprogramme loszuwerden:

Sie brauchen acht kleine Äste, ca. 30 cm lang. Spitzen Sie sie am Ende leicht zu, das andere Ende geradeschleifen. In vier davon machen Sie unterschiedliche Einkerbungen. Sie brauchen eine Rassel und einen Hämatit in der Größe einer Walnuß.

In einer Vollmondnacht stellen Sie ein Glas Wasser nach draußen, damit es mit Mondenergie aufgeladen wird. Dann suchen Sie in der Natur einen geeigneten Platz für Ihr Ritual. Legen Sie den Hämatit auf die Erde, und verlegen Sie ihn nicht mehr. Legen Sie nun die vier Stäbe mit der glatten Seite an den Hämatit und der Spitze in je eine Himmelsrichtung. Die anderen markierten Stäbe stellen die vier Elemente dar: Erde, Feuer, Wasser und Luft. Legen Sie sie genau wie die anderen zwischen die Himmelsrichtungen. Alle acht Stäbe berühren den Stein. Jetzt rasseln Sie gegen den Uhrzeigersinn über dem «Feuerstäbchen» (Element Feuer) und bitten Großvater *Feuer,* seine Energie in die Stäbchen und somit in den Hämatit zu schicken, dann rasseln Sie über dem «Luftstäbchen» und bitten die Wesen der oberen Welt, bei den «Erdstäbchen» die Erdgeister der unteren Welt, bei den «Wasserstäbchen» die Wassergeister. Gehen Sie mit großem Respekt vor! Denn Sie arbeiten mit hohen Mächten! Nun gießen Sie das aufgeladene Wasser gleichmäßig über den Rand, welcher von den Stäben gebildet wird. Legen Sie den Hämatit in ein Tuch oder ein Säckchen, lösen Sie den Kreis auf und verbrennen Sie die Stäbchen, wenn sie trocken sind. Nun tragen Sie den Hämatit am Körper, in der Hosentasche oder als Schmuckstück.

Krankheiten sind wirkliche Gegner, und der Stein hilft, die Krankheit zu täuschen. Den aufgeladenen Stein dürfen Sie niemals weitergeben, wenn Sie ihn nicht mehr brauchen, geben Sie ihn der Erde zurück.

Der Hämatit regt den Blut- und Zellaufbau an, aktiviert den Kreislauf und das Herz, stärkt Lunge, Leber, Milz und Nieren, er fördert den Genesungsprozeß nach einer Krankheit, hilft bei Krampfadern, Blutstauungen, Embolieneigungen sowie Zirkulationsstörungen, fördert Wundschließungen und deren Ausheilung, hilft beim Einschlafen und Durchschlafen, aktiviert unsere Willenskraft, Mut und Tatkraft, regt an, erneut zu beginnen, entwickelt Spontaneität, Entschlußkraft und Lebensmut. (Nicht mit Wasser reinigen, sondern in trockenes Meersalz einlegen!) (Widder, Skorpion)[14]

Rubin: Der Hüter der Macht

Der Rubin steht mit der Gottheit in Verbindung, der für Machtspiele zuständig ist, jedoch wird niemand verletzt. Es geht um das Messen der Kräfte. Der Rubin kann bewirken, daß der Träger in der Lage ist, seinen Schatten zu sehen (abgespaltene Anteile) und zu steuern, d.h., daß er gleichzeitig an zwei verschiedenen Plätzen sein kann. Dies erfordert allerdings viel Konzentration, Energie und Übung. Sind Sie jedoch in der Lage, die «Zweifachheit» zu erreichen, so sind Sie dann bei Machtspielen Ihrem Gegner überlegen. Außerdem erhalten Sie dann die Unterstützung dieser Gottheit.

Der Rubin ist herzstärkend, hat positive Auswirkungen auf alle Organe, die mit dem Weiterleiten des Blutes zu tun haben, bei Erkrankungen des Blutes, Anämie (Störungen der roten Blutkörperchen), er ist ein wichtiger Stein für Bluter, empfehlenswert bei Menstruationsbeschwerden und Kinderlosigkeit. Tragen Sie einen oder mehrere Steine am Körper.[15]

Der Rubin erhöht einen zu niedrigen Blutdruck, kräftigt bei Schwächezuständen und nimmt die Lethargie, er hilft, Fehlgeburten zu vermeiden, und ist ein Schutzstein gegen schlechte Einflüsse, erfüllt unser Herz mit Liebe zu uns selbst und zu unseren Mitmenschen. Er stärkt der Kräfte, die für das Wachstum des inneren Selbst wichtig sind, verleiht Kraft, Lebensenergie, Tapferkeit und Mut, ist gegen Neid, schützt das Eigentum und bewahrt die Treue des Ehemannes (!?), verstärkt das kreative Denken und wehrt Feinde ab. (Löwe, Widder, Skorpion)[16]

AROMATHERAPIE

Die Aromatherapie kann uns bei Unstimmigkeiten und Gefühlsschwankungen helfen.

Lemongrass (Zitronengras)

Es wirkt antiseptisch, kräftigt und stimuliert den gesamten Organismus, lindert Kopfschmerzen, als Badezusatz (nicht mehr als drei verdünnte Tropfen) wirkt es erfrischend und desodorierend (oder ein paar Tropfen ins Putzwasser), ist ein gutes Mittel gegen Insekten (im Sommer in die Aromalampe geben).

Myrrhe

Myrrhe gehört, neben dem Weihrauch, zu den ältesten Räucherharzen (seit 4000 Jahren im Gebrauch). In der antiken Welt wurde sie hoch geschätzt, wegen ihrer medizinischen Eigenschaften und ihrer Bedeutung für religiöse Zwecke. Myrrhe regt die Spiritualität an und sollte vor jeder Meditation oder Heilbehandlung angewendet werden.

Sie hat eine wärmende, anregende Wirkung, zur Stärkung des Wurzelchakras, gut für Menschen, die das Gefühl haben, emotional oder spirituell festzusitzen, und die wieder Bewegung in ihrem Leben brauchen (nicht in der Schwangerschaft anwenden!).

Patchouli

Patchouli wirkt kräftigend und erdverbindend, nimmt auch Einfluß auf das zweite Chakra und reduziert Flüssigkeitsansammlungen im Körper. Patchouli ist wichtig für Menschen, die ihren Körper ablehnen (Anorexier, Bulemiker) oder das Gefühl haben, vom Körper losgelöst zu sein (Menschen, die durch die

Esoterik zu abgehoben sind). Patchouli erdet und integriert die Energien und erhält unseren Kontakt zum Körper-Ich aufrecht. Nur winzige Mengen verwenden.

Vetiver (Sumpfgras)

Vetiver ist erdverbindend, besitzt erdhafte Eigenschaften. Für alle, die mit der Erde in engeren Kontakt kommen wollen, denn es erdet ihre Energien und gibt ihnen eine Mitte, bringt das Chakrensystem in Einklang.

Schutzwirkung gegen Überempfindlichkeit im Bereich des Solarplexuschakras. Es bewahrt Sie davor, ein Psycho-Schuttplatz zu sein, d.h. unter dem Seelenmüll von anderen Menschen begraben zu werden. Geben Sie einen Tropfen davon auf Ihren Solar-Plexus, und reiben Sie ihn in kreisenden, sanften Bewegungen, gegen den Uhrzeigersinn ein. Gut für Gruppenmeditationen, in einer Duftlampe, denn es bündelt die Energien aller, harmonisiert und vereinigt.

BACHBLÜTEN

Clematis (Weiße Waldrebe)

Bei Gleichgültigkeit, Verträumtheit, Mangel an Aufmerksamkeit, Bewußtlosigkeit.

(Man ist mit den Gedanken ganz woanders, zeigt wenig Aufmerksamkeit für das, was um einen herum vorgeht.)

Aspen (Zitterpappel)

Bei diffuser Angst unbekannter Herkunft und Verängstigung.

(Man hat unerklärliche vage Ängstlichkeiten, Vorahnungen; geheime Furcht vor irgendeinem drohenden Unheil.)

Elm (Ulme)

Bei Gefühlen von Unzulänglichkeit und Mutlosigkeit angesichts großer Anforderungen und Verantwortung.

(Man hat das vorübergehende Gefühl, seiner Aufgabe oder Verantwortung nicht gewachsen zu sein.)

Larch (Lärche)

Bei Mangel an Selbstvertrauen, Erwartung von Mißerfolg, Mutlosigkeit.

(Man hat Minderwertigkeitskomplexe, Erwartung von Fehlschlägen durch Mangel an Selbstvertrauen.)

Mimulus (Gefleckte Gauklerblume)

Bei Furcht oder Angst vor bestimmten Dingen, Nervosität, Schüchternheit.

(Man ist schüchtern, furchtsam, hat viele kleine Ängstlichkeiten.)

Rock Rose (Gelbes Sonnenröschen)

Bei Angst, Panik und starker Furcht.

(Man ist in innerer Panik: Terrorgefühle.)

Übersicht: Erstes Chakra – Muladhara-Chakra

Themen: Kämpfen und Flüchten, Existenz, Geld, Arbeit, Urvertrauen, Ernährung, Arterhaltung (Sexualität), Konzept, Idee, Leben, Tod, Kind, Überlebensangst, Pazifismus, Aggressionsbereitschaft, Todesangst, Schwierigkeiten mit Ordnung und Zeiteinteilung, Ungeduld, Hörigkeit.

Farbe: Rot

Steine: *Achat, Blutjaspis (Heliotrop), Granat, Hämatit*, Rote Koralle, *Rubin*, Rauchquarz, Roter Jaspis, *Blutstein*, blutroter Karneol, Magnetit, rotes Tigerauge

Düfte: Zeder, Nelke, Cajeput, *Lemongras*, Wacholder, *Myrrhe*, Palmerosa, Weihrauch, Muskatellersalbei, Hyazinthe, Styrax, *Patchouli, Rose, Vetiveröl, Weihrauch, Rosenholzöl*

Bachblüten: *Clematis, Larch, Mimulus, Rock Rose*, Cerato, Aspen, Hornbeam, Honeysuckle, Red Chestnut, Gorse, *Elm*, Crab Apple, Bleiwurz, Herbstenzian, Gentian, Rock Water, Vervein, Holly

2. STUFE: GEFÜHLE

WAS SIND GEFÜHLE?

Oft sagen wir: Das mache ich aus dem Bauch heraus. Sitzen die Gefühle im Bauch? Zumindest fühlen wir dort am meisten, z.B. das Kribbeln, wenn wir verliebt sind, oder die Angst, die uns bedrückt.

Positive Gefühle drücken wir aus in Lachen, Liebe, Freude, Lebenslust, Harmonie, Sinnlichkeit, Humor, Optimismus, Spaß, Feiern, Tanzen, Flexibilität, Toleranz und in all den vielen schönen Dingen, die wir viel zu wenig machen. Wenn ich meine Umwelt betrachte, dann frage ich mich: Wo leben wir diese Dinge? *Wir machen einen verzweifelten Versuch, die Leere von außen zu füllen.*

Wir leben mehr *die negativen Gefühle*. Wir haben Angst vor Nähe und verabreden uns schon deshalb kaum noch, statt dessen putzen wir lieber die Wohnung, da kann uns keiner verletzten. Wir nehmen den anderen nicht mehr in den Arm, obwohl dieser es dringend bräuchte, es könnte ja sein, daß er eine ansteckende Krankheit hat. Wenn Männer ihre Sinnlichkeit zeigen, werden sie als Homosexuelle abgestempelt. Männer leiden noch viel mehr darunter, daß sie ihre Gefühle nicht leben können, aus Angst, sie könnten als Weichei bezeichnet werden. In meine Seminare kamen immer nur die Weicheier. Die Machos nicht. Machos können keine Schamanen werden, weil sie nicht mit ihren Gefühlen verbunden sind, nicht mehr.

Die Sinnlosigkeit des Daseins wird weggeschüttet mit *Alkohol*. Es macht mich so traurig, wenn ich Menschen treffe, die ein gutes Herz haben, vor Liebe überquellen, aber damit nicht umgehen können. Sie müssen diese guten Gefühle ertränken und machen sich systematisch kaputt. Das Schlimmste dabei ist, daß sie keine Hilfe annehmen können und wollen. Sie wollen sich zu Tode trinken, um den Schmerz nicht mehr ertragen zu müssen.

Alkohol- oder Drogenabhängigen helfen zu wollen, ist wie Wasser in ein schwarzes Loch schütten. Sie können ihnen nicht helfen. Das ist der erste Schritt, vor allen Dingen, wenn es jemand aus der Familie ist oder ein nahestehender Freund. Das Einzige, was Sie tun können, ist:

1. für ihn beten und
2. ihn zu den AAs (Anonyme Alkoholiker) bringen – oder zu einem Psychotherapeuten. Vergessen Sie alles andere, Sie gehen dabei drauf oder werden co-abhängig.

Wenn Sie besonders viel mit *Suchtabhängigen* zu tun haben, und damit ist nicht nur Abhängigkeit von Alkohol gemeint, sondern auch von Süßigkeiten, Fernsehen, Essen, Nikotin und Koffein, dann müssen Sie sich jetzt die Frage stellen, ob Sie co-abhängig sind. Co-Abhängige sind Menschen, die andere benutzen, um Sex, Anerkennung, Liebe und Zuwendung zu bekommen. (Man braucht den anderen, um sich sicher und wohl zu fühlen.) Man braucht die Bestätigung von anderen. Das Bedürfnis kommt also von außen und wird nicht von innen gelebt. Deshalb fühlt man sich auch so leer und kann dieses Loch nicht füllen. Niemand kann es füllen.

Aber wie erkenne ich mein Muster?

Setzen Sie sich hin, und machen Sie eine Bestandsaufnahme. Nehmen Sie zwei Seiten. Wie lebe ich meine Gefühle positiv, und wie lebe ich meine Gefühle negativ?

Fangen Sie an, über Ihre Kindheit[1] zu schreiben. Schreiben Sie ein Buch, Ihr Buch. Vielleicht wird es ein Bestseller. Mit Sicherheit wissen Sie danach mehr über sich. Ich habe immer geschrieben. Es war mir ein tiefes Bedürfnis, vor allen Dingen in der Zeit, als die Erfahrungen sich überstürzten und ich sie nicht mehr verarbeiten konnte.

Schreiben Sie Ihrer Mutter und Ihrem Vater einen Brief.

Schreiben Sie Ihre Bedürfnisse auf, das, was Sie gerne tun würden, und dann schreiben Sie auf, warum Sie es nicht tun. Wieviel Ausreden und Energie Sie brauchen, um all die wichtigen Dinge nicht zu tun.

Gefühle können nicht sprechen. Wenn Sie das könnten, hätten wir ein leichtes Spiel, sie in Schach zu halten. Eine Form der nicht gelebten Gefühle nennt man in der Psychologie *Verdrängung*.

Die Verdrängung ist ein sehr wichtiger Abwehrmechanismus des *Ichs*. Triebwünsche, Gedanken oder Erinnerungen, die im Konflikt mit dem Gewissen stehen und daher nicht akzeptiert werden dürfen – z.B. Mißbrauch, Mißhandlung –, werden ins Unbewußte abgedrängt und dort fixiert. Die Verdrängung steht im Gegensatz zur bewußten Auseinandersetzung. Das Verdrängte kommt aber immer wieder durch Träume oder Krankheitssymptome zum Vorschein. Sinn und Zweck einer jeden Psychotherapie ist es, diese verdrängten Inhalte wieder bewußt und verarbeitbar zu machen. Das gleiche passiert automatisch, wenn jemand zum Schamanen wird. Niemand kann schamanisch tätig sein, der seinen eigenen Müll noch nicht aufgeräumt hat.

Zuerst fing ich mit *Zazen* an. Eine sehr gutfunktionierende Methode, seinen Geist zur Ruhe zu bringen.

Nehmen Sie sich eine Wand in Ihrer Wohnung vor, möglichst ohne Muster, und setzen Sie sich im Schneidersitz davor und schauen auf Sie mit halb geschlossenen Augen. Versuchen Sie alle Gedanken, die kommen, wegzuschicken. Stellen Sie Ihre Uhr auf fünf Minuten, das reicht fürs erste, weil fünf Minuten sehr lang sind, wenn die Beine weh tun. Versuchen Sie, an nichts zu denken. (Das ist natürlich nicht möglich, es sei denn, Sie sind schon erleuchtet.) Allein diese Konzentration ist schon anstrengend genug. Nach fünf Minuten stehen

Sie auf und gehen im Kreis, wieder fünf Minuten, dann wieder sitzen. Und wenn Sie es schaffen, können sie die Minuten immer mehr verlängern. Das ist ein Prozeß, fangen Sie gleich an zu üben. Sie können eine Teezeremonie einbauen und Leute dazu einladen. In der Gruppe macht es noch mehr Spaß. Am Anfang wird meistens nichts passieren, außer, daß Ihnen die Beine schmerzen.

Es ist natürlich viel einfacher, seine Schmerzen zu verdrängen, als sie aufzuarbeiten. Im Alltagstrott haben wir sowieso keine Zeit. Aber spätestens, wenn wir krank werden, sind wir gezwungen über uns nachzudenken. Aber warum warten, bis es vielleicht zu spät ist?

Eine weitere und auch raffinierte Form, sein Unbewußtes festzuhalten, ist die *Übertragung*. Dies kommt und muß auch in jeder guten Therapie stattfinden. Aber manchmal ist selbst der Therapeut hilflos, wenn nämlich der Klient einfach nicht wiederkommt.

Eine Übertragung findet dann statt, wenn der Klient seine Gefühle und Erwartungen, die er einer früheren Bezugsperson gegenüber hatte, auf seinen jetzigen Partner überträgt. Und das kommt in fast jeder Beziehung vor. Meines Erachtens können nur Menschen, die jahrelang an sich gearbeitet haben, überhaupt noch beziehungsfähig sein. Alle anderen leben in den schönsten Übertragungen. Häufig kommt die Übertragung natürlich auch in einer Lehrer-Schüler-Beziehung vor. Je schlimmer die Verletzung, um so heftiger die Übertragung.

Wie war Ihre Mutter, wie ist Ihr Partner? Wie war Ihr Vater, wie ist Ihr Partner? Welche Eigenschaften haben beide? Was hassen Sie an Ihrer Mutter? Was hassen Sie an Ihrem Vater? Und nun an Ihrem Partner? Stellen Sie Vergleiche an. Seien Sie Sherloc Holmes. Finden Sie unbedingt heraus, welche Gefühle, die eigentlich einem Elternteil oder einer anderen Person gehören, Sie jetzt auf Ihren Partner/Lehrer übertragen.

Und noch eine dritte, auch sehr geschickte Art und Weise, sich aus der Affäre zu ziehen, ist die *Projektion*. Eine Projektion umfaßt alles, was ein Mensch in einen anderen hineinliest und als tatsächlich vorhanden betrachtet, obwohl es gar nicht existiert. Eine Projektion findet dann statt, wenn jemand seinen Film auf die Realität überträgt. Analytiker sagen, daß jeder Mensch bestimmte, in seiner Kindheit geformte Bilder besitzt und sie auf alle projiziert, die er im Laufe seines Lebens kennenlernt. Jeder hat eine festgefügte Mustermappe, nach der er neue Bilder zeichnet, die mit der Realität nichts zu tun haben.

Der Begriff «*Inneres Kind*»[2] ist schon allgemein bekannt. Chopich und Paul haben sich sehr intensiv mit dem Inneren Kind beschäftigt und eins der wesentlichen Bücher darüber geschrieben. Ich kann nur empfehlen, das Buch «Aussöhnung mit dem Inneren Kind» intensiv durchzuarbeiten, weil ich hier dieses Thema nur kurz erklären kann. Diese Stufe ist wirklich wichtig. Lassen Sie sich dabei bitte viel Zeit. Informationen müssen auch verarbeitet werden.

Was ist das Innere Kind? Es ist unsere Gefühlsseite und damit auch der rechten Gehirnhälfte zugeordnet. Es ist unser weiblicher, spiritueller Anteil, der sich im *Sein* befindet. Es ist unsere intuitive innere Erfahrung. Während dagegen der Innere Erwachsene, der Macher, der Denker und der Handelnde der linken Gehirnhälfte zugeordnet wird. Er befindet sich im *Tun*, in der äußeren Welt, in der Aktivität. Beide Anteile sind zum Leben notwendig.

Wenn nun der *Innere Erwachsene* mit dem Inneren Kind gut zusammenarbeiten, erleben wir das Gefühl von Ganzheit. Wir fühlen uns wohl. Das Innere Kind hat nur eine Funktion, nämlich *zu lernen*. Wird diese Funktion unterbrochen und aus dem Inneren Kind ein *Verletztes Kind*, übernimmt es die Funktion *zu schützen*. Es kann nicht mehr lernen, es muß sich vor weiteren Verletzungen, Schmerz, Furcht und Trauer schützen. Aus dem Erwachsenen plus einem verletzten Kind ergibt sich das Gefühl von Leere, Alleinsein und Konflikten im Leben. Es beschließt sogar, keine Gefühle mehr zuzulassen. Dadurch entsteht ein dicker Gefühlspanzer, durch den weder die schlechten noch die guten Gefühle eindringen. Aus dem Inneren Erwachsenen kann sich ein liebloser Erwachsener entwickeln, wenn dieser nämlich die *Verantwortung* ablehnt, das Innere Kind zu heilen. Dann bleiben Furcht und Schmerz erhalten. Der Mensch wird auf Dauer krank.

«Die Arbeit an der Beziehung zwischen dem Inneren Kind und dem Inneren Erwachsenen wird in der Therapie auch als inner bonding therapy *bezeichnet. Es geht darum zu begreifen, daß wir von und mit dem Inneren Kind lernen und Verantwortung für alle Gefühle des Inneren Kindes übernehmen. Bevor wir etwas über die Welt und andere Personen lernen, sollten wir uns erst einmal bemühen, unser Inneres Kind zu verstehen.»*[3]

DAS UNGELIEBTE, VERLETZTE KIND

Die Erfahrung, die das verletzte Kind gemacht hat, lautet: Ich bin schlecht, falsch, ungeliebt. Dieses Gefühl hat der Mensch im Körper gespeichert, aber es ist nicht verbalisierbar. Und nur dieses Gefühl überträgt er mittels einer Projektion auf andere Menschen.

Beispiel: Ein Mann hat zuwenig Zuwendung in der Kindheit bekommen und fühlt sich nie geliebt. Er lernt eine Frau kennen und möchte diese auch lieben. Kann aber nicht. Das Gefühl von «ich werde nicht geliebt» bleibt im Körper gespeichert, als Blockade sozusagen. Die Frau kann nun den größten Liebesbeweis erbringen, den Himmel auf die Erde für ihn holen, er wird immer zu ihr sagen, ich habe das Gefühl, daß du mich nicht richtig liebst. Das Gefühl der Furcht, Scham und Schuld bleibt erhalten. Er fürchtet sich vor Zurückweisung, Verlassenwerden und vor Kontrolle und glaubt ständig, daß die anderen ihn verlassen werden. Es besteht auch ein Wiederholungszwang, um dieses Muster zu heilen.

Beispiel: Ein Mann verläßt laufend seine Beziehungen, um seine inneren Wunden, das Gefühl von Verlassenheit aus der Kindheit zu heilen.

Es gibt Frauen, die lassen sich von Männern schlagen, landen im Frauenhaus und gehen wieder zu den Tätern zurück. Dies kann man eigentlich nicht verstehen, und dennoch wollen sie damit ihr unbewußtes Programm heilen, vielleicht die Beziehung zum Vater, der sie in der Kindheit geschlagen hat.

Das verletzte Kind kämpft darum, Richtiges zu tun, ist regelrecht süchtig danach. Es braucht Regeln und Vorschriften und entwickelt aus Angst einen Perfektionismus.

Ich denke an die vielen Hausfrauen, die ihre Bedürfnisse nicht erfüllen können, ihre Gefühle unterdrücken und dabei den Tisch zum hundertfünzigstenmal abwaschen oder zweimal in der Woche die Fenster putzen.

Das verletzte Kind agiert auf der Basis von falschen Annahmen. Es zwingt die Umwelt, das zu bekommen, was es sich wünscht, aber es ist selbst nicht in der Lage, sich diesen Wunsch zu erfüllen.

Beispiel MS (Multisklerose). MS-Kranke schaffen es auf faszinierende Weise, ihre Umwelt in ihre Dienste zu stellen. Da sie sich selbst bewegungsunfähig machen, müssen sie ihre Umwelt bewegen, um Zuwendung zu bekommen. Sie haben die Fähigkeit, ihre Umgebung so lange zu tyrannisieren, bis die Menschen vor Erschöpfung umfallen.

Das verletzte Kind ist egozentrisch und hat keine Kontrolle über sein Verhalten, weil es emotional agiert. Das sind Menschen, die ausschließlich an sich denken und damit aber auch die Gefühle anderer verletzen oder sie noch nicht einmal wahrnehmen.

Das verletzte Kind paßt sich an, verhält sich devot und entwickelt eine Überfürsorglichkeit. Diese Menschen unterdrücken ihre eigenen Bedürfnisse zugunsten anderer.

Die lieben Ehefrauen, die nicht aus dem Hause gehen und mit saurer Miene vor dem Fernseher hocken und sich langweilen. Aber auch viele Heiler, die kein Geld nehmen für ihre Arbeit, weil sie aus dem Defizit heraus arbeiten. Sie brauchen die Bestätigung und Anerkennung anderer.

Das verletzte Kind ist auch ein Rebell, provoziert den Widerstand: *Meistens Menschen, die Drogen nehmen, die zuviel Liebe in der Kindheit bekommen haben.*

Es gibt nur zwei große Grundängste: Die Angst davor, beherrscht und vereinnahmt zu werden, und die Angst davor, abgelehnt und verlassen zu werden.

DER INNERE ERWACHSENE

Der *Innere Erwachsene* ist der logische, denkende Teil. Er ist rational, männlich und vor allen Dingen jener Teil, der für die Entscheidungen zuständig ist. Und nur er hat die Funktion, die Wunden des verletztes Kindes zu heilen oder die Bedürfnisse des Inneren Kindes auszuführen. Er muß falsche Überzeugungen durch Wahrheit ersetzen. Er muß sich weigern, die negativen, zerstörerischen Verhaltensmuster des verletzten Kindes zu tolerieren. Er darf keine Opferrolle übernehmen, sondern muß handeln. In den meisten Fällen meiner Übungen mit Klienten hat der Innere Erwachsene diese Rolle nicht übernommen. Es saß faul herum, und ihm war alles egal. In diesem Fall entwickelt sich der Innere Erwachsene zum *lieblosen Erwachsenen*. Da dieser die Bedürfnisse des Inneren Kindes nicht mehr ausführt, bleibt das Gefühl von Resignation, Hoffnungslosigkeit und Gleichgültigkeit.

Beispiel: Mein Inneres Kind möchte Pommes frites essen. Der Innere Erwachsene führt die Handlung nicht aus. Zurück bleiben Hunger und Frust. Gerade bei der Ernährung spielt das Innere Kind eine große Rolle. Wir essen nicht mehr nach unseren Bedürfnissen, sondern nach der Vernunft, also rational, männlich, nämlich das, was gesund ist.

DER LIEBLOSE ERWACHSENE

Der lieblose Erwachsene ist jener Teil in uns, der lügt und z.B. denkt, nicht für sich selbst sorgen zu können.

Millionen von Frauen haben dieses *Glaubensmuster* verinnerlicht und einen Mann geheiratet, nur um versorgt zu sein. Sie leben in verzweifelter Einsamkeit und Frustration und können auch nicht zu ihrer falschen Entscheidung stehen, weil der zweite Glaubenssatz einsetzt, nämlich: *Trennung ist gleich Verlust, Tod*, ohne meinen Mann bin ich ein Nichts.

Ein weiterer Glaubenssatz: «*Andere sind für meine Gefühle verantwortlich, und ich bin für ihre Gefühle verantwortlich.*» Ich kann in einer hoffnungslos unerfreulichen Ehe hängen bleiben und sagen, daß schließlich der Partner dafür verantwortlich ist, daß ich so unglücklich bin, und meine Umgebung volljammern und von einem Arzt zum anderen rennen. Ich kann mich aber auch trennen und sagen: Ich bin verantwortlich für mein Unglück. Dann würde der Innere Erwachsene seine Funktion übernehmen.

Natürlich ist es viel anstrengender, verantwortlich zu handeln, als den Dingen ihren Lauf zu lassen. Schamanen sollten immer verantwortlich handeln und die Folgen ihrer Handlungen bedenken.

Es gibt noch viele Glaubensmuster, die uns der lieblose Erwachsene vorgaukelt: «*Sprich bloß nicht über deine Gefühle!*» Nach der sexuellen Befreiungsaktion in den Siebzigern hat sich das natürlich schon etwas gelockert. Aber trotzdem fällt es den Menschen immer noch schwer zu sagen «das macht mich traurig» oder «das verletzt mich».

Sei gut, anständig und perfekt! Viele Frauen haben diesen Glaubenssatz ganz verinnerlicht, dabei gibt es doch nichts Schöneres, als unanständig und unperfekt zu sein. Nur muß man sich dies erst einmal eingestehen. «*Sei nicht egoistisch, stelle dich nicht an erster Stelle, sage nie, was du willst oder brauchst, sage nie nein und setze keine Grenzen. Sorge immer für andere, verletze ihre Gefühle nicht und mache sie nie wütend. Sei bloß nicht lustig oder albern, und genieße dein Leben nicht – es kostet Geld, macht Lärm und ist unnötig.*[4]

Nicht egoistisch zu sein bedeutet, nicht zu existieren. Ego kommt von Ich. Ich bin. Ich nehme mich wahr. Und wenn ich mich wahrnehme, kann ich auch andere wahrnehmen. Ist jemand nicht egoistisch, dann nimmt er sich selbst nicht wichtig. Und wer sich selbst nicht wichtig nimmt, kann auch für andere nicht sein. Also, wenn ich egoistisch bin, bin ich da und kann auch für andere präsent sein.

In der Familie muß die Mutter zuerst für sich selbst sorgen, daß es ihr gutgeht. Wenn es ihr schlechtgeht, bricht das ganze System zusammen. Von ihr hängt die ganze Versorgung ab. Sie ist auch nicht ersetzbar, zumindest nicht bei Kleinkindern.

Gabriella Roth, eine amerikanische Stadtschamanin, schreibt dazu: *«Wenn die Mutter in den ersten fünf Jahren körperlich oder seelisch abwesend ist, kann das Kind einen lebenslangen Kampf um sein Selbstwertgefühl führen. Es ist überängstlich, mißtraut jedem, kann nicht für sich sorgen, verliert sich in Beziehungen, Verbänden und Besitztümern, weil es seine innere Leere ausfüllen will. Mit der Geringschätzung der Mutterrolle in der modernen Gesellschaft erleben wir ein großes Drama.»* [5]

Mütter bekommen kaum Unterstützung. Kindererziehung ist etwas, was nebenbei gemacht wird, wie Haushalt und Einkaufen. Schlimm wird es, wenn die Mutter neben diesen beiden Funktionen auch noch für den Unterhalt sorgen muß, weil der Vater seine Verpflichtung nicht einhält und so raffiniert ist, daß er Wege und Möglichkeiten kennt, sich vor dem Unterhalt zu drücken. Es ist eine unmögliche Aufgabe, und trotzdem werden die Frauen von der Gesellschaft alleine gelassen.

Die Mutter hat dann nicht nur die Funktion, eins zu sein mit dem Kind, sondern auch noch Grenzen zu setzen. Jeder Mensch braucht Grenzen – und Kinder besonders. Kinder sind in den ersten Jahren nur egoistisch und gleichzeitig so hilflos. Sie stellen sich von Natur aus an erster Stelle. Sie schreien und wollen, daß man sich um sie kümmert. Sie haben Bedürfnisse wie Hunger, Durst, Spielen usw. und fordern dieses uneingeschränkt ein. Mutter zu sein, ist die anstrengendste Aufgabe, die ich kenne. In den ersten drei Jahren meines Kindes konnte ich weder eine Sache zu Ende führen noch einen Gedanken zu Ende denken.

Es ist anstrengender, «nein» zu sagen, als alles laufen zu lassen. Und das nicht nur bei Kindern. Täglich müßten neue *Grenzen gesetzt werden*. Wer keine Grenzen setzen kann, ist verloren. Oft merken wir zu spät, daß wir uns zu sehr für andere verausgaben, wir werden ausgenutzt und nicht ernst genommen. Dann kommt es zu einem Gefühlsausbruch, das heißt, daß die Schmerzgrenze überschritten wird. Und ein Gefühlsausbruch wird einem auch noch übelgenommen. Das macht Angst, weil wir dadurch mit unseren eigenen Gefühlen konfrontiert werden. Und die möchte keiner öffentlich zeigen.

Daß wir unser Leben nicht genießen sollen, braucht uns eigentlich keiner zu sagen. Das ergibt sich schon von alleine. Wenn wir keine Geldprobleme haben, dann haben wir bestimmt Beziehungsprobleme oder Probleme mit den Kindern, den Verwandten, dem Chef, dem Nachbarn, den Krankheiten usw. Das ist das Leiden unseres Karmas, sagen die Buddhisten.

Wer hat denn schon Grund zum Lachen und Fröhlichsein? Durch die katholische Kirche ist uns doch schon sowieso jegliches Vergnügen genommen worden. Die Religionen sind dazu da, uns in Schach zu halten, alles Lebendige zu unterdrücken. Die Sexualität ist nur noch Mittel zum Zweck.

Wenn ein Kind in unserer Gesellschaft lebendig ist, dann ist es gleich ein unerzogenes Kind. Wenn es in der Öffentlichkeit Trotzanfälle bekommt, schiebt die Umwelt der Mutter eine falsche Erziehung in die Schuhe. Kinder stören, sie müssen gehorchen, sich anpassen. Die strafenden Blicke der älteren Generation lasten auf den Schultern der Mutter: Du bist eine schlechte Mutter, du kannst dein Kind nicht erziehen. Du bist Schuld daran, daß dein Kind nicht gehorcht, dann mußt du es eben schlagen. Ein Psychiater sagte zu mir: «Zweimal sagen, einmal schlagen, gnädige Frau.» Niemand sagt, das ist alles ganz natürlich. Das Kind muß seinen Willen entwickeln. Es ist ein natürliches Bedürfnis, zu raufen, zu toben, laut und energievoll zu sein. *«Wir wurden als Kinder nicht wertgeschätzt, warum also sollten wir uns und unser inneres Kind wertschätzen? Wir halten es für unwichtig und brechen den Kontakt ab. Das ist der Grund für Elend und Unglück.»*[6]

Alice Miller schreibt in ihrem Buch: «Das Drama des begabten Kindes»: *«1. Es ist ein ureigenes Bedürfnis des Kindes, als das, was es jeweils ist, und als Zentrum der eigenen Aktivität gesehen, beachtet und ernstgenommen zu werden. Im*

Unterschied zum Triebwunsch handelt es sich hier um ein genauso legitimes, aber narzißtisches Bedürfnis, dessen Erfüllung zur Bildung eines gesunden Selbstgefühls unerläßlich ist.

2. Das, was es jeweils ist, meint Gefühle, Empfindungen und ihren Ausdruck, bereits beim Säugling. Die inneren Empfindungen des Säuglings und Kleinkindes, schreibt M. Mahler, bilden den Kern des Selbst. Sie scheinen der Mittel-, der Kristallisationspunkt des Selbstgefühls zu bleiben, um das herum das Identitätsgefühl errichtet wird.

3. In einer Atmosphäre der Achtung und Toleranz für die Gefühle des Kindes kann das Kind in der Trennungsphase die Symbiose mit der Mutter aufgeben und die Schritte zur Individuation und Autonomie vollziehen.

4. Damit diese Voraussetzungen des gesunden Narzißmus möglich wären, müßten die Eltern dieser Kinder ebenfalls in einem solchen Klima aufgewachsen sein.

5. Eltern, die dieses Klima als Kinder nicht bekommen haben, sind narzißtisch bedürftig, d.h., sie suchen ihr ganzes Leben, was ihnen ihre eigenen Eltern zur rechten Zeit nicht geben konnten: ein Wesen, das ganz auf sie eingeht, sie ganz versteht und ernst nimmt, das sie bewundert und ihnen folgt.

6. Dieses Suchen kann natürlich nicht voll gelingen, denn es bezieht sich auf eine unwiderrufliche vergangene Situation, nämlich die erste Zeit der Selbstformung.

7. Aber ein Mensch mit einem ungestillten und unbewußten – weil abgewehrten – Bedürfnis ist einem Zwang unterworfen, das Bedürfnis doch noch auf Ersatzwegen befriedigen zu wollen.

8. Am meisten eignen sich dazu die eigenen Kinder. Ein Neugeborenes ist auf Gedeih und Verderb auf seine Eltern angewiesen. Und da seine Existenz davon abhängt, ihre Zuwendung zu bekommen, tut es auch alles, um sie nicht zu verlieren. Es wird vom ersten Tag an all seine Möglichkeiten einsetzen, wie eine kleine Pflanze, die sich nach der Sonne dreht, um zu überleben.»[7]

DAS EGO

Einen natürlichen Egoismus zu pflegen oder einen gesunden Narzißmus zu besitzen, ist nicht zu verwechseln mit dem *Ego*, was aus der inneren Abgetrenntheit zwischen dem Erwachsenen und dem Kind entsteht. Das Ego ist die Verbindung von einem verletzten Kind zum Lieblosen Erwachsenen. Dies ist ein *falsches Selbst*, was auch als krankhafte innere Stimme bezeichnet werden kann. Eine neurotische Stimme, die uns die falschen Dinge einredet. Das Ego will keine Veränderung und sabotiert alles, was sich in dieser Richtung entwickelt. Veränderung bedeutet Tod, Sterben, und Sterben will das Ego nicht, es will herrschen und Liebe erzwingen.

«Bei der Geburt geschieht schon die erste Abgetrenntheit von der Mutter. Es folgen weitere Zurückweisungen und Trennungen. Damals konnten wir mit dieser Erfahrung nicht umgehen, und so fingen wir an, uns zu schützen, indem wir uns von dem Kind, das sich so alleine fühlte, trennten und ein falsches Selbst – ein Ego – aufbauten.»[8]

Das Ego ist unmittelbar mit dem Körper verbunden, deshalb ist es auch vergänglich im Gegensatz zum höheren Selbst. Das Ego meint, der Körper sei die einzige Realität. Es glaubt nicht, daß wir die spirituelle Liebesenergie unseres höheren Selbst sind. Weil es sich an die Materie bindet, ist es auch die Basis von Krankheiten, denn die Krankheit spiegelt die Überzeugungen des Egos im Körper wider.

Je mehr wir versuchen, Kontakt mit unserem Inneren Kind zu bekommen, desto mehr wird das Ego Macht über uns haben. Durch Lügen flüstert es uns ein, daß jegliche spirituelle Entwicklung uns in Schwierigkeiten bringen wird.

Ein Mensch, der aus dem Ego heraus lebt, darf nicht schamanisch arbeiten.

Co-Abhängigkeit entwickelt sich, wenn die Verantwortung für unser Glück dem Ego überlassen wird. Co-Abhängigkeit ist Leben aus dem Ego. Der Mensch erfährt sich und seinen Wert durch andere und macht den anderen für seine Gefühle verantwortlich. *Ursprünglich bezieht sich dieser Begriff aus der*

Beziehung zwischen einem Alkoholiker und dem ihm nahestehenden Menschen.

DAS HÖHERE SELBST

Das Höhere Selbst ist die *Verbindung* von Innerem Erwachsenen und Innerem Kind. Es ist die Verbindung von männlich und weiblich, es ist der Heilerzustand der Schamanen. Hier liegt die Zusammenarbeit mit den Naturkräften, die Verbindung mit allen anderen Höheren Selbsten. Hier liegt der Zugang zur weiblichen, intuitiven Seite. Hier liegt die Innere Stimme, auf die Verlaß ist.

«Als wir Don Eduardo fragten, was er damit meinte, sehen zu lernen, antwortete er, daß ein Schamane oder eine Schamanin erst mit seiner oder ihrer inneren Vision sehen könne, wenn seine oder ihre weibliche Seite erweckt werde. Unsere männliche, rationale Seite, so behauptete er, erlaube uns nur, die Oberfläche der Dinge zu sehen.»[9]

Erst durch die Erwachsener/Kind oder Männlich/Weiblich-Verbindung lernt der Schamane, mit dem inneren Auge zu sehen und zu verstehen und dadurch zu heilen. Wenn ein Mensch offen ist, zu lernen und zu heilen, dann können die Kraft, Weisheit und Zärtlichkeit des höheren Selbstes jede Verletzung heilen, alle Schmerzen lindern und jeden Ärger besänftigen. Das höhere Selbst in uns aktiviert das Immunsystem und schafft dadurch eine ausgezeichnete körperliche Gesundheit.

Fragen

Fügsamkeit

1. Wann in meinem Leben habe ich mich gefügt oder jemandem gehorcht, wo ich es nicht wollte?
2. Wie fühlte ich mich dabei? Woran dachte ich? Welche Entscheidungsmöglichkeiten nahm ich wahr?
3. Welche anderen Entscheidungsmöglichkeiten gab es tatsächlich? Was hätte passieren können, falls ich mich anders entschieden hätte?

Rebellion

1. Wann habe ich in meinem Leben rebelliert? Wie? Mit welchem Erfolg? Um welchen Preis?
2. Welche Entscheidungsmöglichkeiten sah ich damals für mich? Gab es auch andere? Welche?
3. Was hätte anders sein können?

Rückzug

1. In welchen Situationen habe ich mich zurückgezogen? Was passierte dann? Wie fühlte ich mich?
2. Welche Informationen drangen nicht zu mir durch? Welche Ereignisse spielten sich ab, ohne daß ich es wußte? Über welche Entscheidungsmöglichkeiten verfüge ich, ohne sie wahrzunehmen. Wie hätte ich anders handeln können?
3. Wann wachte ich wieder auf? Wodurch wurde meine Rückkehr zur Besinnung ausgelöst?

Manipulation

1. Wann (wen) habe ich manipuliert? Wie?
2. Wie fühlte ich mich in bezug auf mich selbst? Welche Selbstanteile mußte ich verbergen?
3. Was passierte dann?
4. Welche anderen Entscheidungsmöglichkeiten standen mir zur Verfügung? Konnte ich sie überhaupt erkennen?

Schuldgefühle

1. Wem dienen diese Schuldgefühle?
2. Gibt es irgendeine reale Verantwortung, die ich übernehmen sollte?
3. Hindern mich meine Schuldgefühle daran zu handeln? Wenn ja, wie? Welches Handeln wird verhindert?
4. Welche Urteile fälle ich aufgrund meiner Schuldgefühle? Sind sie vernünftig?[10]

Welchen Lebensvertrag habe ich abgeschlossen?
Was ist mein Glaubensmuster?
Wo lege ich die Verantwortung für mein Inneres Kind ab?

Wie fühlte ich mich im Körper meiner Mutter? Wie empfand sie ihre Schwangerschaft? Erzählen Sie aus der Sicht Ihrer Mutter, dann aus Ihrer. Sind Sie im Krankenhaus zur Welt gekommen? Wie war genau die Geburt?
Malen Sie ein Bild!
Wie war Ihre Kindheit? Beschreiben Sie Ihre Mutter, Ihren Vater.
Welche Beziehung hatten Ihre Eltern miteinander?
Wie sind Ihre Erinnerungen an die ersten Jahre? Was wissen Sie über die Lebensgeschichte Ihrer Eltern?
Zeichnen Sie ein Bild von Ihrer Mutter und sich.
Was haben Sie mit Ihrem Vater erlebt, bevor Sie fünf Jahre alt waren? Wie und wo war er?
Schreiben Sie einen Dialog zwischen Ihrem Vater und Ihnen im Alter von zehn Jahren. Was war das Mitfühlendste, was Sie für ihn tun konnten?
Zeichnen Sie Ihren Vater und sich.

Schreiben Sie Ihrer Mutter einen aufrichtigen Brief. Teilen Sie ihr Ihre Angst, Ihren Haß und sonstige Gefühle mit, die Sie heute noch empfinden.

Schreiben Sie ebenfalls Ihrem Vater einen Brief, schicken Sie diese Briefe aber bitte nicht ab. Heben Sie sie auf in einer liebevoll verpackten Dose.

In welcher Beziehung stehen Sie zu sich?
1. In welcher Beziehung stehen Sie zu Ihrer Umwelt?
2. In welcher Beziehung stehen Sie zu Ihrem Partner? (Wenn Sie keinen haben, warum nicht?)
3. In welcher Beziehung stehen Sie zu Ihrem Vater?
4. In welcher Beziehung stehen Sie zu Ihrer Mutter?
5. Wie verhalten sich Mitmenschen Ihnen gegenüber?

Übungen, um Kontakt zu den verschiedenen Teilen zu bekommen

Nehmen Sie sieben verschieden farbige Blätter, und schreiben Sie auf jedes Blatt eine Position:

1. Inneres Kind
2. Innerer Erwachsener
3. Verletztes Kind
4. Liebloser Erwachsener
5. Ego
6. Höheres Selbst und
7. Meta-Position (die Metaposition dient zum Ausruhen und um die Sachlage zu überblicken und evtl. mit Ressourcen zu versorgen).

Schaffen Sie sich eine entspannte Atmosphäre, in der Sie niemand stören kann.

Nun suchen Sie für die Blätter einen bestimmten Platz in Ihrer Wohnung und legen die Blätter auf den Boden. Gehen Sie auf die Metaposition und fragen Sie sich:
«In welche Position möchte ich zuerst gehen?» Lauschen Sie in sich hinein, und vielleicht kommt eine Antwort, von Ihrem Inneren Kind. Nun stellen Sie sich auf das Blatt des Inneren Kindes, schließen die Augen und sagen sich: «Ich nehme Kontakt auf mit meinem Inneren Kind. Was fühle ich? Bin ich einsam, alleine, verlassen, nicht geliebt oder fröhlich, lachend und spielend? Die Antwort kommt spontan und schnell. Zweifeln Sie nicht, nehmen Sie alles an, was kommt.

Dann fragen Sie weiter: «Was höre, rieche, sehe oder schmecke ich?» Gehen Sie alle Sinne durch, und fragen Sie zum Schluß: «Gibt es eine Botschaft für mich?» Achten Sie auf Ihre Gefühle, dann gehen Sie wieder zurück zur Metaposition und schreiben bitte alles auf.

Wenn in einer Position – z.B. beim verletzten Kind – viel Schmerz kommt, gehen Sie sofort wieder zurück zur Metaposition und fragen von hier aus: «Was kann ich meinem verletzten Kind geben, damit es sich besser fühlt?» Dann kommt vielleicht «Liebe und Wärme». Visualisieren Sie Liebe und Wärme von der Metaposition zu dem verletzten Kind in Form einer Kerze, einer Umarmung oder was ihnen sonst noch dazu einfällt. Gehen Sie wieder auf die Position des verletzten Kindes, und wenn Sie merken, es fühlt sich besser an, arbeiten Sie weiter.

Sie gehen nun alle Positionen in der gleichen Weise durch. Sie haben aufgeschrieben, wie sich alle Anteile anfühlen. Jetzt kommt die Operation: Welche Funktionen haben die einzelnen Teile?

Also das Inneres Kind hat die Funktion, zu lernen, zu spielen und seine Bedürfnisse an den Inneren Erwachsenen weiterzuleiten.

Der Innere Erwachsene hat die Funktion, die Verantwortung für das Innere Kind zu übernehmen, und die Aufgabe, die Bedürfnisse des Inneren Kindes auszuführen, zu handeln, auch wenn das Eis nur mit Ketchup schmeckt!

Das Höhere Selbst hat die Aufgabe, göttliche Informationen an den Inneren Erwachsenen weiterzuleiten.

Das verletzte Kind ist eine Fehlkonstruktion.

Der lieblose Erwachsene ist eine Fehlkonstruktion.

Und das Ego ist ebenfalls eine Fehlkonstruktion, die aus unseren negativen Erfahrungen entstanden ist, deshalb werden wir sie auch wieder entfernen.

Wollen Sie das Ego wirklich behalten? (Die meisten zerreißen es und schmeißen es in den Müll, oder es wird verbrannt.) Sie müssen jetzt anfangen, die Teile neu zu orientieren.

Wohin soll das verletzte Kind (meistens landet es unter dem Inneren Kind) – und der lieblose Erwachsene? Landet es unter dem Inneren Erwachsenen, bleiben Inneres Kind, Innerer Erwachsener und Höheres Selbst, aber wahrscheinlich liegen Sie weit auseinander. Sie müssen eng zusammen liegen. Intuitiv legen die meisten Klienten das Höhere Selbst über das Innere Kind und den Inneren Erwachsenen, der neben dem Inneren Kind liegt. So stimmt es wieder. So sind wir mit allem verbunden.

Auflösungs- und Verzeihungsritual

Jetzt ist es notwendig, all diesen Menschen, die uns verletzt haben, zu verzeihen. Auch diese hatten ihre Verletzungen und Wunden und konnten nicht anders. Es geht bei dieser Arbeit auch nicht um Schuldzuweisung, sondern um Verzeihen und Mitgefühl, daß auch sie nur aus Verletzung heraus so handeln konnten.

Nehmen Sie ein Blatt Papier und schreiben Sie:

«Ich gelobe vor diesen Zeugen, daß ich für den Rest meines Lebens alle Energiemuster, die mein Leben und meine Beziehungen behindert haben, hiermit auflöse und daß ich nun alle Ereignisse in meinem Leben und in meiner Partnerschaft als Ausdruck absoluter Liebe erlebe.

Für dieses Gelöbnis stehe ich mit meinem Leben ein, solange ich lebe.»

Schreiben Sie die Namen aller Menschen, die Ihnen Schmerz zugefügt haben auf.
(Denken Sie auch an die Lehrer, Partner usw.)
Ich verzeihe......................

Dann gehen Sie nach draußen und suchen einen schönen Platz, machen Sie vier Räucherstäbchen für jede Himmelsrichtung an und rufen Sie die Kräfte, wie in der ersten Stufe beschrieben. Jetzt zünden Sie das Papier an und sorgen dafür, daß es ganz verbrannt wird. Decken Sie die Stelle mit Erde zu, und legen Sie eine Blume darauf.

Foto: Freizeit Revue/J. Stork

Anrufung der Kräfte mit Hilfe von Rasseln: «Ich rufe die Kraft von Vater Himmel, Mutter Erde und den vier Himmelsrichtungen. Ich bitte um Schutz und Heilung für dieses Ritual.» Hintergrund: Kraftplatz in Baden-Baden.

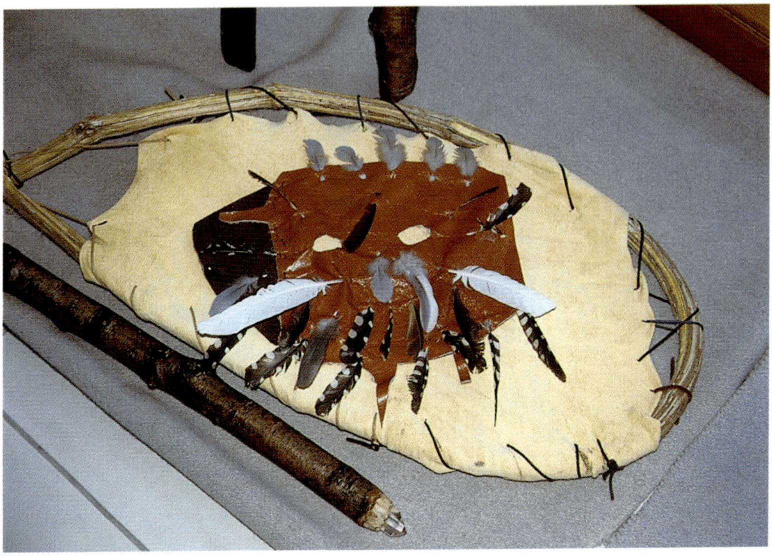

Foto: Hessel

Das Medizinschild wird von Schamanen selbst hergestellt. Es schützt vor negativen Energien. (oben)

Schamanenstöcke werden von Schamanen aus dem Wald geholt, verziert oder angemalt. Sie dienen als Kunstobjekte oder Kraftgegenstände. (unten)

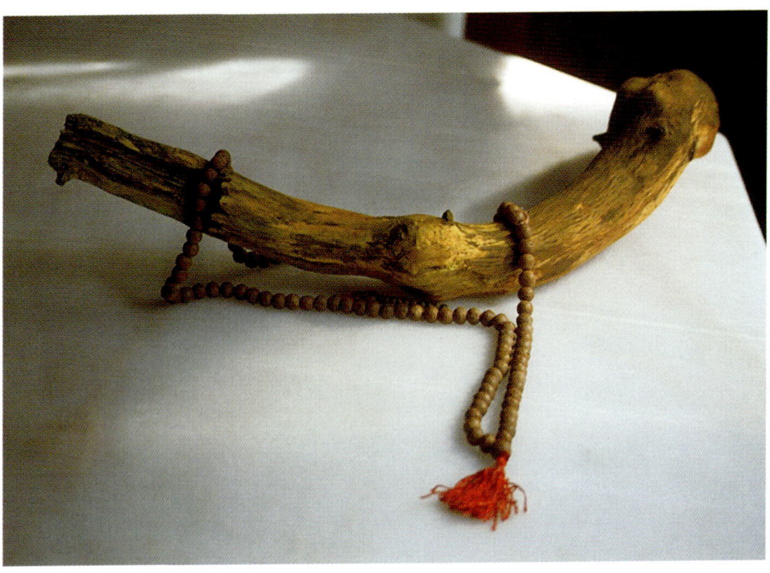

Foto: Hessel

Foto: Hessel

Indianisches Tipi. Innen befindet sich eine Feuerstelle, an der gegessen wird. Der Rauch kommt aus der oberen Öffnung. Das Tipi ist eine typische Heimstatt für die indianische Kultur. Hier war es unser Zentrum bei einer Visionssuche in den Bergen.

Foto: Hessel

Das Didgeridoo ist ein Instrument der australischen Ureinwohner. Hier wird in einer Höhle mit dem Didgeridoo Mutter Erde geehrt. (oben)

Die schamanische Trommel ist ein Instrument aus Sibirien. Mit ihrem monotonen Klang werden die Teilnehmer in Trance versetzt. (unten)

Foto: Hessel

ZUSAMMENFASSUNG

Wenn Sie eine Blockade im zweiten Chakra haben, dann unterstreichen Sie die Begriffe, bei denen Sie sich emotional angesprochen fühlen:

Überängstlichkeit, Übersensibilität, Schuldgefühle, Hemmungen, Frigidität, Impotenz, Ekel vor Körperlichkeit, Angst vor Nähe, übertriebenes Sauberkeitsbedürfnis, Höhenangst, Hemmungen und Spannungen gegenüber dem anderen Geschlecht, Unsicherheit seinen sexuellen Kräften gegenüber, übersteigerte sexuelle Phantasien, unterdrückte Triebhaftigkeit, übermäßige Konzentriertheit auf das Sexuelle, wenn die Befriedigung der eigenen sexuellen Bedürfnisse im Vordergrund steht, Fall- und Flugangst, Gefühle des Mangels an Zärtlichkeit und Zuwendung verbunden mit körperlicher Nähe, mürrisches Verhalten dem Partner gegenüber, obwohl Sehnsucht nach einer erfüllten, sexuellen Beziehung tief innen vorhanden ist, Mangel an Selbstwertgefühl, Gefühlskälte, das Leben erscheint farblos und macht keinen Spaß, vermindertes Körpergefühl, Begriffsstutzigkeit, Rhythmusstörungen (Tag und Nacht), Isoliertheit.

Physische Störungen drücken sich aus in:
Neigung zu Infektionskrankheiten, Hüftbeschwerden, Rückenleiden, Kreuzschmerzen, in gestörten Keimdrüsenfunktionen, den Fortpflanzungsorganen, Eierstöcken, Prostataleiden, allen Körperflüssigkeiten (Blut, Lymphe, Speichel, Galle, Harn usw.) sowie in den dazugehörigen Organen (Nieren und Blase).

HILFE ZUR SELBSTHILFE

Wie Sie sich selbst helfen können

1. Erkenntnis: Welches Problem habe ich im zweiten Chakra?
2. Einsicht: Ich habe ein Problem und möchte es loslassen.
3. Information: Welche Hilfen und Möglichkeiten gibt es?
4. Handlung: Ich setze alle Hilfsmittel ein, um mein Problem zu lösen.

DIE FARBE ORANGE

Die Farbe Orange steht für: Selbstsicherheit, Geselligkeit, Freundschaft, Enthusiasmus, Erziehung zum Leben, *Einlassen*, *Loslassen* von gestauten Gefühlen, *Bereinigung* von blockierten Gefühlen.

STEINE

Die Hüter der Steine sind unsere Freunde.

Karneol: Der Hüter des Wassers

Der Karneol ist orange und hat eine starke Verbindung zu Wasseradern. Mit einer Karneolrute können Sie sehr tiefe Wasseradern ausfindig machen. Dazu benötigen Sie einen Holzast, der eine Y-Form hat. An dessen Spitze befestigen Sie mit einem Lederband einen Karneol. Wenn Wasseradern vorhanden sind, zieht der Stein nach unten.

- Mit der Rute können Sie auch Adern umleiten oder abschirmen. Wenn mehrere Adern vorhanden sind, brauchen Sie zwei Ruten, um die Strahlung zu zerstreuen.
- Um Ihre Schlafstätte abzuschirmen, sollten Sie eine Karneol-Rute unter Ihr Bett legen.
- Körperlich hilft der Stein bei allen Krankheiten, die mit Wasser zu tun haben (Wasser in den Beinen, in der Blase und Nierenleiden) in diesem Fall tragen Sie den Karneol als Schmuckstück mit der Spitze nach unten.
- Wenn Sie einen Stein in der Nähe Ihres Gemüses hinlegen, bewahrt er dieses vor zu starkem Feuchtigkeitsverlust, das gleiche gilt für Brot.
- Der Stein hilft bei Beschwerden im Unterleib, der Verdauung und Erkrankung des Darms, er hilft, Giftstoffe besser auszuscheiden, entlastet Nieren, Leber und Gallenbereich, senkt zu hohen Blutdruck, fördert Blutreinigungsprozesse, lindert

asthmatische und rheumatische Beschwerden, hilft bei Augen- und Zahnerkrankungen.

- Er ist ein Kraftstein, der uns Vitalität gibt und *erdet. (Widder, Zwillinge, Jungfrau und Krebs).*[11] Legen Sie den Karneol auf das zweite Chakra, wenn Sie eine schamanische Reise machen.

AROMATHERAPIE

Die Aromatherapie kann uns bei Unstimmigkeiten und Gefühlsschwankungen helfen.

Geranie

versprüht Heiterkeit und Lebensfreude, vermittelt eine harmonische Atmosphäre und belebt die Kontaktfreudigkeit.

Heilwirkung: Sie wirkt gegen Depressionen, nervöse Spannungen, hilft bei Hautkrankheiten (Angst vor Nähe).

Neroli (Orangenblüte)

harmonisiert tiefliegende Ängste und schärft den Blick für das Wesentliche, schützend und stärkend.

Heilwirkung: Es ist gut gegen Hautentzündung, gegen Schlaflosigkeit und Ängste, Depressionen, wirkt erotisierend.

Petit Grain

ist erheiternd und entspannend, förderlich für Beziehungen.

Heilwirkung: Es ist hautpflegend, anregend, wirkt antidepressiv, hilft bei psychischen Störungen, Überlastungen, ist gut gegen Schlaflosigkeit und Streß.

Orange

vermittelt fröhliche Stimmung, stärkt Lebensmut und Lebensfreude.

Heilwirkung: Sie hat positive Auswirkungen für die Haut, eine straffende Wirkung und wirkt anregend.

Jasmin

Ein Hilfsmittel für spirituelle Entwicklung:
- Jasmin wird von zwei Devas umsorgt, einer männlichen und einer weiblichen.
- Er hebt die Trennung zwischen der körperlichen und der göttlichen Liebe auf.
- Er fördert den Kunstsinn und die Kreativität und die Sicht für die Schönheit, Musik usw. (Nicht in der Schwangerschaft anwenden!)

BACHBLÜTEN

Elm

Bei depressiven Stimmungen, weil man zu viel wollte und dieser Aufgabe nicht gewachsen war.

Larch

Bei Minderwertigkeitsgefühlen und fehlendem Vertrauen in die eigenen Fähigkeiten. Man braucht sich gar nicht mehr anzustrengen, weil Fehlschläge vorprogrammiert sind.

Oak

Kämpfertyp aus übersteigertem Pflichtgefühl, Festhalten, obwohl das Schiff schon abgefahren ist.

Pine

Der Pine-Zyp ist nie zufrieden mit sich selbst und meint, er müsse noch besser sein, was zu Selbstvorwürfen und Schuldgefühlen führt.

Star of Betlehem

Ein untröstlicher Typ, der durch einen Schock großes, seelisches Leid erfahren hat und nun mit dem Verlust nicht fertig werden kann.

Sweet Chestnut

Ein verzweifelter Typ, am Ende seiner Belastbarkeit angekommen, lebt er in düsterer Stimmung.

Willow

Ein verbitterter Typ, der vom Schicksal zu hart bestraft wurde und nun die Freude am Leben verloren hat.

Übersicht: Zweites Chakra

Themen: *Gefühle, Inneres Kind, Beziehungen, Lebenslust, Sinnlichkeit*

Farbe: *Orange*

Steine: *Karneol, oranger Achat, Topas*, Mondstein, Leopardenjaspis, Rhodochrosit, Perle

Düfte: Ylang-Ylang, Sandelholz, Bergamotte, Wacholder, Pfeffer, Cajeput, *Geranie, Neroli, Petit Grain, Orange*

Bachblüten: Heather, Cherry Plum, Holly, Walnut, Impatiens, Hornbeam, Glutian, *Elm, Oak, Pine, Star of Bethlehem, Sweet Chestnut, Willow*, Larch.

3. STUFE: MACHT

DAS MEDIZINRAD

Das Medizinrad ist ein Steinkreis aus 36 Steinen, die in einer bestimmten Weise angelegt werden und die Grundlage einer Zeremonie der indianischen Kultur bilden. Das Medizinrad hat eine machtvolle Energie, wenn wir bewußt damit umgehen. An diesem Ort sind die Naturkräfte bereit, mit uns zu kommunizieren.

Da wir nicht direkt mit den Naturkräften sprechen können, geben sie uns über das Medizinrad Zeichen und Hinweise, was wir in unserem Leben zu lernen haben. Das Medizinrad ist ein heiliger Raum, dem wir mit Respekt begegnen sollten. Hier haben wir die Möglichkeit, Medizinkräfte zu erhalten, mit denen wir uns, andere und die Umwelt heilen können. Sie können hier in Gemeinschaft mit Freunden Zeremonien abhalten.

Eine Zeremonie ist eine Möglichkeit für den Menschen, seine Energie zu sammeln und mit den Naturkräften in Verbindung zu treten, die sowohl der Menschheit, wie der ganzen Erde helfen könnte. Es gibt ca. 20.000 Visionen von Medizinrädern. Sie dienten den Ureinwohnern Amerikas zu vielen verschiedenen Zwecken: Sie waren zeremonielle Kulturzentren, astronomische Labors, Orte des Gebetes, der Meditation, sie dienten der inneren Verbindung mit der Natur und einem besseren Verständnis seiner selbst. Meist wurden sie an Kraftplätzen aufgebaut, wo die Energie der Erde besonders stark zu spüren war.

PRAXIS: HOLEN DER STEINE

Sie brauchen 36 Steine. Bevor Sie die Steine in der Natur suchen, wäre es von Vorteil, eine Meditation oder eine schamanische Reise einzulegen. Dann machen Sie eine Rauchreinigung und bitten die Naturkräfte, Ihnen die richtigen Steine mitzugeben, denn manchmal ist es für einen Stein gut, liegen zu bleiben. Machen Sie sich bewußt, daß die Steine schon viele Jahre dort liegen und mit den anderen Wesen stark verbunden sind. Sie wegzuholen ist eine Reise, die sie verwirrt. Spüren Sie sich also vorher genau in den Stein ein, und fragen Sie ihn, ob er mit Ihnen gehen will. Dann geben Sie ein Opfer, eine Haarsträhne, etwas Tabak oder Vogelfutter ab.

Sie können das Medizinrad in Ihrer Wohnung anlegen oder auch im Garten. Dazu gibt es ein sehr schönes Kinderbuch von Marielu Lörler: «Jacomo baut ein Medizinrad». Wenn Sie Kinder haben, bauen Sie zusammen mit Ihren Kindern ein Medizinrad.

DIE GESCHICHTE MEINES MEDIZINRADES

In meinem ersten Medizinradseminar wollte ich ein Medizinrad anlegen. Ich schickte die Teilnehmer los, um Steine zu holen. Der Seminarort lag genau zwischen einem männlichen und einem weiblichen Berg. Ich schickte die Teilnehmer auf den männlichen Berg. Wir legten die Steine in einer großen Zeremonie auf ihren Platz. In der Mitte, an Stelle des großen Geistes, spendete uns der Besitzer des Hofes, einen Eberschädel. Dann ließen wir die Steine ruhen. Sie waren ganz durcheinander und mußten sich an dem neuen Ort erst orientieren. In der Nacht bemerkten einige Teilnehmer, die noch draußen saßen, daß einige der Steine anfingen zu glühen. Am nächsten Morgen sahen wir auf der geistigen Ebene, daß die Centauren im Medizinrad saßen und darauf warteten, eingesetzt zu werden. Die Centauren sind zu einer Hälfte Tier und zur anderen Mensch. Sie sind ganz starke Heilkräfte, und man muß ihnen genau sagen, was sie zu tun haben, sonst können sie auch Unheil anstellen.

Ich begrüßte die Centauren und sagte ihnen, daß ich mich über sie freuen und ihnen viele Menschen zum Heilen bringen würde.

Gehen Sie also bewußt mit den Steinen um, auch wenn Sie nicht so an die mystischen Zusammenhänge glauben.

Für den Schöpferstein können Sie eine Kerze nehmen, ein Feuer, einen Tierschädel oder einen besonders schönen Stein.

PLATZ SUCHEN

Wenn Sie alle Steine geholt haben, dann reinigen Sie zuerst den Platz, den Sie dafür ausgesucht haben. (Sandelholz oder Zeder ist gut geeignet.)

LEGEN DER STEINE

Jetzt nehmen Sie jeden einzelnen Stein in die Hand, halten ihn in jede Himmelsrichtung und sprechen laut: «Ich rufe die Kraft des Ostens (Südens, Westens, Nordens)». Dann den Stein nach oben und unten halten und dabei sprechen: «Ich rufe die Kraft von Vater Himmel und Mutter Erde.» Jetzt legen Sie den Stein auf seine Position. (Dazu brauchen Sie den Legeplan.)

Die *Einheit* ist das Zentrum des Lebens. Sie ist Anfang und Ende, immer in Bewegung. Aus diesem Zentrum strahlt die Energie über das gesamte Medizinrad.

Nun legen Sie den Stein *Mutter Erde*. Sie ist das Wesen, das uns Heim und Leben schenkt.

Sie gehen jetzt immer im Uhrzeigersinn. Dann legen Sie den Stein: *Vater Sonne*. Er ist die Quelle von Wärme und Leben. Dann *Großmutter Mond*, die unsere Träume und Visionen leitet, gefolgt von den Elementen: *Erde*, *Wasser*, *Feuer* und *Luft*.

Diese acht Steine bilden den inneren Zirkel und lehren uns den Grundaufbau des Lebens.

Nun kommen die vier Ecksteine. Der äußere Zirkel. Es sind dies die vier Himmelsrichtungen: Der *Norden*, der *Osten*, der *Süden* und der *Westen*.

Dazwischen legen Sie die *12 Sternzeichen* im äußeren Zirkel. Sie stehen für die Monate, die das Jahr unterteilen.

Nun wird das Rad vollständig durch die *4 Wege der Seele*.

Sie stehen für die Eigenschaften, die uns aus dem Alltag in den heiligen Raum der Einheit führen.

Jetzt sind Sie fertig. Bedanken Sie sich bei den Steinen, und verabschieden Sie sich bitte. Die Steine müssen sich jetzt erst an den neuen Ort gewöhnen. Lassen Sie diesen Platz ein paar Tage ruhen.

DIE ARBEIT MIT DEM MEDIZINRAD

Um die Energie im Medizinrad zu wecken, brauchen Sie Lieder. Diese nennt man Chants und das Singen Chanten. Im Anhang befinden sich Angaben zu Medizinradkraftliedern. Sie können aber auch andere Lieder singen. Beim Singen nehmen Sie die Energie durch Ihren Körper auf, verstärken sie und senden sie zu all Ihren Verwandten (Pflanzen, Mineralien, Tieren, Menschenahnen) auf diesem Planeten. Den Gesang sollten Sie in Ihrem ganzen Körper spüren, nicht nur im Hals. Das *Chanten* löst eine Schwingung aus, die all Ihre Energiezentren berührt. Sie sollten dem Gesang Respekt entgegenbringen, indem Sie die Texte verstehen und lernen.

Dann brauchen Sie eine Trommel und eine Rassel (die Sie selbst herstellen können – Stufe fünf). Diese schlagen Sie im Herzrhythmus. Alle Beteiligten, das Medizinrad und sich selbst vorher bitte abräuchern.

Um die Energie zu wecken, gehen Sie grundsätzlich dreimal um das Medizinrad herum (immer im Uhrzeigersinn), dabei singen, trommeln, rasseln und tanzen Sie. (Wenn Sie nur ein kleines Medizinrad in Ihrer Wohnung haben, dann können Sie das gleiche auf der geistigen Ebene machen.) Ein Feuer oder eine Kerze in der Nähe wäre auch ganz schön. Nun können Sie mit der Medizinradarbeit anfangen.

1. RUNDE

Sie gehen zu dem Stein Ihrer Geburt (richtet sich nach Ihrem Geburtsdatum) und dem dazugehörenden Element. Setzen Sie sich links neben den Stein mit dem Gesicht zum äußeren Rand hin, und legen Sie Ihre Hände auf den Stein. Nun begrüßen Sie ihn und bedanken sich dafür, daß es Sie gibt. Legen Sie ein Opfer auf den Stein (Maismehl oder Tabak), und fragen Sie ihn, ob er eine wichtige Botschaft für Sie hat. Warten Sie eine Antwort ab. Bedanken Sie sich, und verlassen Sie das Medizinrad wieder im Uhrzeigersinn. (Wieder dreimal kreisen.) Bleiben Sie nie zu lange bei den Steinen, weil die Kräfte sehr stark sind.

2. RUNDE

Bei einer Meditation oder schamanischen Reise konzentrieren Sie sich geistig auf das Medizinrad. Schauen Sie die Bilder genau an, vielleicht begegnet Ihnen ein Tier oder ein bestimmter Stein, der eine Weile zu Ihnen kommen möchte, um Ihnen zu helfen. Wenn Sie wissen, welcher Stein Sie gerufen hat, gehen Sie zu ihm hin und machen die oben beschriebene Übung. Machen Sie sich jeweils Notizen, und führen Sie ein sogenanntes Medizinradlogbuch.

PFEIFENZEREMONIE

Sie können, wenn Sie mit mehreren Menschen zusammen sind, eine Friedenspfeife herumgehen lassen. Die Teilnehmer können dabei über ihre Gefühle reden. Dazu benötigt man einen Redestab (selbst herstellen, siehe Stufe fünf). Die Menschen sollen aussprechen, was sie auf dem Herzen haben, und ein Gebet, ein Gedicht oder ein Lied singen. Danach kann man auch feiern und ein Picknick um das Medizinrad gestalten.

ENERGIE SPÜREN

Legen Sie die Handflächen auf die Erde. Was spüren Sie? Bewegen Sie Ihre Handflächen in das Medizinrad. Was nehmen Sie wahr? Was hat sich verändert? Gehen Sie eine Runde in das Medizinrad. Was spüren Sie dort?

REISE-MEDIZINRAD

Ein *Reise-Medizinrad* können Sie mitnehmen, wenn Sie unterwegs sind. Ich habe beispielsweise ein Medizinrad aus Edelsteinen (Amethyste, Bergkristalle, Rosenquarze) immer dabei. Es intensiviert die Heilmethoden, die sonst noch angewendet werden. Sie können es am Kopf oder an den Füßen des Klienten hinlegen. Bitten Sie immer vorher um seelische Führung. Sie können damit auch in Katastrophengebiete Unterstützung senden. Im Flugzeug oder Auto können Sie es in Ihrer Hand halten, um sich zu schützen.

FEUER-MEDIZINRAD

Zur Auflösung des Alten und Einladung des Neuen. Schreiben Sie auf, was Sie gerne ein für allemal loswerden möchten. Gehen Sie dann zu dem Stein, von dem Sie denken, daß er Ihnen dabei helfen kann, und bringen Sie ihm ein Opfer. Nun schreiben Sie auf dasselbe Stück Papier, was Sie sich von Herzen wünschen. Singen Sie Chants, um das Feuer zu ehren. Bringen Sie dem Feuer ein Opfer in Form von Tabak. Bedanken Sie sich für die Reinigung und die Erneuerung. Nun werfen Sie Ihr Papier ins Feuer und beobachten, wie das Papier verbrennt und der Rauch zu den Geistern aufsteigt. Währenddessen sollten Sie in Form von Gedanken das Negative loslassen und sich für das Neue öffnen. Danach sollte ein neues Chant gefunden werden, um die Zeremonie abzuschließen.

MEDIZINRAD-ORAKEL

Wenn Sie einmal nicht wissen, was Sie im Moment lernen sollten, oder überhaupt irgendein Problem haben, dann fertigen Sie sich Karten mit 36 Zahlen an. Ziehen Sie sodann eine Karte mit der Frage: *«Was ist im Moment mein spiritueller Lernprozeß?»* Dann lesen Sie unter dem entsprechenden Stein nach, was Sie zu tun haben. Sie können auch andere Fragen stellen, z.B.: «Was soll ich in dieser oder jener Situation lernen?»

TRAUMRAD

Bevor Sie einschlafen, machen Sie geistig einen Gang um Ihr Medizinrad und bitten um klare Träume und Erkenntnisse. Sie können auch mit einem Stein in der Hand einschlafen. Bringen Sie ein Opfer dar, und sagen Sie dreimal laut: «Wenn ich wach werde, weiß ich genau, was ich geträumt habe.» Schreiben Sie bitte sofort alles auf, denn Sie werden es schnell wieder vergessen.

Wenn Sie noch intensiver mit den Krafttieren arbeiten wollen, dann besorgen Sie sich ein Orakelset von Sams Karson: «Karten der Kraft». Es gibt noch mehr Krafttiere, als hier aufgelistet. Ich habe nur einen Teilaspekt herausgenommen. Und wenn Sie sich noch intensiver mit dem Medizinrad beschäftigen möchten, dann kaufen Sie sich das Buch von Sun Bear: «Das Medizinradpraxisbuch».

DIE BEDEUTUNG DER STEINE

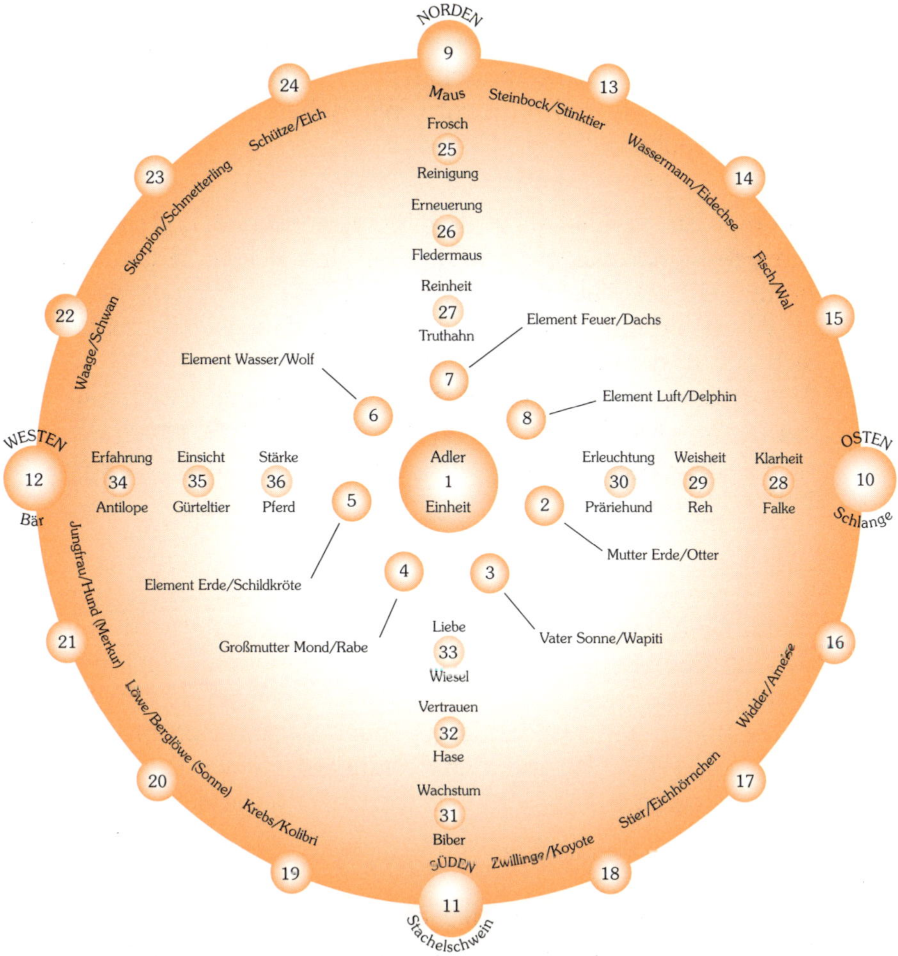

Das Medizinrad

1. *Einheit*

Krafttier: Der Adler – Geist

Dieser Stein lehrt uns, die Einheit zu erfahren.

Einheit bedeutet Einssein mit dem Göttlichen. Sai Baba sagte einmal: «Der Unterschied zwischen mir und dir ist, daß ich weiß, daß ich Gott bin und du nicht.» Wir haben Schwierigkeiten damit zu glauben, daß wir Gott sind.

Nehmen Sie Kontakt auf zu dem Stein der Einheit, und sagen Sie sich immer wieder: «Ich bin Gott. Ich lebe mein ganzes göttliches Potential.»

(Wenn Sie ein Problem damit haben, dann begeben Sie sich erst zu dem Stein des Vertrauens.)

Nun ist es an der Zeit, daß Sie sich einweihen. Bitten Sie den *Adler*, als Krafttier, Ihnen die nötige Unterstützung zu geben. Besorgen Sie sich eine Adlerfeder, denn sie ist ein heiliges Werkzeug.

Dieser Stein bedeutet *Gnade*. Sie bekommen etwas geschenkt. Sie haben lange genug an sich gearbeitet und dürfen jetzt genießen. Sie haben Ihre Niederlagen erlebt und durchkämpft.

Sie sind die fünfzig Schritte gegangen, jetzt dürfen Sie darauf hoffen, daß der Kosmos den Rest für Sie erledigt. Der *Adler* hat den Überblick und eine enge Verbindung mit dem großen Geist.

Fliegen Sie wie der Adler, fliegen Sie so hoch Sie können, lassen Sie Ihre Ängste los und erfahren Sie die Einheit. Steigen Sie aus Ihren weltlichen Problemen und aus Ihrem Alltagstrott aus. Fliegen Sie in die Freiheit, lösen Sie alles auf, was Sie daran hindert, glücklich zu sein. Machen Sie eine Liste von all den Dingen, die sie am Fliegen hindern.

Machen Sie eine schamanische Reise zum Adler und bitten ihn um eine Einweihung.

Als ich einmal hoch in den Bergen eine Schwitzhütte durchführen sollte, überkam mich die Angst. Ich bat um Hilfe und ein Zeichen, mein Gefühl sagte mir, lieber alles abzusagen. Da sah ich am Himmel vier Adler über mir kreisen. Ich verstand die Botschaft und führte das Schwitzhütten-Ritual durch. Es war für alle ein wunderbares Erlebnis.

Dieser Stein gibt Hilfe und Heilung bei allen Problemen.

Edelstein: Bergkristalldruse

2. Mutter Erde

Krafttier: Der Otter – Weibliche Medizin

Dieser Stein lehrt uns, mit unserer weiblichen Macht in Verbindung zu treten.

Mutter Erde bedeutet Fruchtbarkeit, Empfangen, Muttergefühle, nährende und weibliche Energie. Weibliche Energie ist stark, intuitiv und empfänglich.

Die meisten gescheiten Männer hören auf ihre Frauen, lassen sich lenken und leiten von der weiblichen Intuition.

Nehmen Sie Kontakt auf mit dem *Otter*, denn dieser steht für weibliche Kraft, Verspieltheit, Fürsorge und Neugier.

Otter sind sehr treu. Wenn ein Otter stirbt, trauert sein Partner lange. Sie haben ein reges und herzliches Familienleben, und beide Elternteile beteiligen sich an der Aufzucht der Jungen.

Machen Sie sich Notizen darüber, wie Sie Ihre weibliche Seite leben. Wie verdrängen Sie diesen Teil? Was machen Sie, um nicht in Kontakt mit Ihren Gefühlen zu kommen?

Themen, die zu bearbeiten sind: Kontrolle, Eifersucht, Zickigkeit, Gefühllosigkeit, Sorgen, Ernsthaftigkeit, zu viel männliche Energie.

Aufgabe: Versuchen Sie, spontan jemanden zu umarmen! Achten Sie auf Geschenke, die Sie gar nicht wahrnehmen.

Haben Sie Kinder, und wie kümmern Sie sich um diese Kinder? Und wenn Sie keine Kinder haben, warum nicht? Haben Sie dann vielleicht «geistige Kinder»?

Dieser Stein bringt Hilfe und Heilung bei: Angst, Vorbereitung zur Elternschaft, Gefühl der Hoffnungslosigkeit, Problemen von Mutter Erde, Trauer über die Erde, Wunsch nach Erdverbundenheit, Mangel an Fürsorge, Geistesabwesenheit, Haß gegen Frauen und Männer, Hingabe, Kälte, Liebe zur Menschheit, zu starker Männlichkeit, Mangel an Mütterlichkeit, Suche nach Partnern, Wunsch nach Ruhe, Wunsch nach Sanftheit, Suche nach Schutz, Mangel an Stabilität, Stärkung des Umweltbewußtseins, Unfruchtbarkeit, Verbindung zu anderen Menschen, Suche nach Visionen, Bedürfnis nach Weiblichkeit und bei Willensschwäche.

Edelstein: Rhodonit

3. Vater Sonne

Krafttier: Der Wapiti – Ausdauer

Dieser Stein lehrt uns, mit Energie richtig umzugehen.

Vater Sonne bedeutet männliches, aktives Prinzip, Macht, Handeln, Denken, Wachstum, Klarheit, Grenzen setzen, *nein* sagen, Wärme und Energie.

Nehmen Sie Kontakt auf zum *Wapiti*, denn er steht für Ausdauer und Energie.

Die Wapitikraft lehrt uns Durchhaltevermögen. Auch wenn die Sterne mal nicht so gut stehen, wenn wir in einem Tief sitzen, lehrt uns der Wapiti durchzuhalten, die Niederlagen anzunehmen und daraus zu lernen. Das heißt, auch die Dinge zu Ende zu führen, die man angefangen hat.

Bei Vater Sonne ist die Kriegerenergie angesagt, zu kämpfen und nicht zu flüchten.

Wenn Sie sich in einer kritischen Lage befinden, dann treten Sie die Flucht nach vorne an.

Vater Sonne bedeutet auch Austausch von Energien, besonders unter den Geschlechtsgenossen. Leider stehen wir alle unter einem unglaublichen Konkurrenzkampf, der uns nicht wachsen läßt. Mobbing ist kein Fremdwort mehr. Es gibt kein Miteinander, sondern nur noch ein Gegeneinander.

Wenn Sie sich energielos fühlen, dann überprüfen Sie Ihren Vitaminhaushalt. Thema: *Erdung*.

Machen Sie eine schamanische Reise zum Wapiti, und bitten Sie ihn, er möge Sie zu Ihrer männlichen Energie zurückführen.

Dieser Stein bringt Hilfe und Heilung bei: zu starker Weiblichkeit, Selbstkontrolle, Suche nach Partnern, Männlichkeit verstehen, mangelnder Leistung, Kritiklosigkeit, Kälte, Haß gegen Männer, Überwindung von Feigheit, Engherzigkeit, Mangel an Energie, mangelndem Ehrgeiz und fehlender Disziplin, Angst vor Atomenergie.

Edelstein: Goldtopas/Pyrit (Sonne)

4. Großmutter Mond

Krafttier: Der Rabe – Magie

Dieser Stein lehrt uns, mit unserer magischen Seite in Kontakt zu kommen.

Großmutter Mond bedeutet Zugang zu den unbewußten Kräften: Magie, Zauber, Schatten.

Nicht umsonst erhöht sich die Kriminalität bei Vollmond. Alkoholiker trinken mehr. Frauen sind aggressiv und depressiv durch die Regel, die sie im Normalfall bei Vollmond haben. Die Menschen schlafen schlecht durch die starke Mondenergie. Kinder sind quengelig und unruhig. Menschen, die latent aggressiv sind, neigen zu emotionalen Ausbrüchen und Tätlichkeiten. Kurz gesagt, alles Dunkle in uns will an die Oberfläche. Bei Vollmond erhöht sich die Geburtenrate, viele psychisch Kranke drehen durch und die Ängste werden stärker. Das Negative, das wir sonst so schön verdrängen können, kommt hier an die Oberfläche.

Nehmen Sie bei Vollmond Kontakt zu Großmutter Mond auf. Als Schamane müssen Sie sich jetzt sowieso mit den Mondzeiten befassen. Sie müssen wissen, wann Voll- und Neumond ist, und diese Kräfte bewußt einsetzen. Wenn Sie auf sich achten, werden Sie bemerken, daß Ihre geistigen Kräfte wacher sind als sonst.

Zuerst räuchern Sie sich und Ihre Umgebung. Am besten Sie gehen an Ihren Lieblingsplatz in der Natur. Nehmen Sie Ihren Lieblingsstein mit, den Sie in dieser Zeit mit Mondenergie aufladen können. Schauen Sie Großmutter Mond lange an, bedanken Sie sich dafür, daß es Sie gibt, und nun bitten Sie sie darum, Ihnen behilflich zu sein, um den Zugang zu Ihrem Schatten zu finden, damit Sie das volle Potential Ihrer Kräfte nutzen können. Achten Sie auf die Geräusche in Ihrer Umgebung. Rufen Sie jetzt den *Raben* zur Unterstützung. Der Rabe steht für machtvolle Magie und Bewußtseinsveränderung. Heilung kann nur stattfinden, wenn der Verstand losgelassen wird.

Wenn Sie anderen Menschen Unheil gewünscht haben, so machen Sie sich bewußt, das alles zurückkommt. Es kann auch sein, daß andere Menschen ihre negative Energie auf Sie gerichtet haben, dann brauchen Sie den Raben, um sich zu schützen. Transformieren Sie die negative Energie in Liebe, und bitten Sie den Raben, diese Energie dorthin zurückzubringen, von wo sie gekommen ist. Der Rabe ist Kurier für geistige Botschaften.

Themen, die zu bearbeiten sind: Beschäftigen Sie sich noch einmal ausführlich mit der Ebene der *Erdung* und der Schattenanteile. Hier gibt es noch etwas aufzuarbeiten. Räuchern Sie sich viel, um Ihr Energiefeld zu reinigen.

Dieser Stein bringt Hilfe und Heilung bei: Angst vor Aufregung, Ausweglosigkeit, Angst vor Beziehungen, Erforschung tiefer Emotionen, unterdrückten Emotionen, Erforschung von Geheimnissen, Haß gegen Frauen, Haß gegen Männer, Hingabe, Wunsch nach Initiation, Furcht vor Intimität, intuitiven Fähigkeiten, Kopflastigkeit, übermäßiger Logik, zu starker Männlichkeit, Suche nach Partnern, Wunsch nach Sanftheit, Untersuchung der Schattenseiten, Wunsch nach Sensibilität, Sexualität, Sinnlichkeit, Spannungen, besseren Träumen, Überarbeitung, übersinnlichen Fähigkeiten, Unfruchtbarkeit, Suche nach Visionen, Suche nach der Wahrheit.

Edelstein: Mondstein/Opal

DIE ELEMENTE

Das sind die Kräfte, die uns vom großen Geist mitgegeben wurden. Hier können wir sie annehmen und in den Dienst der gesamten Menschheit stellen. Die 4 Elemente im menschlichen Körper aus indianischer Sicht:

Feuer: Das ist Hitze, Seele, Kraft, Gewalt, Jähzorn und verzehrende Liebe. Also ist Feuer auch in uns.

Wasser: Daraus bestehen wir zu 90%. Wir haben Blut, Tränen, Speichel und Lymphe. Wasser symbolisiert die unergründlich tiefen und unerschütterlichen Gefühle.

Erde: Zu Erde werden unsere Haut und Knochen, die jetzt aber im Verbund mit den anderen Elementen im Körper aktiv leben.

Luft: Sie hält in den Lungen unseren Körper am Leben.

Diese vier Elemente müssen nach indianischer Sicht in unserem Körper so ausgeglichen wie in der Natur vorhanden sein.

Unser Körper ist der Tempel unseres Geistes. Ihn psychisch wie physisch in Harmonie und Bewegung zu halten, ist als Basis für Rituale und für spirituelle Arbeit wichtig. Den eigenen Körper als Tempel zu sehen, heißt nach indianischer Sicht, auch durch depressive Phasen zu gehen, seine schlechten Momente kennenzulernen, denn wir müssen beide Seiten in uns gleich gut kennen, um harmonisch zu sein. Nur wenn wir es wagen, unsere Depressionen anzusehen, sie kennenzulernen, können wir langsam damit umgehen.

Der Geist ist die Energiequelle, der Körper nur eine Batterie, der sich an der Energiequelle auflädt. Wenn wir lernen, mit all den Energiekräften des Geistes umzugehen, indem wir sie konzentrieren und in Kontakt mit der Natur bleiben, werden wir auch hinsichtlich der irdischen Lebensbatterie stärker. Der Dialog mit der Natur ist nur bei respektvollem Umgang möglich.

5. Die Erde

Dazu gehören: 22.12-19.1. Steinbock – Erkenntnis
20.4-20.5. Stier – Besitz
23.8.-22.9. Jungfrau – Dienen
Krafttier: Die Schildkröte – Mutter Erde

Dieser Stein des Medizinrades lehrt uns, mit beiden Beinen auf dem Boden zu bleiben.

Legen Sie sich in der Natur auf die Erde, und nehmen Sie Kontakt auf mit der *Schildkröte*. Sie symbolisiert Langsamkeit und Vorsicht oder Umsicht und Stabilität (sie hat einen dicken Panzer). Ihre besondere Kraft allerdings liegt in der Langsamkeit.

Zum Erden gehört auch, daß Sie einmal losgehen, sich in eine Kneipe setzen und Weizenbier trinken. Das sollten Sie vor allem immer dann machen, wenn Sie sich zuviel mit spirituellen Dingen befaßt haben. Das bringt Sie wieder zurück in den Körper.

Trommelmusik gehört auch zum Erden. Legen Sie eine CD ein, und stampfen Sie mal so richtig mit den Füßen auf.

Sehr heilsam ist es auch, in der Erde zu buddeln, so wie Kinder es tun. Es gibt für Kinder nichts Schöneres, als in Matsch herumzulaufen. Fangen Sie an zu pflanzen, wenn Sie einen Garten haben. Pflegen Sie ein Samenkorn, bis es zu einer Pflanze herangewachsen ist. So wie eine Mutter ihre Kinder versorgt. Und dann stellen Sie sich vor, wie dieses Samenkorn in Ihnen anfängt zu wachsen – ein neues Bewußtsein, eine Geburt. Und wenn Sie es geschafft haben, dann können Sie Ihren alten Teil der Erde übergeben; vergraben Sie rituell den Teil von Ihnen, den Sie nicht mehr brauchen.

Aus der Erde sind wir geboren, und in der Erde lassen wir unseren toten Körper zurück. Wir befinden uns in einem Kreislauf von Geben und Nehmen, in einem natürlichen Energieaustausch. Das Laub verwest und wird wieder Nahrung für neues Leben. Wenn wir nicht geben, können wir auch nichts bekommen. Oder wenn wir zuviel haben und damit nicht richtig umgehen können.

Wie stehen Sie im Energieaustausch mit Mutter Erde? Wie gehen Sie mit Ihrem Haushalt um?

Die Schildkröte steht auch für Schutz, weil sie einen dicken Panzer trägt. Betrachten Sie Ihre Lage mit mütterlichem Schutz. Wenn Sie angegriffen werden, dann ziehen Sie sich in den Panzer zurück, schützen Sie Ihre Gefühle und schützen Sie sich vor dem Unbewußten anderer.

Dieser Stein bringt Hilfe und Heilung: Wenn Sie sich zu abgehoben fühlen, wenn Sie den Boden unter den Füßen verloren haben, wenn Sie nie Zeit haben, sich immer in Hast befinden, wenn Sie leichtsinnig geworden sind, wenn Sie sich ein Kind wünschen oder in Geldnot sind.

Edelstein: Leopardenjaspis

6. Das Wasser

Dazu gehören: 19.2.-20.3. Fisch – Vollendung
21.6.-22.7. Krebs – Wahrnehmung
24.10.-21.11. Skorpion – Transformation
Krafttier: Der Wolf – Lehrer

Dieser Stein lehrt uns, im Fluß zu sein.

Das Wasser fließt. Energie fließt auch. Ich kann im Wasser ertrinken oder mitschwimmen. Das Wasser fließt immer stromabwärts. Wenn ich will, kann ich auch stromaufwärts schwimmen, aber das kostet viel Energie. Das Wasser kann bei großer Kälte zu Eis werden. So können auch unsere Gefühle gefrieren, wenn wir die Lebensenergie nicht durch uns hindurch fließen lassen. Wasser kann kochen. Auch wir können kochen vor Wut, wenn wir unsere Emotionen nicht im Fluß halten, wenn es einen Gefühlsstau gibt, der uns sozusagen überlaufen läßt.

Nehmen Sie Kontakt auf zum Wolf, denn der Wolf hat die Medizinkraft des Lehrers.

So wie das Kind die ersten Lehrer braucht, nämlich die Eltern, brauchen wir meistens einen Lehrer, um die richtigen Entscheidungen zu treffen. Das kann ein spiritueller Lehrer auf der Geistebene sein oder Bücher oder ein innerer Lehrer. Arbeiten Sie noch einmal gründlich das im Kapitel *Inneres Kind* Besprochene durch.

Machen Sie eine schamanische Reise zum Wolf, und bitten Sie ihn, Ihnen zu zeigen, wer jetzt zur Zeit Ihr Lehrer sein soll und was Sie jetzt zu lernen haben.

Dieser Stein bringt Hilfe und Heilung: Wenn Sie Schwierigkeiten haben, Ihre Gefühle auszudrücken, wenn Ihre Energie nicht mehr fließt, wenn Ihre Lebendigkeit erstarrt ist.

Edelstein: Malachit

7. Das Feuer

Dazu gehören: 21.3.-19.4. Widder – Sein
23.7.-22.8. Löwe – Erfahrung
22.11.-21.12. Schütze – Theorie/Führung
Krafttier: Der Dachs – Angriffslust

Dieser Stein lehrt uns, die Entscheidung zu treffen, ob wir brennen wollen oder uns verbrennen lassen.

Das Feuer bedeutet Vitalität, Impulsivität, Hitze, Intensität, dominantes Verhalten, Stärke, Macht. Feuer kann wärmen, aber auch alles zerstören. Hier die Waage zu halten, ist die Schwierigkeit. Hier müssen Sie sich entscheiden zwischen Zerstören und Heilen.

Wo und was zerstören Sie? Wo wenden Sie zuviel Feuer an, und wo verhalten Sie sich zu defensiv? Wenn Sie kein Feuer besitzen, dann nehmen Sie Kontakt auf mit dem *Dachs*. Er bedeutet *Angriff*.

Der Dachs kämpft für das, was er will. Er handelt schnell und gibt seine Macht nicht ab. Dachskraft tritt die Flucht nach vorne an. Feuer ist männliche Kraft.

Die meisten Frauen haben zuwenig Feuer. Sie verlassen sich auf ihre Männer, ordnen sich unter, lassen sich alles gefallen oder leben ihr Feuer aggressiv, verletzend, hysterisch, neurotisch, weil sie sich zu spät oder überhaupt nicht durchsetzen.

Feuer bedeutet auch Wärme. Wir alle sehnen uns nach einer glücklichen Beziehung. Nach einem wärmenden Kamin.

Wenn Sie sich leer und beziehungslos fühlen, was können Sie tun, um Ihr inneres Licht anzuzünden? Das innere Licht ist der göttliche Anteil in uns. Wenn Sie kein Licht in sich tragen, haben Sie Ihre Spiritualität vergessen. Zünden Sie eine Kerze an, und beten Sie.

Wenn Sie sich einen Partner wünschen und es gelingt nicht, dann setzen Sie die Dachskraft ein. Machen Sie sich einen Plan, der Partner kommt nicht vom Himmel geflogen. Setzen Sie Anzeigen auf, oder bewerben Sie sich auf gutgemeinte Anzeigen. Laden Sie Freunde ein, und tun Sie alles, um einen Partner zu finden. Die Spirits können uns nicht helfen, wenn wir faul auf der Haut liegen und alles dem Zufall überlassen, einfach die Verantwortung abschieben oder resignieren. Greifen Sie an und ein!

Themen, die zu bearbeiten sind:
Haben Sie zu früh aufgegeben, Ihre Ziele durchzusetzen? Waren Ihre Anstrengungen groß genug? Beseitigen Sie alle Hindernisse, die nichts bringen! Nutzen Sie Ihre Wut richtig. Benutzen Sie Ihre Wut dort, wo sie hingehört. Werden Sie sofort wütend, schreien Sie Ihren Partner ruhig einmal an, wenn Ihnen danach ist. Das klärt die Situation und bringt reine Luft. Das ist besser, als alle Probleme in sich hineinzufressen.

Feuerzeremonie
«Das Feuer ist schon seit langer Zeit eine mächtige Kraft, um negative Energien und Gewohnheiten zu tilgen und neuen positiven Raum zu geben. Indem man ein Gebet dem Feuer übergibt, wird es sofort freigesetzt durch den Rauch, der sich zu dem Geist hinaufkringelt. Rauch bewegt sich schnell von der physischen Ebene zur geistigen Welt.»[1]

Räucherreinigung und Kräfte rufen

Machen Sie ein kleines Feuer, wenn möglich an einer schon vorhandenen Feuerstelle. (Es gibt offizielle Grillplätze in den Wäldern, um die Umwelt zu schonen.) Schreiben Sie auf einen Zettel, was Sie loswerden möchten, z.B.: «Ich möchte mich aus meiner negativen Beziehung befreien.» «Ich möchte meine Krankheit loswerden» usw. Auf dasselbe Papier schreiben Sie dann auch, was Sie gerne einladen möchten, z.B.: «Ich hätte gerne mehr Geld, einen liebevollen Partner» usw. Singen Sie ein paar Lieder für den großen Geist, werfen Sie das Papier in das Feuer und beobachten Sie, wie der Rauch zu den Geistern aufsteigt. Meditieren Sie noch so lange am Feuer, bis es wirklich aus ist. Bedanken Sie sich, und verabschieden Sie sich bei den Naturkräften.

Dieser Stein bringt Hilfe und Heilung bei: zu starker Zurückhaltung, zuviel Einheit, Traurigkeit, zuviel Stabilität, Selbstmitleid, Suche nach Schutz, Resignation, Mangel an Motivation, Martyrium, Machtlosigkeit, Kennenlernen der Macht, mangelnde Leistung, Mangel an Inspiration, Mangel an Intensität, Mangel an Leidenschaft, Furchtlosigkeit, Angst vor Führung, Erschöpfung, Entschlußlosigkeit, Mangel an Energie, Egoismus, Depression, zu wenig Courage, übertriebener Bescheidenheit, Mangel an Ausstrahlung und Antriebsschwäche.

Edelstein: Feueropal

8. Die Luft

Dazu gehören: 20.1.-28.2. Wassermann – Vision
21.5.-20.6. Zwillinge – Kommunikation
23.9.-23.10. Waage – Harmonie
Krafttier: Der Delphin – Lebenskraft

Dieser Stein lehrt uns, mit der geistigen Welt in Kontakt zu treten.

Manche Menschen sind wie ein Blatt im Wind. Sie lassen sich hier und dorthin wehen und sind selbst überrascht, wo sie landen. Sie versuchen dann, mit der jeweiligen Situation fertigzuwerden, können aber ihr Leben nicht selbst bestimmen. So sind sie auch in ihren Meinungen. Heute denken sie so und morgen wieder anders. Erst behaupten sie das Eine und dann wieder etwas ganz anderes. Mit diesen Menschen ist keine Verabredung möglich, weil sie zwischenzeitlich schon wieder ihre Meinung geändert haben. Oder sie haben einfach vergessen, daß jemand wartet, weil sie sich gehenlassen. Sie wollen keine Verantwortung für sich und ihr Leben übernehmen. Luft bedeutet Atmen.

Nehmen Sie Kontakt auf zum *Delphin*, denn er steht für Lebensatem.

Er lehrt uns, wie wir unsere Gefühle durch Atmen reinigen können. Sie kennen sicher das Gefühl von Kurzatmigkeit. Wenn ich größeren psychischen Belastungen ausgesetzt bin, atme ich automatisch nicht mehr durch, sondern nur noch flach. Meistens merke ich es gar nicht, aber der Körper bekommt nicht mehr genug Sauerstoff und die Organe werden nicht genügend versorgt, Streßhormone werden ausgeschüttet. Hier lehrt der Delphin, tief durchzuatmen. Er schwimmt und atmet, bevor er unter Wasser geht, dann hält er den Atem solange an, bis er wieder auftaucht. Das sollten wir auch tun, wenn wir angespannt sind. Tief in den Bauch einatmen, kurz anhalten und wieder langsam ausatmen. Damit atmen Sie ein paarmal am Tag Lebenskraft ein! Machen Sie das besonders oft in Angstsituationen und wenn Sie psychischem Streß ausgesetzt sind.

Laufen oder joggen Sie sich frei. Der Körper wird gründlich mit Sauerstoff versorgt, es findet eine bessere Durchblutung statt.

Dieser Stein gibt Ihnen Hilfe und Heilung bei: festgefahrenen Strukturen, Borniertheit, Mangel an Visionen, zu starker Zurückhaltung, zuviel Verantwortung, zuviel Stabilität, Unfähigkeit zum Spiel, Selbstmitleid, Schwerfälligkeit, Reizbarkeit, übermäßiger Ordnung, Martyrium, Wunsch nach Leichtigkeit, Erhöhung der Kreativität, Arbeit mit dem Inneren Kind, Humorlosigkeit, Streben nach Harmonie, Erschöpfung, zu großer Entscheidungsfreudigkeit, Ausweglosigkeit.

Edelstein: Aquamarin

DIE VIER HIMMELSRICHTUNGEN

Die vier Himmelsrichtungen sind die vier Ecksteine. Wenn Sie um das Medizinrad reisen, brauchen Sie die Hüter der Himmelsrichtungen, die für Sie verantwortlich sind. Die Himmelsrichtung verleiht Ihnen die Fähigkeit, mit Ihren Talenten auf eine Weise zu arbeiten, die Ihnen und der Erde ein besseres Gleichgewicht bringen.

9. Der Norden

Dazu gehören: 22.12.-19.1. Steinbock – Erkenntnis
20.1.-18.2. Wassermann – Vision
19.2.-20.3. Fisch – Vollendung
Krafttier: Die Maus – Genauigkeit

Dieser Stein lehrt uns Klarheit, Männlichkeit und rationales Denken.

Je länger die Zeiten werden, in denen der Verstand sehr aktiv ist, um so mehr entfernen wir uns von unserem Körper. Deswegen sollten kopflastige Menschen zum Ausgleich sehr viel Sport betreiben. Beim Sport wird der Körper gefordert und der Verstand kann abschalten.

Machen Sie sich einen Tagesplan. Dann unterteilen Sie ihn nach geistiger und körperlicher Arbeit. Welche Seite überwiegt? Verschaffen Sie sich einen Ausgleich. Wenn unter der Rubrik «geistig» zuviele Punkte stehen, dann auf ins Fitneßstudio. Wenn unter körperlich zu viel Punkte stehen, dann ab in die Abendschule! Sie tragen die Verantwortung für Ihre Unzufriedenheit.

Rufen Sie die *Maus* zu Hilfe. Sie steht für Genauigkeit.

Es sind nur Ausreden, etwas nicht zu tun oder sich nicht weiterentwickeln zu wollen. Die Maus sortiert, kategorisiert und ordnet alles ein (wie ein Beamter). Die Gefahr dabei ist, in diesen Strukturen steckenzubleiben. Ein Mensch, der ein Leben lang Beamter ist, braucht sich um seine Zukunft keine Sorgen zu machen, aber er hat auch sehr wenig Lebenserfahrung.

Sortieren und alles aufheben kann auch eine Neurose werden. Ich kenne jemanden, der alles aufbewahrt, jeden Nagel, sein Haus sieht aus wie eine Müllhalde. Jedes Zimmer ist belegt mit unzähligen, überflüssigen Dingen. Der Tisch, an dem eigentlich Gäste bewirtet werden könnten, liegt voll mit Papieren und Bürokram. Natürlich werden auch schon lange keine Gäste mehr eingeladen, denn dann müßte er ja den Tisch frei räumen. Überall unerledigter Kram. Das Schlimme ist: Dieser Mensch merkt es nicht mehr. Alle Ecken auszufüllen, ist ein Zeichen von Innerer Leere. Besonders unausgefüllte Frauen können das gut, in jede Ecke steht Kitsch und Kram herum, Plastikblumen und unnützes Zeug, und es wird immer noch mehr gekauft. Wenn ich eine Wohnung betrete, weiß ich sehr schnell, wie ein Mensch ist. Ob er mit sich aufgeräumt hat, ob er in seinem eigenen Chaos lebt oder sich leer und einsam fühlt.

Wie sieht Ihre Wohnung aus? Wo gibt es Ecken, die unaufgeräumt sind? Wo müssen Sie bei sich noch geistig aufräumen? Wenn Sie zu ordentlich sind, dann müssen Sie lernen, auch mal etwas liegen zu lassen, dann müssen Sie Flexibilität in Ihr Leben lassen, sonst machen Sie keine Erfahrungen.

Laden Sie die Maus ein, und betrachten Sie Ihr Zuhause mit Genauigkeit.

Dieser Stein gibt Hilfe und Heilung bei: Mangel an Bescheidenheit, Mangel an Disziplin, übermäßiger Emotionalität, körperlicher Heilung, Kopflastigkeit, Verlust von körperlichen Fähigkeiten, Kennenlernen von Macht, Machtlosigkeit, Mangel an Wissen, Selbstsucht, Selbstzweifel, übersinnlichen Fähigkeiten, Verbindung von Geist und Körper, Verwirrung, Widersprüchlichkeiten.

Edelstein: Rauchquarz

10. Der Osten

Dazu gehören: 21.3.-19.4. Widder – Sein
20.4.-20.5. Stier – Besitz
21.5.-20.6. Zwillinge – Kommunikation
Krafttier: Schlange – Transformation

Dieser Stein lehrt uns Spiritualität, Erleuchtung und Transformation.

Rufen Sie die Kraft der *Schlange*, denn sie bedeutet Transformation.

Die Indianer sagen, daß der Schlangenbiß im Falle des Überlebens eine Transformationswirkung habe. Bei uns gibt es kaum Schlangen, weswegen wir auch wahrscheinlich weniger spirituell sind.

Indien liegt Richtung Osten. Es gibt dort viele Heilige, Gurus und Avatare.

Der ganze schamanische Prozeß ist wie eine ständige Häutung. Immer wieder stirbt etwas Altes ab und etwas Neues beginnt. Wir haben ständig zu lernen. *«Durch die Verwandlung der Schlangenkraft entstehen Weisheit, Verstehen, Ganzheit und Verbindung mit dem großen Geist.»*[2]

Welchen geistigen Bereich gibt es bei Ihnen zu verwandeln? Neid, Wut, Angst, Habsucht, Habenwollen um jeden Preis, Besitzen, Aggressionen, Depressionen usw.? Hinter all diesen Begriffen steht eine Menge Energie, die es zu transformieren gilt. Streifen Sie Ihre alte Identität ab, und lassen Sie sich von der Schlange beißen.

Dieser Stein gibt Hilfe und Heilung bei: Ausweglosigkeit, Depression, Bedürfnis nach Energie, Mangel an Energie, geistiger Heilung, Mangel an Kreativität, Kritiksucht, Lethargie, Bedürfnis nach Neuanfang, Pessimismus, Resignation, getrübter Vision, Suche nach der Wahrheit, Weisheit, Wiedergeburt, Wortfindungsstörungen.

Edelstein: Citrin

11. Der Süden

Dazu gehören: 21.6.-22.7. Krebs – Wahrnehmung
23.6.-22.8. Löwe – Erfahrung
23.8.-22.9. Jungfrau – Dienen
Krafttier: Das Stachelschwein – Unschuld

Dieser Stein lehrt uns, in die Gefühle zu kommen und Kontakt zu unserem Inneren Kind zu entwickeln.

Nehmen Sie Kontakt auf zum *Stachelschwein*, denn es steht für kindliche Unschuld und Verspieltheit.

Die Medizinkraft des Stachelschweines ist die des Glaubens und Vertrauens. Wer glaubt, kann mit dieser Kraft Berge versetzen.

Das Sprichwort sagt: «Wer glaubt, wird selig.» Aber es ist oft schwer herauszufinden, was der große Geist geplant hat. Wir zweifeln und verzweifeln, wenn nicht gleich alles so verläuft, wie wir es uns wünschen. Wir vertrauen nicht, weil wir denken, daß wir mit unserem Ego doch alles besser unter Kontrolle halten können.

Machen Sie eine schamanische Reise zum Stachelschwein, und bitten Sie es darum, Ihnen den Weg zu zeigen, der für Sie bestimmt ist. Die Stachelschweine brauchen ihren Stachel nur, wenn Sie in die falsche Richtung gehen. Lernen Sie zu vertrauen, auch wenn es loslassen bedeutet. Spielen Sie jetzt Ihr Spiel des Lebens.

Viele Menschen halten an bestimmten Strukturen fest, z.B. an einer Ehe, die nicht mehr stimmt, oder an einem Arbeitsplatz, an dem Sie nicht mehr glücklich sind. Die Menschen haben Angst, Ihre Sicherheit zu verlieren, aber was bedeutet Sicherheit? Nur festhalten an etwas, was vielleicht nicht zu einem gehört? Es ist die Angst vor der Freiheit, die Angst vor eigener Verantwortung, die Angst, eigene Entscheidungen treffen zu müssen. Grund und Ursache dafür sind oft Verletzungen aus der Kindheit, deswegen ist es so wichtig, das Innere Kind aufzuarbeiten.

Befassen Sie sich noch einmal ganz gründlich mit dem Thema *Inneres Kind*, zweite Ebene.

Dieser Stein gibt Hilfe und Heilung bei: Schwierigkeiten mit Beziehungen, Umgang mit Beziehungen, Angst vor Führung, Mangel an Fürsorge, Gleichgewicht zwischen männlich und weiblich, emotionaler Heilung, gebrochenem Herz, Humorlosigkeit, Furcht vor Intimität, Kopflastigkeit, Wunsch nach Leichtigkeit, Mangel an Liebe, Mißtrauen, Suche nach Partnern, Schuld, Verbindung zu anderen Menschen, Verjüngung, Mangel an Verletzbarkeit.

Edelstein: Aventurin/Rosenquarz

12. Der Westen

Dazu gehören: 23.9.-23.10. Waage – Harmonie
24.10.-21.11. Skorpion – Transformation
22.11.-21.12. Schütze – Theorie/Führen
Krafttier: Der Bär – Selbstbeobachtung

Dieser Stein lehrt uns, in der Welt zu handeln, auf der Erde zu sein und unser Dasein zu genießen.

Nehmen Sie Kontakt auf zum *Bären*. Die Bärenkraft liegt im Westen und ist der intuitiven, rechten Gehirnhälfte zugeordnet.

Der Westen bedeutet Handlung in der Welt. Der Mensch hat hier seine Aufgabe gefunden und lebt aus seiner Spiritualität (Osten) in Verbindung mit seinem Verstand (Norden) und seinen Gefühlen (Süden).

Er ist Lehrer, Schamane und Weiser. Er kennt seine Stärken und Schwächen und hat gelernt, damit umzugehen. Der Mensch hat sich gefunden, sein Zuhause, seine Höhle, in der er sich zurückziehen kann, um sich zu regenerieren, um neue Kraft zu geben. Er lebt seinen Traum.

Leben Sie Ihre Berufung? Sorgen Sie richtig für Ihre Ernährung? Achten Sie auf Ihre Umwelt. Setzen Sie sich ein, wenn etwas nicht richtig läuft in Ihrer Umgebung?

Die Kraft im Westen bedeutet für alles, was um Sie herum passiert, die Verantwortung zu übernehmen und die Unbewußten wachzurütteln.

Wenn Sie Schamane sein wollen, dann seien Sie es immer, auch wenn es unangenehm ist. Sie müssen handeln, denn die anderen tun es nicht, und wer sonst soll wohl Bewußtsein in unserer Welt schaffen. Rütteln Sie die Menschen wach, wenn sie schlafen und unbewußt sind.

Engagieren Sie sich politisch. Seien Sie unbequem. Sorgen Sie für Recht und Ordnung, im Sinne von Mutter Erde. Setzen Sie sich für Umweltschutz in Ihrer Umgebung ein. Seien Sie ein politischer Schamane.

Machen Sie eine schamanische Reise zum Bären, und fragen Sie, was Sie in Ihrer unmittelbaren Umgebung für Mutter Erde tun können.

Dieser Stein gibt Hilfe und Heilung bei: Abhängigkeit von anderen, Stärkung der Absicht, Mangel an Disziplin, zu starker Extrovertiertheit, Angst vor Führung, seelischer Heilung, zuviel Leidenschaft, Suche nach Reife, Schwäche, Mangel an sozialem Gewissen, Bedürfnis nach Stärke, Unreife, Verantwortungslosigkeit.

Edelstein: Azurit

DIE ZWÖLF STERNZEICHEN

Die Sternzeichen geben eine grobe Übersicht über die Charaktereigenschaften eines Menschen. Es gibt aber auch noch einen Aszendenten, der jeden Menschen individuell beeinflußt. Lesen Sie also zuerst Ihr Sternzeichen und dann Ihren Aszendenten dazu, den Sie allerdings ausrechnen lassen müssen. Sie brauchen dazu Geburtsort, Datum und Zeit. Das Wissen über die Sternzeichen macht uns toleranter gegenüber unseren Mitmenschen. Wir verstehen besser, warum jemand sich so verhält, weil er gar nicht anders kann. Aus dieser Perspektive sind wir besser vorbereitet und können uns darauf einstellen. Der Jungfrau werden ihre Nörgeleien eher verziehen, wenn Sie wissen, daß die Jungfrau dazu geboren wurde, jede Einzelheit unter die Lupe zu nehmen. Trotzdem machen Sie nie den Fehler, oberflächlich und flüchtig zu urteilen. Seien Sie einfach vorbereitet, und wundern Sie sich nicht, wenn es auch so eintritt, z.B. wenn Sie sich mit einem Zwilling verabreden, können Sie sich getrost eine zweite Sache überlegen, falls er nicht kommt. Achten Sie einmal auf die Sternzeichen der Ihnen bekannten Menschen, und beobachten Sie ihr Verhalten. Diese Studie schärft Ihren Verstand und Ihre Intuition, und Sie lernen, besser mit Menschen umzugehen.

Ein interessantes und leichtes Buch dazu ist «Astrologie sonnenklar» für den, der sich noch intensiver damit beschäftigen möchte.

13. Der Steinbock

(22.12.-19.1) – Ich erkenne
Krafttier: Das Stinktier – Ansehen

Die Zeit des *Steinbockes* beginnt zur Zeit der *Wintersonnenwende.*

Dieser Stein vermittelt Ihnen altes Wissen und Rituale, die Sie mit Respekt behandeln sollten. Er hat die Kraft, als Sender und Empfänger kosmischer Energien so klar zu sein wie ein Kristall. Er lehrt flexibles, aber integeres Verhalten, Klarheit, Anpassungsfähigkeit, Klugheit und Weisheit. Die Menschen, die im Steinbock geboren sind, haben einen scharfen Blick für Zeremonien und machen große Fortschritte in Ihrer Persönlichkeit, aber oft sind sie zu perfektionistisch und setzen ihre Kräfte falsch ein.

Der Steinbock gewinnt immer, er will vorwärtskommen, sich verbessern und seinen geheimen Ehrgeiz befriedigen. Er ist ein gesellschaftlicher Streber, melancholisch und ernsthaft, streng diszipliniert und übt Selbstverleugnung. Er hat eine überzeugende und schmeichelnde Liebenswürdigkeit, ist hart, ausdauernd und beharrlich. Die Steinböcke ehren die Tradition und achten den Erfolg, sie hinterlassen den Eindruck, snobistisch und spießig zu sein. Der Steinbock hat beide Beine auf dem Boden und kein Verständnis für Versager oder andere Liederlichkeiten. Die Steinböcke können aber auch sehr romantisch sein. Der Steinbock nimmt Pflicht und Verantwortung auf sich und hat gelernt, Enttäuschungen zu tolerieren. Er ist von Grund auf pessimistisch, eine scheue, liebe Seele, aber sehr eigensinnig. Die Steinböcke haben Durchhaltekraft und Zähigkeit.[3]

Nehmen Sie Kontakt auf zum Stinktier. *Stinktierkraft* bedeutet Ansehen. Oft verausgaben sich Steinbockmenschen in einer Sache, die ihnen mehr Ansehen bringt, aber weniger Geld. Wo beides nicht im Energieaustausch steht. Stinktierkraft bedeutet auch Respekt.

Respekt ist in der schamanischen Arbeit ein ganz wichtiges Thema. Ich habe soviel Respektlosigkeit bei Menschen erlebt, die Schamanen werden wollten.

Wer sind Sie wirklich, wenn Sie sich ohne Ihr Ego betrachten würden? Machen Sie eine schamanische Reise zum Stinktier, und bitten Sie darum, daß es Ihnen zeigen möge, wer Sie wirklich sind und was Sie alles loslassen müssen, um zu Ihrer Essenz zu kommen.

Dieser Stein gibt Hilfe und Heilung bei: mangelnder Abgrenzung, zuviel Anpassungsfähigkeit, Mangel an Disziplin, übermäßiger Emotionalität, Mangel an Entscheidungskraft, Mangel an Erdverbundenheit, mangelndem Glauben, Hysterie, Wunsch nach Initiation, Irrationalität, Mangel an Kontrolle, Wunsch nach Ruhe, Selbstkontrolle, Mangel an Stabilität, Ablehnung von Traditionen, Überschwenglichkeit, Verlust der universellen Energie, mangelnder Verantwortung, zuviel Verletzbarkeit, zu starker Weiblichkeit, Willensschwäche, Wurzellosigkeit, Zweifel.

Edelstein: Bergkristall/Selenit

14. Wassermann
(20.1.-18.2) – Ich träume
Krafttier: Die Eidechse – Traumwelt

Dieser Stein lehrt uns die Kraft der übersinnlichen Fähigkeiten, Verträumtheit, Sanftmut, Kommunikation und romantische Gefühle.

Negativer Aspekt: Wir müssen lernen, unseren Traum auf Erden zu leben, und nicht zu leben, um zu träumen.

Bei Wassermännern muß man ständig auf das Unerwartete gefaßt sein. Sie möchten gerne durch ihr exzentrisches Verhalten Menschen vor den Kopf stoßen. Sie setzen mit Liebenswürdigkeit und Höflichkeit, freundlich und ruhig zum Schlag aus. Sie ziehen sich völlig unkonventionell an und verhalten sich bewußt provozierend, um zu demonstrieren, daß sie sich nicht anpassen wollen. Sie sind neugierig auf Geheimnisse und interessieren sich für alles. Der Wassermann kann mit seiner kühlen, unpersönlichen Art sehr verletzend sein. Er hat magische, geheimnisvolle, oft seltsame Augen. Er zeigt oft weibliche Züge und ist sehr freiheitsliebend, witzig, boshaft, originell, selbstbewußt, diplomatisch, sanft, mitfühlend und schüchtern.

Der Wassermann erfaßt alles Wesentliche blitzschnell. Er hat viele Freunde, sucht die Menschenmenge, aber braucht auch Einsamkeit und Rückzug, wobei ihn keiner stören darf. Der Wassermann lebt in einer merkwürdigen Isolation, hauptsächlich in der Zukunft. Er haßt Überlieferungen, die keinen Sinn mehr haben. Er lebt auch in einer Isolation, weil er sich immer nur kurzfristig für etwas intensiv interessiert. Er analysiert gerne fremde Menschen, und wenn er alles weiß, langweilen sie ihn und er geht weiter. Er kann sich meist nur für kurze Zeit binden. Die Wassermänner befinden sich an der Grenzlinie zwischen Genie und Wahnsinn, sie sind ihrer Zeit mindestens um 50 Jahre voraus. Sie haben eine exzentrische Unbeständigkeit, aber ein ausgesprochenes Einfühlungsvermögen für geistig Kranke. Der Wassermann legt sich nicht gerne fest und haßt Pflichten und Termine. Wenn er von etwas überzeugt ist, dann bleibt er auch dabei, selbst wenn die Farbe sich inzwischen geändert hat.

Die Wassermänner sagen nie, was sie vorhaben. Ihr Körper ist träge, aber der Geist ist ständig überanstrengt. Er hat eine unsichtbare Antenne, mit der er alle Informationen aus der Luft greifen kann. Eine Frau darf keine gefühlsmäßigen Forderungen an den Wassermann stellen, er kann sie nicht erfüllen. Ihre Gefühle bleiben ungelebt.[4]

Nehmen Sie Kontakt auf mit der *Eidechse*, denn sie steht für die Traumwelt.

In unseren Träumen verarbeiten wir alles, was uns bewegt. Träume sind ein Ventil, damit wir nicht überlaufen. Über Träume können wir uns aber auch direkt verbinden mit der geistigen Welt. Oft helfen uns Träume, Einsichten zu erlangen in die Schattenanteile, die wir nicht so gerne sehen wollen.

Schamanen reisen bewußt in die Traumwelt, um dort Hilfe und Heilung für ihre Mitmenschen zu holen, oder um den Kontakt mit den Geistern zu pflegen. Um in die Traumwelt zu gelangen, muß man immer durch einen Tunnel gehen und einen Wächter passieren, der einem einen Schlüssel und damit die Erlaubnis gibt (schamanische Reise).

Die Eidechse lehrt uns, auf Symbole achtzugeben.

Legen Sie ein Traumbuch an, und versuchen Sie, alles aufzuschreiben, woran Sie sich noch erinnern. Achten Sie auf wiederkehrende Muster.

Alpträume sind auch Helfer und Retter. Ein unbewußter, nicht gelebter Teil unseres Wesens macht sich bemerkbar und will gerettet werden.

Befinden Sie sich in einem Alptraum? Träumen Sie? Wenn Sie nichts mehr über ihre Träume wissen, dann sagen Sie sich abends vor dem Schlafengehen: «Wenn ich wach werde, weiß ich genau, was ich geträumt habe.»

Oder haben Sie zuwenig Zeit für die Traumzeit? Wenn Sie im Schlafdefizit leben, dann träumen Sie auch kaum.

Welche Traumvision haben Sie von Ihrem Leben?

Verträumte Menschen haben allerdings das Problem, daß sie ihr Leben verträumen und in der Realität nichts umsetzen können. Sie reden nur und tun nichts. Das ist Leben aus zweiter Hand. Meistens sind sie sogar noch unfähig. Diese Menschen können sehr anstrengend sein. Da sie sich ständig in einer anderen Dimension befinden, ist ihnen so ziemlich alles egal, was in der Realität passiert.

Wenn Sie so einen Ehepartner haben, dann finden Sie die Dreckwäsche möglicherweise neben dem Wäschekorb und das dreckige Geschirr neben der Spülmaschine. Sie haben einen Traumtänzer und dürfen die Probleme des Alltags alleine bewältigen. Wenn Sie krank im Bett liegen und Ihren Partner in die Apotheke schicken, um Medikamente zu holen, können Sie froh sein, wenn er nach fünf Stunden wiederkommt, allerdings ohne Medikamente, dafür aber mit einem neuen Auto.

Rufen Sie die Eidechse für einen gesunden Ausgleich an. Die Eidechse liegt in der Sonne und träumt, weiß aber gleichzeitig, wann Gefahr droht.

Dieser Stein gibt Hilfe und Heilung bei: Zuviel Gesetztheit, Streben nach Glück, Humorlosigkeit, Wunsch nach Idealismus, Intoleranz, Abscheu gegen Menschen, Reizbarkeit, Spannungen, Ausgleich von Streß, Traurigkeit, übersinnli-

chen Fähigkeiten, Ungeselligkeit, Unmenschlichkeit, zuviel Verantwortung, Mangel an Visionen, Zurückgezogenheit.

Edelstein: Aquamarin

15. Fische

(19.2.–20.3.) – Ich vollende
Krafttier: Der Wal – Bewahren

Dieser Stein lehrt uns, die wahren Werte im Leben zu begreifen, Sensibilität und die Sehnsucht nach Spiritualität, aber auch das Bedürfnis, mit beiden Beinen auf der Erde zu stehen.

Negative Aspekte: Launenhaftigkeit, Melancholie und eine nicht geerdete Künstlerseele.

Fische-Menschen finden Sie eher bei den Künstlern oder in esoterischen Buchhandlungen als hinter einem Postschalter. Sie geben sich nicht gerne mit materialistischen Dingen ab und lassen sich gerne stromabwärts gleiten. Sie gehen lieber den einfachen Weg, als sich den Weg mühevoll stromaufwärts zu erkämpfen.

Aber es ist ihre Aufgabe, gegen den Strom zu schwimmen, und der einzige Weg, auf dem sie zu wahrem Frieden und Glück kommen können. Der Fisch zeigt nach außen hin eine träge Gleichgültigkeit, kann auch eine leichte nervöse Gereiztheit zeigen, die sich aber wieder schnell legen kann Der Fisch sieht die Welt durch eine rosarote Brille. Er weiß, daß es unerfreuliche Dinge gibt, zieht es aber vor, sich denen nicht auszusetzen. Er flieht lieber in seine Illusionen, dann muß er auch keine praktischen Entscheidungen treffen.

Der enttäuschte Fisch gibt sich falschen Hoffnungen hin, anstatt entschlossen sein Leben zu ändern. Das beste Beispiel ist der Schriftsteller, der jahrelang erfolglos an der Bar herumlungert, weil er sich einredet, dort Material für seinen neuen Roman zu finden. Die Wirklichkeit ist, daß unbezahlte Rechnungen in sein Haus flattern. Oder ein Fische-Maler wandert durch die Natur, um sich Inspirationen zu holen, derweil zu

Hause sein Pinsel verstaubt. Viele Fische ertränken ihre Sorgen im Alkohol, er gibt ihnen das falsche Gefühl der Sicherheit, ein gefährliches Schlummerlied. Der Prozentsatz der Alkoholiker ist bei Fischen höher als bei anderen Sternzeichen, da dies viele intuitiv spüren, bleiben sie lieber nur bei einem Glas.

Die beiden Fische im Zeichen symbolisieren die Wahl, nach oben oder nach unten zu schwimmen und das Ziel nie ganz zu erreichen. Entweder Sie werden ein Einstein und schwimmen nach oben, oder Sie waschen Geschirr ab und schwimmen stromabwärts. Die Wahl haben Sie immer.

Der Fisch muß lernen, der Menschheit auf irgendeine Art zu dienen. Die Fische inszenieren sich ihre eigene Bühne, auf der sie die besten Schauspieler sind. Fische haben selbst sehr wenig Energie, opfern aber das bißchen auch noch, um Freunden aus der Patsche zu helfen. Die Fische verausgaben sich sehr für andere Menschen und sollten sich davor hüten, weil sie selbst gesundheitlich nicht so stabil sind und sich schnell erschöpfen.

Die Fische können sich ganz gut in etwas hineinhypnotisieren, z.B. plötzliche Krankheiten, wenn die Probleme zu groß erscheinen. Humor ist ihre Geheimwaffe. Sie sind Meister der Satire und tragen eine Maske, hinter der sich ungeweinte Tränen verbergen. Der Fisch hat ein ausgesprochenes Mitgefühl für alle leidenden Wesen, egal ob diese sich strafbar gemacht haben oder nicht.

Der verletzte Fisch täuscht oft Interesselosigkeit vor, nur um seine wahren Gefühle zu verbergen und nicht ausgenutzt zu werden. Künstlerisches Einfühlungsvermögen und tiefes Mitleid prägen den Fisch. Weil sie aber von Neptun stark beeinflußt werden, können Sie ihr wahres Ich oft nicht leben und fühlen sich gezwungen, eine Maske zu tragen. Ihr wahres Wesen aber fühlt eine unerschöpfliche, zärtliche Liebe für jedes Lebewesen und opfert sich selbstlos für andere auf.[5]

Wenn Sie ein Fisch sind, dann denken Sie darüber nach, ob Sie nach oben oder nach unten schwimmen. Wenn sie nach oben schwimmen, dann fragen Sie den Stein ihrer Geburt, was Sie für ihn tun können. Welche Aufgabe er für Sie bereit hat.

Wenn Sie nach unten schwimmen, dann haben Sie jetzt einiges zu Tun. Haben Sie ein Alkoholproblem, dann arbeiten Sie bitte Stufe zwei *Gefühle* noch einmal durch. Wenn Sie eine rosarote Brille tragen, arbeiten Sie bitte Stufe eins *Erdung* noch einmal durch.

Wenn der Fisch nicht Ihr Geburtsstein ist und Sie hier gelandet sind, dann denken Sie darüber nach, an welchen Punkten Sie wie ein Fisch sind und handeln. Beispiel: Haben Sie zuviel Mitgefühl für andere? Wollen Sie die Realität nicht sehen? Sind Sie zu esoterisch und vergessen, Ihre Miete zu zahlen? Sind Sie zu verträumt und nehmen Ihre Umgebung nicht wahr? Helfen Sie bei Schwierigkeiten lieber den anderen als sich selbst? Sind Sie leicht erschöpft und verkriechen sich in Krankheiten? Sind Sie gerne ein Schauspieler und verbergen Ihre wahren Gefühle?

Ist Ihre Liste negativ, dann nehmen Sie Kontakt auf zum *Wal*. Der Wal steht für *Bewahren*. Der Wal sagt uns, daß wir alles Wissen in uns gespeichert haben und daß wir nur auf den Ton hören müssen, der aus unserem Inneren kommt. Schließen Sie Ihre Bibliothek des Wissens auf, holen Sie Ihre Informationen und fangen Sie an, dies umzusetzen in der Welt, denn das ist Ihre Aufgabe.

Dieser Stein gibt Hilfe und Heilung bei: Zu strenger Abgrenzung, unterdrückten Emotionen, Entschlußlosigkeit, Suche nach Lösungen für gegenwärtige Probleme, zu starker Erdverbundenheit, Mangel an Gefühl, Erforschung von Geheimnissen, intuitiven Fähigkeiten, Erhöhung der Kreativität, Gefühlslosigkeit, Suche nach Schutz, Mangel an Sensibilität, Stärkung des Umweltbewußtseins, zu vielen Worten.

Edelstein: Türkis

16. *Der Widder*

(21.3.-19.4) – Ich bin

Krafttier: Die Ameise – Geduld

Dieser Stein lehrt uns, mit Energie, Intensität, Furchtlosigkeit und Optimismus vertraut zu werden.

Negativer Aspekt: Die Energie muß kanalisiert werden, man muß lernen, die Emotionen für sich zu behalten und mehr Geduld für die Mitmenschen zu entwickeln.

Die Bedürfnisse des Widders kommen an erster Stelle, wie bei einem Kleinkind, das schreit, um die Mutter herbeizuzwingen. Wenn der Widder will, dann will er sofort. Er bekommt es auch wie das Kind. Sein Interesse an der Welt steht immer nur in bezug zu sich selbst, und dabei lächelt er so zufrieden wie das Kleinkind, wenn seine Bedürfnisse erfüllt werden. Was den Widder-Menschen so furchtlos macht, ist seine entwaffnende Naivität. Er glaubt immer aus ganzem Herzen, fällt auf die Nase und lernt nicht daraus, wenn ihm jemand freundlich begegnet. Er schreit gerne wie ein Kleinkind, kann nicht lügen und ist uneingeschränkt vertrauensselig.

Widder gehen leicht gebeugt, mit dem Kopf voraus. Widder können auch zu Schaftypen werden, wenn sie in der Kindheit stark verletzt wurden, aber nichts beugt einen Widder für immer und schon gar nicht ein Mißerfolg. Der Widder stirbt lieber, als das er Schwäche zeigt. Der Widder ordnet sich nicht gerne unter, und für ihn ist es besser, selbständig zu sein. Er strebt nach Führung und ist in allen Dingen schnell ungeduldig. Außerdem zeigt er einen kindlichen Mangel an Verantwortungsbewußtsein. Es fehlen Standhaftigkeit und Zuverlässigkeit. Widder sollten ihre Hände vom Alkohol lassen, da es für ihre Impulsivität ein gefährlicher Zündstoff sein kann. Widder-Menschen haben die Fähigkeit, unter den schwierigsten Umständen zur unrechten Zeit mit den unrechten Menschen auszuharren. Der Leitspruch eines Widdermenschen heißt: «Zuerst komme ich.» Hat er einmal eine Führungsposition bekommen, haben die Angestellten nichts zu lachen. Er arbeitet zielsicher auf einen Nervenzusammenbruch oder einen Herzinfarkt zu. Wutanfälle liegen an der Tagesordnung, wenn es nicht nach seinem Kopf geht. Später plagt ihn das schlechte Gewissen. Für den Widder gibt es Freunde und Feinde, schwarz und weiß. Mit Zwischentönen befaßt er sich nicht, dafür müßte er zuviel Zeit einsetzen. Er lebt im Hier und Jetzt und kann in Gesellschaft sehr viel Charme entwickeln. Mars-Menschen sind unfähig, eine Niederlage einzustecken. Sie sind unverbesserliche Optimisten. Sie brauchen Herausforderungen und genießen den Widerstand. Der Widder lechzt nach Anerkennung und lebt gerne einen großen Stil. Statussymbole und Designerklamotten heben sein Imagegefühl, auch wenn er nichts auf dem Konto hat. Dabei hilft und unterstützt er aber andere Menschen gerne.[6]

Wenn Sie Widder sind, dann rufen Sie die Kraft der *Ameise*, denn sie bedeutet Geduld.

Ameisen können in Gemeinschaft ganze Wälder kahlfressen. Ameisen haben einen Staat, eine Königin und Gruppenbewußtsein. Zu der Ameisenmedizin gehören Selbstaufopferung und Geduld.

Wenn Sie Widder sind, wie können Sie Ihre Probleme besser in oder mit einer Gemeinschaft lösen. Und bevor Sie das nächste Mal mit Ihren Hörnern die Menschen aufspießen wollen, zählen Sie bis zehn, und denken Sie dabei an die Ameise. Haben Sie Vertrauen, denn Sie bekommen, was Sie wollen auch ohne einen Tobsuchtsanfall. Gehen Sie etwas langsamer, vergessen Sie die Schönheiten der Natur und Ihre Lieben nicht. Tun Sie etwas für das Wohl der Menschen. Achten Sie auf Betrüger und Ausnützer, die sich Ihr Vertrauen erschleichen und mit denen Sie schlechte Erfahrungen sammeln.

Wenn Sie kein Widder sind, dann sind Sie kurz vorm Einschlafen. Wachen Sie auf. *Polieren* Sie Ihr Image. Setzen Sie sich in Szene, und machen Sie Ihrer Umwelt klar, daß es Sie gibt. Machen Sie sich wichtig, denn Sie sind ein Teil Gottes, der sich auch in seiner ganzen Schönheit offenbart.

Dieser Stein gibt Hilfe und Heilung bei: Zurückgezogenheit, getrübter Vision, Ungewißheit, Traurigkeit, Pessimismus, Wunsch nach Optimismus, Streben nach Glück, Furchtsamkeit, Furchtlosigkeit, Festgefahrenheit, Entschlußlosigkeit, Bedürfnis nach Erweckung von Energie, Interesselosigkeit gegenüber anderen, Depression, Angst, Abhängigkeit von anderen.

Edelstein: Karneol/Feuerachat

17. Der Stier

(20.4.-20.5.) – Ich erwerbe
Krafttier: Eichhörnchen – Sammeln

Dieses Sternzeichen lehrt uns Durchhaltevermögen, Standhaftigkeit, Geduld, praktisches Denken und Festigkeit.

Negative Aspekte sind: Starrköpfigkeit, Gefühlsarmut und Genußsüchtigkeit.

In dieser Position sollen wir über den Wert harter Arbeit und das Glück lernen, eine geordnete, stabile und schöne Umwelt zu gestalten.

Der Stier ist so standhaft wie ein Felsen in der Brandung und so schweigsam wie ein Grab. Er geht bedächtig, redet wenig und nichts kann ihn aus der Ruhe bringen. Er bleibt bei seiner Meinung, und nur wenn das Faß übergelaufen ist, kann er auch wütend werden und zurückschlagen. Stellen Sie sich einen wütenden Stier in der Arena vor, dem ein rotes Tuch vor die Nase gehalten wird.

Der Stier verschwendet nicht gerne seine Energie und zieht ein bequemes Leben vor. So schnell kann ihn nichts erschüttern. Er liebt sein bequemes und vertrautes Zuhause und haßt Veränderungen. Stiermenschen lieben die Natur und die Ruhe. Sie sind bodenständig und erdverbunden, daher auch ihre kräftige Konstitution und Gesundheit. Da sie aber eine besondere Liebe zu Essen und Trinken haben, neigen sie gerne zu Übergewicht und den damit verbundenen Folgen. Stiermenschen sind so störrisch wie ein Esel und geduldig wie ein Ochse. Wenn sie sich einmal entschieden haben, dann harren sie aus bis zum bitteren Ende, auch wenn inzwischen die Welt untergeht. Der Stier strebt nach Sicherheit, Besitz und Größe, dabei ist er aber nicht geizig und hilft, wo er kann. Er hat eine Schwäche für Musik und Kunst, aber eher als Hobby.[7]

Nehmen Sie Kontakt auf zum *Eichhörnchen*, denn das Eichhörnchen steht für Sammeln.

Die Sammelkraft ist eine wichtige Medizin. Es ist ein Urinstinkt des Menschen, sich für Notzeiten Reserven aufzubewahren. So lernen wir von dem Eichhörnchen, auch mit unseren Energien und Kräften hauszuhalten, sich zu bestimmten Zeiten zu schonen, um für Notzeiten alle Kräfte zur Verfügung zu haben. Ein lotterhaftes Leben ist Energieverschwendung, kostet unnötige Kraft und macht krank. Eichhörnchenmedizin bedeutet, für die Zukunft vorbereitet zu sein und unnötigen Ballast abzuwerfen. Unnötiger Ballast sind Sorgen, Streß, Ängste und Druck, den wir uns nur selbst machen. Unnötiger Ballast ist aber auch der negative Aspekt von Sammeln, nämlich das Horten und Sich-nicht-trennen-Wollen. Das ist Stagnation, d.h., der Energieaustausch ist unterbrochen. Je mehr ich will, desto mehr wird mir genommen.

Machen Sie einen Check-up in Ihrem Kleiderschrank und in Ihrem Keller. Was gibt es da alles, was Sie nicht mehr brauchen oder anziehen und trotzdem aufbewahren? Fangen Sie an, alles rauszuschmeißen, was Sie wirklich nicht mehr brauchen, und fangen Sie an zu sammeln, was wirklich für Sie wichtig ist, z.B. Gesundheit, Diät, Sport, geistiges Training, Energie, Kraft usw.

Dieser Stein gibt Hilfe und Heilung bei: Mangel an Durchhaltevermögen, Egoismus, Faulheit, Glücklosigkeit, Streben nach Harmonie, Mangel an Treue, Zerstreutheit und Sehnsucht nach Zufriedenheit.

Edelstein: Malachit/Chrysokoll

18. Die Zwillinge

(21.5.-29.6.) – Ich kommuniziere
Krafttier: Der Koyote – Gauner

Dieses Sternzeichen lehrt uns, die Schönheit in uns selbst, in den Mitmenschen und in der Umwelt zu erkennen. Wir sollen lernen, mit unserer Zeit und Energie hauszuhalten und uns auf unsere kreativen Fähigkeiten zu konzentrieren. Wir sollen weniger mißtrauisch sein und unsere wahren Gefühle zeigen.

Die Persönlichkeit eines Zwillingsmenschen hat zwei Seiten. Der Zwilling unterliegt dem wechselhaften Merkur-Einfluß. Der Zwilling hat eine nervöse Energie, ist schnell im Sprechen und Denken, schlank, beweglich und lebhaft. Er hat scharfe Gesichtszüge und schöne helle Augen, die nie ruhig blicken können.

Zwillinge sind immer unterwegs, bleiben jung im Herzen und Aussehen und können meistens zwei Dinge gleichzeitig tun. (Managertyp sitzt im Flugzeug mit zwei Handys, einem Laptop auf dem Schoß und einer Sekretärin neben sich.)

Die von Merkur beeinflußten Menschen hassen Eintönigkeit, Routine und Schufterei, sie verabreden sich, haben aber in der Zwischenzeit schon wieder ihre Meinung geändert. Sie entschuldigen sich mit unwiderstehlichem Charme und versetzen einen schamlos ein zweites und drittes Mal. Der Zwilling hat eine erstaunliche Wandlungsfähigkeit und Überzeugungskraft, dabei versucht er, seine wahren Motive zu verbergen.

Im Gegensatz zum Stiermenschen, der nach Beständigkeit strebt, hinterläßt der Zwilling keine Spuren. Merkur hält die Leute gerne zum Narren. Betrügereien, Verfälschungen, Listigkeit und Diebstahl amüsieren ihn. Zwillinge sind zwar ehrlich, dabei aber reichlich phantasievoll.[8]

Wenn Sie ein Zwilling sind, dann brauchen Sie viel Schlaf, um ihre nervösen Nerven zu beruhigen. Gehen Sie viel in die Natur, damit Ihr überspanntes System zur Ruhe kommt.

Der Zwilling will immer höher hinaus und sucht nach einem Ideal. Er ist auf der Suche, vielleicht nach sich selbst. Er will entdecken und forschen, dennoch fehlen ihm Ausdauer und Geduld. (Nehmen Sie Kontakt auf zum Wapiti und zur Ameise.) Der Merkurmensch handelt zu schnell und trifft damit oft Fehlentscheidungen.

Nehmen Sie Kontakt auf zum *Koyoten*, denn der Koyote steht für den Gauner und Trickkünstler.

Der Koyote ist der Obergauner, der sich selbst überlistet. Er hat magische Kräfte und setzt diese nicht immer zu seinen Gunsten ein. Er tappt immerzu in seine eigene Falle. Er überlebt zwar meistens, aber er lernt nichts aus seinen Lektionen. Er macht einfach weiter und gibt sich nicht geschlagen. Niemand kann sich selbst und andere so wunderbar austricksen wie Merkur, Zwilling oder Koyote. Sie betreiben die Selbstsabotage bis zur höchsten Perfektion.

Wo machen Sie sich selbst zum Clown? Wo boykottieren Sie sich permanent? Wie legen Sie sich rein? Wie müssen andere Ihre Scherben immer wieder zusammenkehren? Wen versuchen Sie hereinzulegen?

Der Koyote muß aufpassen, was er tut, denn das Leben schlägt wie ein Bumerang zurück.

Dieser Stein gibt Hilfe und Heilung bei: Ungeselligkeit, besseren Träumen, Ausgleich von Streß, Spannungen, Schwerfälligkeit, Abscheu gegen Menschen, Erhöhung der Kreativität, Bedürfnis nach Heilung, ausschließlicher Wahrnehmung von Häßlichkeit, Festgefahrenheit, zu starker Erdverbundenheit, Entschlußlosigkeit, Mangel an Energie.

Edelstein: Tigerauge/Bernstein

19. Der Krebs

(21.6.-22.7.) – Ich nehme wahr

Krafttier: Der Kolibri – Freude

Dieses Sternzeichen tritt ein zur Sommersonnenwende. Es betont die Wichtigkeit von Gefühlen und ein starkes Bedürfnis nach Zuhause, Familie, Mutterschaft und Fürsorge.

Negative Aspekte: Klammerverhalten und Gefühlsduseleien.

Die Krebse sind dem Mond zugeordnet und dadurch abhängig von veränderlichen Stimmungen und Gefühlen. Sie reagieren auf den Vollmond wie Ebbe und Flut.

Das typische Krebsgesicht ist dem lachenden Vollmond gleich. Außerdem lachen die Krebse wie gackernde Hühner. Er kann sich in Szene setzen und hat eine ausgesprochen energiegeladene komische Seite. Er liebt es, Spaß zu machen und alle mit seinem Lachen zu verzaubern. Aber der Mond hat auch eine tiefsinnige, tiefgründige und feinfühlige Seite. Die Krebse möchten im Zentrum sein, im Mittelpunkt des Lebens stehen. Sie lieben Publicity, sie wollen beachtet werden, sie genießen und brauchen die Aufmerksamkeit ihrer Mitmenschen.

Aber ihre Ängste begleiten sie Tag und Nacht, sie verbergen sie hinter ihrem Humor. Sie leiden unter einem unbestimmten Gefühl von namenloser Gefahr, die im Verborgenen liegt. Durch ihren eigenen Pessimismus können sie ihre wunderbare Phantasie zerstören. Der Krebs hat ein sehr empfindsames und verwundbares Herz. Wenn ein Krebs verletzt wird, kann er entweder in vorwurfsvollem Schweigen verharren oder er sinnt auf Rache, aber dann verstohlen. Er geht weder ans Telefon noch macht er Briefe auf, er zieht sich unsicher und traurig zurück, so wie echte Krebse es tun. Aber eigentlich haben die Krebse ein freundliches und verständnisvolles Gemüt. Krebse haben ein ausgesprochen gutes Gedächtnis. Sie prägen sich ihre Erfahrungen tief ein und lernen daraus. Sie spiegeln ihre Umgebung getreulich wider. Der Krebs entdeckt gerne neue Abenteuer und kann unermüdlich in der Geschichte forschen. Vergangenheit ist ihm sehr wichtig. Mit seiner Empfindsamkeit ahnt er Gefühle von Menschen und kann sich intuitiv auf sie einstellen. Der Krebs sammelt alle Informationen, speichert sie ab und spiegelt Gefühle wider. Er weiß viel über andere, aber in seine Seele läßt er niemanden blicken.

Wenn der Krebs einmal etwas hat, läßt er es nicht mehr los. Er klammert sich daran fest wie ein Ertrinkender. Er verliert eher die «Schere» als loszulassen. Immerhin wächst ihm eine neue Schere nach. Der Krebs-Mensch geht nie direkt auf sein Ziel zu. Er geht erst in eine andere Richtung, und wenn das Ziel sich entfernt, schlagen sie zu und halten erbarmungslos fest. Der Krebs sichert sich erst ab, bevor er eine Entscheidung trifft. Entweder schöpft er aus seinem eigenen Erfahrungsschatz, oder er durchforscht den Erfahrungsschatz anderer. Wenn er aber einen Mißerfolg nachzuweisen hat, braucht er lange, bevor er wieder startet.

«My Home ist my Castle»! Sein zu Hause ist das Wichtigste auf der Welt. Und ganz gleich, wieviel Liebe er bekommt, er fühlt sich nie sicher, er will immer noch mehr. Der Krebs wird sich immer vom Wasser angezogen fühlen, er schwimmt gerne – Boote und Schiffe sind ihm wichtig.

Krebse fürchten sich vor Verlusten von geliebten Menschen und finanziellen Zusammenbrüchen. Dann kann er schwermütig werden und depressiv. Der Magen ist ein sehr anfälliges Organ bei Krebsen. Ihnen schlagen die kleinsten Veränderungen auf den Magen, und dann haben sie keinen Appetit mehr. Da der Krebs eine hohe Einbildungskraft hat, kann er sich Krankheiten einbilden, aber auch schnell wieder heilen. Krebse teilen gerne, sorgen aber auch gut dafür, daß sie immer Geld haben. Sie bemuttern gerne andere und kümmern sich, wenn es jemandem schlechtgeht. Ihr großzügiges Herz gibt gerne Hilfe.[9]

Nehmen Sie Kontakt auf zum *Kolibri*, denn der Kolibri steht für Freude.

Das Lachen des Krebses und das Lied des Kolibris lassen jeden Menschen dahinschmelzen. Kolibrifedern haben magische Eigenschaften und sind während der letzten Jahrhunderte schon immer als Liebeszauber benutzt worden. Die Kolibrifeder öffnet das Herz-Chakra, so wie das Lachen eines Krebskindes. Der Kolibri fliegt aber schnell weg, wenn es Häßlichkeit, Mißstimmung und Grobheit in seiner Umgebung gibt. Das Ziel der Kolibri-Medizin ist Schönheit, Zauber und Freude.

Wenn Sie Krebs sind, dann haben Sie die Aufgabe, die Herz-Chakren der Menschen zu öffnen durch Ihr angenehmes Lachen und Dasein.

Wenn Sie auf diesem Stein gelandet sind und kein Krebs sind, dann ist es jetzt Ihre Aufgabe, Ihr Herz zu öffnen. Rufen Sie den Kolibri, lernen Sie von den Eigenschaften des Krebses und beschäftigen Sie sich noch einmal ausgiebig mit der Ebene vier: Mitgefühl.

Dieser Stein gibt Hilfe und Heilung bei: zu strengen Ansichten, Schwierigkeiten mit Beziehungen, Eifersucht, unterdrückten Emotionen, zu starker Erdverbundenheit, Mangel an Fürsorge, Mangel an Gefühl, zuviel Gesetztheit, mangelndem Glauben, Haß, Hingabe, Intoleranz, Kälte, Arbeit mit dem Inneren Kind, Kopflastigkeit, Kritiksucht, Mangel an Liebe, Reizbarkeit, Wunsch nach Sanftheit, Untersuchung der Schattenseiten, Teilnahmslosigkeit, Verbindung zu anderen Menschen, Erkenntnis der Weiblichkeit.

Edelstein: Koralle/Karneol

20. Der Löwe

(23.7.-22.8.) – Ich erfahre

Krafttier: Der Berglöwe – Führung

Dieses Sternzeichen lehrt uns, die eigene Kraft kennenzulernen, sich den Ängsten zu stellen, Mitgefühl zu zeigen und Führungsqualität zu entwickeln. Es fördert Mut und Kraft.

Negative Aspekte sind: zuviel Impulsivität, Arroganz und immer die erste Geige spielen zu wollen.

Der Löwe ist der Herrscher über alle Tiere. Er lebt auf großem Fuße und spielt gerne die erste Geige. Er will alles beherrschen, auch wenn er es nach außen nicht zeigen kann. Selbst der ruhigste Löwe kann auf die Barrikaden gehen, wenn Sie ihm keinen gebührenden Respekt bezeugen, seinen Stolz angreifen, ihm etwas fortnehmen oder ihm Befehle erteilen. Dann fängt er an zu brüllen und wird sein Recht mit Würde verteidigen. Wenn er sich bedroht fühlt, schlägt er erbarmungslos zu – und er hat scharfe Krallen! Wo auch immer der Löwe ist, er wird Aufmerksamkeit einfordern, auch wenn er schlechte Laune hat oder depressiv ist. Löwen haben die nette Art, anderen Menschen in einer arroganten Art zu erklären, was sie alles falsch machen und wie sie zu leben hätten. Auf eine etwas herablassende Art geben sie freiwillig Ratschläge. Das Problem dabei ist nur, daß sie sich gerne mit anderen Menschen beschäftigen, sich selbst aber überhaupt nicht reflektieren und bei ihren eigenen Problemen versagen.

Der Löwe ist tief verletzt, wenn «seiner Hoheit» nicht gewürdigt wird. Mit ein bißchen Schmeichelei gibt er sich aber gerne zufrieden. Ein bißchen Honig ums Mäulchen und das Kätzchen schnurrt wieder. Das ist leider eine Schwäche, gegen die die Löwen machtlos sind. Sie schmelzen dahin, wie Butter in der Sonne. Der Löwe führt sich auch gerne dramatisch auf, damit er wieder im Mittelpunkt steht. Er hinterläßt immer einen Eindruck. Er kann übertriebene Komplimente machen, aber auch sein Mißfallen direkt ausdrücken. Der Löwe lebt gerne wie die Made im Speck und ist erstaunt, wenn er hinterher die Rechnung zu zahlen hat. Meistens ist der Löwe irgendwie liiert, dennoch zerbrechen viele Liebesaffären und Ehen an seinem feurigen Stolz. Zurück bleiben Verletzung und Wut. Dafür sind Versöhnungen so häufig wie Trennungen, denn ein Leben ohne Liebe ist für den Löwen nicht möglich. Er nimmt nicht gerne Hilfe und Unterstützung an, schon gar nicht finanzielle. Löwen können nicht sparen und sind immer knapp bei Kasse. Er ist ein leidenschaftlicher Spieler und oft sehr verschwenderisch. Es muß alles vom Besten sein, und für Vergnügungen gibt er sein letztes Hemd her. Die Löwen haben ständig Hunger nach Liebe, Anerkennung und Bestätigung. Es ist schwierig, einen Löwen von seinem ausgetretenen Pfad abzubringen, obwohl dieser gerne andere Menschen von seiner Meinung überzeugen will. Die Löwen können schläfrig und faul sein, wie Katzen, wenn sie erst einmal ihren Thron bestiegen haben. Sie schieben auch gerne unangenehme Dinge auf andere ab, weil sie sich mit weit aus wichtigeren Dingen beschäftigen müssen. Aber trotzdem ist er ein treuer Freund, gerecht, originell, stark und gesund. Er kleidet sich prächtig, und wenn man seine Arroganz, seine unerträgliche Selbstsucht, seine Eitelkeit und seine Faulheit übersieht, ist er vielleicht eine ganz gemütliche Schmusekatze.[10]

Nehmen Sie Kontakt auf zum *Berglöwen*, denn er steht für Führung. Wo leben Sie Ihre Macht und wo leben Sie Ihre Ohnmacht? Der Löwe fordert auf, Ihre Ziele und Ihre Absichten genauer anzuschauen. Wo haben Sie Ihre Ziele aus den Augen verloren? An welchen Punkten in Ihrem Leben legen Sie die Verantwortung ab? Wann haben Sie Angst zu führen? Oder führen Sie sich diktatorisch auf? Achten Sie auf Machtmißbrauch. Werden Sie Ihr eigener Führer.

Dieser Stein gibt Hilfe und Heilung bei: Mangel an Vertrauen, Ungewißheit, Teilnahmslosigkeit, Stolz, Erforschung der Sinnlichkeit, Mangel an Sexualität, Mangel an Sensibilität, Selbstzweifel, mangelndem Selbstbewußtsein, Mangel an Leidenschaft, Furchtsamkeit, Angst vor Führung, Mangel an Entscheidung, Eigeninteresse, mangelndem Ehrgeiz, zu wenig Courage und Angst.

Edelstein: Citrin/Granat

21. Die Jungfrau

(23.8. 22.9.) – Ich diene

Krafttier: Der Hund – Loyalität

Dieser Stein lehrt uns, gerechte Entscheidungen zu fällen, Ausdauer, Zuversicht und die Fähigkeit zur gründlichen Analyse.

Negativer Aspekt: Kritiksucht und Zynismus

Die Jungfrauen sind methodisch, ordentlich, sauber und kleinkariert. Sie machen sich ständig Sorgen und hängen pedantisch an ihren Gewohnheiten. Sie sind Perfektionisten, machen eher Überstunden, als sich zu amüsieren. Die Jungfrauen fühlen sich unbehaglich unter vielen Menschen. Sie sind pflichterfüllende Menschen, arbeitsam und beschäftigt. Sie haben Intelligenz, Scharfsinn und sind sehr auf ihr Äußeres bedacht. Sie kleiden sich konservativ und sorgfältig. Sie sind mitfühlend, aber ihre inneren Ängste beeinträchtigen ihre Gemütsruhe und das Verdauungssystem. Sie arbeiten mehr, als sie verdauen können. Sie unterliegen ihren Verpflichtungen. Weil sie von Merkur beeinflußt sind, haben sie auch kurze Augenblicke der Selbsttäuschung sowie verstecktes schauspielerisches Talent, Witz und Charme. Jungfrauen sind wählerisch und anspruchsvoll. Sie baden und duschen mehr als andere Menschen. Sie sind völlige Realisten und geben sich keinen Illusionen hin.

Sie ertragen keine Gemeinheiten, Unordnung oder Dummheit, denn dann werden sie launisch, gereizt, zänkisch und nervös. Wenn sie Medikamente einnehmen müssen, werden sie diese genau prüfen, und meistens haben sie eine eigene Apotheke dabei. Alles muß exakt stimmen. Ihr ordnungsliebender Verstand erträgt keine Verzögerungen, Ungenauigkeiten oder Verwirrungen. Die Jungfrau sieht und entdeckt alles und bringt immer wieder Ordnung in das Chaos.

Sie leugnet gerne Schwächen und Angewohnheiten, ist ihren eigenen Fehlern gegenüber blind. Sie kann nicht lange stillsitzen, ist immer in Eile, obwohl sie von niemandem getrieben wird. Sie nimmt ungern Hilfe in Anspruch, weil sie sich nicht abhängig machen will. Sie hat eine neurotische und tiefverwurzelte Angst, im Alter abhängig zu sein, deshalb spart sie und lebt fast geizig, Sie kritisiert alles und jedes, aber im geheimen ist sie sich selbst gegenüber genauso kritisch, kann jedoch keine Kritik von anderen ertragen. Fehler bei anderen sehen die Jungfrauen sofort, sie scheinen selbstsüchtig zu dienen, sehen es aber als ihre Aufgabe, eher anderen zu dienen. Jungfrauen achten auf ihre Gesundheit und halten oft eine bestimmte Diät ein. Es gibt viele Vegetarier unter ihnen, und Jungfrauen wissen immer genau, was sie essen und wie es zubereitet werden muß. Eine Katastrophe für jede Hausfrau, außerdem fürchten sie sich vor Bazillen.

Die Jungfrau muß lernen, die Kleinigkeiten des Lebens zu beherrschen und sich nicht von ihnen beherrschen zu lassen.[11]

Nehmen Sie Kontakt auf mit dem *Hund*, denn der Hund steht im Dienste des Menschen. Er bellt, wenn Gefahr droht, schützt vor Gewalt, dient als Schoß- und Kuscheltier, er ist treu ergeben und hat ein tiefes, mitleidvolles Verständnis für die Schwächen des Menschen.

Wie sind Sie sich selbst gegenüber treu? Wer sind Ihre Freunde? Sind Sie überkritisch und gehässig geworden? Wen müssen Sie angreifen und beißen? Wen müssen Sie beschützen? Wo in Ihrem Geist liegt mangelnde Loyalität? Wo haben Sie zuviel Angst?

Werden Sie wie der Hund. Werden Sie ihr eigener bester Freund.

Dieser Stein gibt Hilfe und Heilung bei: Abhängigkeiten von Vorstellungen, Angst, Egoismus, Mangel an Entscheidung, Mangel an Erdverbundenheit, Faulheit, Hysterie, Irrationalität, Kritiklosigkeit, launischem Verhalten, Wunsch nach Liebe, Mangel an Pflichtgefühl, Mangel an Praxisbezogenheit, Mangel an Verantwortung, Weisheit.

Edelstein: Sodalith/Amethyst

22. Die Waage

(23.9-23.10) – Ich harmonisiere
Krafttier: Der Schwan – Grazie

Dieses Sternzeichen beginnt bei der Herbsttagundnachtgleiche. Die Aufgabe hier ist, in einem ausgeglichenen Zustand zu leben, auch wenn die Zeiten schwierig sind.

Negativer Aspekt: Unentschlossenheit und Wankelmütigkeit, von einem Extrem zum anderen.

Waagemenschen verabscheuen Unordnung, Unhöflichkeit, plärrende Fernseher und Menschenansammlungen. Sie können störrisch sein und hassen Befehle. Sie sind manchmal naiv und leichtgläubig. Waagemenschen sind unruhig und tragen den Widerspruch in sich. Sie können lästig, streitsüchtig, eigensinnig, ruhelos, deprimiert und konfus sein. Unentschlossenheit gehört zu ihrem Markenzeichen.

Sie sind vermittelnd und streitschlichtend, haben aber dennoch Spaß an Auseinandersetzungen. Die Waage ist gutmütig, außerordentlich intelligent, charmant, liebenswürdig, reizend, ruhig, gefühlsbetont und eine gute Zuhörerin. Sie hat eine unendliche Debattierlust, ist ehrlich und sehr genau, ordentlich, verfügt über eine große Konzentration und kann über tiefe Probleme nachdenken.

Zweck der Waage ist es, ein Gleichgewicht herzustellen. Die Waagschalen der Gerechtigkeit symbolisieren dieses Zeichen. Die Waage schwebt ständig zwischen auf und ab, einmal oben, einmal unten und auf der ständigen Suche nach Harmonie. Sie kann wechseln vom energiegeladenen Schwerstarbeiter bis zur Lethargie und absoluten Faulheit. Der Waagemensch fällt von einem Extrem ins andere, und dabei hat er zu allen Dingen eine philosophische Einstellung. Er nimmt grundsätzlich immer die gegenteilige Position ein, nur um den schwächeren Punkt zu verteidigen.

Der Waagemensch ist immer auf der Suche nach der Wahrheit. Manchmal kommt er durch das viele Abwägen nicht zur Entscheidung. Die Waage überdenkt die Konsequenzen bis ins letzte Detail. Sie hat immer und gegen alles Einwände, und sie liebt alles, was gut, sauber und schön ist.

Es ist ihre Aufgabe, die Waagschalen im Gleichgewicht zu halten, zwischen ihrem scharfen Intellekt und ihrer gefühlvollen Seite. Der Winter ist zu kalt, und der Sommer ist zu heiß. Der Frühling und der Herbst sind ihre Jahreszeiten, in denen sie sich wohlfühlt. Sie braucht einen Mittelweg, um in Harmonie zu bleiben. Extreme Erfahrungen bringen sie ins Ungleichgewicht.[12]

Nehmen Sie Kontakt auf zum *Schwan*, denn der Schwan steht für Grazie. Grazie bedeutet auch der Zustand der Gnade. Der Schwan lehrt uns, mit uns und der Umwelt in Harmonie zu leben und Vertrauen zu haben, daß alles gut und richtig ist. Der Schwan fördert die Veränderung des Bewußtseins und die intuitiven Fähigkeiten und schenkt die Begabung, in die Zukunft zu schauen. Mißtrauen Sie Ihrer weiblichen Seite nicht. Achten Sie auf Ihre Vorahnungen und Ihre Gefühle. Betrachten Sie sich im Spiegel. Finden Sie sich schön? Was kann man verbessern? Wie sieht Ihr Körper aus? Ist vielleicht eine Diät angesagt? Wie sieht ihre Wohnung aus? Bedarf es einer Verschönerung? Neue Farben, neue Vorhänge oder Blumen? Fangen Sie an zu verschönern. Lernen Sie von der Natur. Sie ist in ihrer Schönheit einmalig.

Dieser Stein gibt Hilfe und Heilung bei: Mangel an Verletzbarkeit, Unüberlegtheit, Ungleichgewicht, Ungeselligkeit, Unbeweglichkeit, Teilnahmslosigkeit, Spannungen, Untersuchung der Schattenseiten, Wunsch nach Linderung, Kritiksucht, Intoleranz, Furcht vor Intimität, Haß, Streben nach Harmonie, mangelndem Glauben, zu starker Erdverbundenheit, zu strengen Ansichten.

Edelstein: Chrysokoll/Heliotrop

23. Der Skorpion

(24.10.-21.11.) – Ich transformiere

Krafttier: Der Schmetterling – Transformation

Dieses Sternzeichen lehrt uns, die Wahrheit herauszufinden, Veränderungen herbeizuführen und Botschafter der spirituellen Ebene zu werden.

Negativer Aspekt: Es besteht die Gefahr, daß man den Kontakt zur Erde verliert und zu mißtrauisch den Menschen gegenüber ist.

Der giftige Stachel des Skorpions dient zur Verteidigung und zur Vernichtung. Seine Stiche können tödlich sein. Der Skorpion ist kühl und leidenschaftlich und hat ein ausgeprägtes Selbstbewußtsein. Er durchschaut alles und besitzt eine faszinierende Vitalität. Die äußere Gelassenheit verbirgt seine heiße innere Natur. Durch die Beherrschung ihrer Persönlichkeit, ihrer unbeweglichen, teilnahmslosen Gesichtszüge, die scheinbar nichts erschüttern können, besteht die Kunst darin, andere zu durchleuchten, um selbst undurchdringlich zu bleiben.

Der Skorpion ist zäh und entschlossen, gefährlich und kann einen leicht zum Narren halten. Er erzählt die nackte, brutale Wahrheit. Schmeichelei ist unter seiner Würde. Entweder haben sie treue und ergebene Bewunderer oder gehässige und neidische Feinde. Ein Kampf mit einem Skorpion ist immer gefährlich. Leider versäumt es der Skorpion, seine Kraft richtig für sich einzusetzen. Er bleibt untätig, dennoch ist es nie zu spät für ihn, neu zu beginnen. Die Skorpione wissen diese Kraft nicht zu schätzen. Sie gehen für die Menschen, die sie lieben, bis in den Tod. Ungerechtigkeiten vergessen sie nie, aber auch wohltuende Geschenke vergelten sie reichlich. Der Skorpion fordert gerne die Gefahr heraus. Er interessiert sich für das Leben und den Tod und hängt sehr an der Familie und den Menschen, die er liebt. Er ist besitzgierig und kämpft um das, was er hat oder was ihm zusteht.

In jedem Skorpion sitzt ein guter Heiler. Mit einer unergründlichen Sicherheit stellt er Diagnosen. Er hat ein ausgesprochen sicheres Einfühlungsvermögen und bringt es immer wieder fertig, seine Konkurrenten aus dem Feld zu schlagen.

Entweder er sticht andere und sich selbst zu Tode oder wächst über sich hinaus und setzt seine Kräfte klug und gerecht ein. Oder er entwickelt eine übersteigerte neurotische Besorgnis um sein Ego. Er kann rücksichtslose Rache durchführen oder sich haßerfüllt zurückziehen und hoffen, daß das Schicksal seine Feinde gut bestraft.[13]

Nehmen Sie Kontakt auf zum *Schmetterling*, denn der Schmetterling bedeutet Verwandlung.

Wie sich ein Schmetterling entwickelt, so entwickelt sich auch das Leben. Das Ei, die Larve, der Kokon, die Geburt.

In welchem dieser Stadien befinden Sie sich zur Zeit? Wenn Sie Schamane sein wollen, ist es wichtig, mit dem Stadium des Eis anzufangen. Das Ei ist die Idee. Mit der Larve wird die Idee Wirklichkeit. Sie fangen an, Ihr Leben zu verändern. Der Kokon bedeutet: Sie fangen an, den Schamanen von innen heraus zu entwickeln, zu praktizieren. Die Geburt bedeutet: Sie sind durch die Initiationspassage gegangen und Ihr neues Selbst ist geboren, die alte Persönlichkeit, Ihr Ego, ist abgestorben.

Herausfinden eines Zustandes

Nehmen Sie die 36 Nummernkarten, und legen Sie für jede Himmelsrichtung eine mit der Rückseite nach oben auf den Tisch. Vorher die Karten mischen, sich auf die Spirits konzentrieren und dabei die Frage stellen: In welchem Stadium befindet sich mein spirituelles Bewußtsein?

Osten: Idee-Zustand. Diese Karte gibt einen Hinweis darauf, welcher Wert Ihr Plan im Innersten hat.

Süden: Der Larven-Zustand bedeutet praktische Umsetzung des Projektes, Verantwortung dafür zu übernehmen und das Abstreifen des Egos. Diese Karte gibt Anweisung darüber, was ich tun kann, um meinen Erfolg abzusichern?

Westen: Der Kokonzustand dient dazu, herauszufinden, welche übergeordneten Absichten hinter meinem Projekt stecken oder ob es nur zu meinem Selbstzweck, zur Befriedigung meines Egos dient.

Der Norden: Dieses Ausschlüpfen des Schmetterlings heißt herauszufinden, welche Belohnung auf mich wartet. Ob alles, was ich tue, mit dem Kosmos im Einklang ist.

Finden Sie den Zustand heraus, in dem Sie sich gerade befinden, und arbeiten Sie weiter an Ihrem Thema.[14]

Dieser Stein gibt Hilfe und Heilung bei: Ausweglosigkeit, mangelndem Ehrgeiz, Mangel an Einsicht, Erforschung tiefer Emotionen, zu starker Erdverbundenheit, zu starker

Extrovertiertheit, Hysterie, Untersuchung der Schattenseiten, Selbstkontrolle, Mangel an Sexualität, Erforschung der Sinnlichkeit, Probleme mit der Spiritualität, Ungewißheit, Wehrlosigkeit, zuvielen Worten.

Edelstein: Heliotrop/Hämatit

24. Der Schütze

(22.11.-21.12.) – Ich theoretisiere
Krafttier: Der Elch – Selbstachtung

Dieses Sternzeichen lehrt uns, das Bedürfnis nach Gerechtigkeit zu festigen und mit den Widersprüchen der Natur fertigzuwerden. Es lehrt uns, Beziehungen zu verstehen und Kommunikation zu pflegen. Diese Menschen sind einsichtig, furchtlos, entschlossen, risikofreudig, offenherzig und unabhängig.

Negativer Aspekt: Diese Menschen müssen sich vor Streitbarkeit und Reizbarkeit in intimen Beziehungen hüten.

Der Schütze kann auf charmante Weise verletzend sein, und dabei meint er es gar nicht böse. Er hat eine etwas taktlose Art, sich zu äußern, aber dahinter steht ein kluger Kopf, der sich gerne an Wertmaßstäbe hält. Der Schütze ist etwas tapsig und tut dennoch alles aus ehrlichem Herzen. Die Schützen können nicht stillsitzen. Sie haben viel Selbstvertrauen und fürchten sich eigentlich vor nichts. Das Risiko fordern sie heraus, sie lieben die Geschwindigkeit und denken nicht über die Folgen ihrer ehrlichen Worte nach. Wenn der Schütze jemanden verletzt, was er meistens nicht bemerkt, ist er niedergeschmettert und entsetzt über seine Taktlosigkeit. Er trägt sein Herz auf der Zunge und ist ohne böse Absicht.

Die Schützen sind extrovertiert, gesprächig und direkt. Ihr Geist ist immer beschäftigt. Die Schützen haben die Unbeholfenheit für sich gepachtet, sie können sehr komisch sein, haben ein gutes Gedächtnis und können sich an viele Kleinigkeiten erinnern, aber dennoch sind sie manchmal sehr vergeßlich. Wenn die Freundlichkeit des Schützen mißbraucht wird, seine

Ideale angegriffen werden oder wenn Menschen zu vertraulich ihm gegenüber sind, dann kann er wütende Pfeile abschießen. Er kann Geld verleihen, ohne daß er es zurückfordert. Die Schützen stürzen sich leicht und gerne in Liebesabenteuer, flüchten jedoch gerne, wenn die Ehe in Gefahr ist. Der Schütze ist gerne unterwegs und auf Reisen. Er ist naiv, tapfer und optimistisch. Er haßt es, eingeschränkt zu werden. Der Schütze spielt gerne und liebt die Herausforderung.[15]

Nehmen Sie Kontakt auf zum *Elch*, denn der Elche steht für Selbstachtung.

Die positive Medizinkraft des Elchs bedeutet in bestimmten Situationen, mit Weisheit zu reagieren. Der Elch ist Symbol für Männlichkeit und Erfolg. Die Kraft des Elchs liegt darin, zu wissen, wann man so freundlich wie ein Reh oder so wütend wie ein Büffel auftreten soll.

Durch den Elch lernen Sie, Ihre Mitte zu finden, anderen zu befehlen, etwas zu tun oder selbst Hand anzulegen. Damit gleichen Sie die Unberechenbarkeit des Schützen aus.

Negative Aspekte des Elchs bedeuten, daß Ihr Ego verheerende Auswirkungen für andere haben kann. Es kann bedeuten, daß Sie das Interesse an andere Menschen verloren und vergessen haben. Lernen Sie hier mit der Medizinkraft des Elchs die Weisheit des Schweigens.

Dieser Stein gibt Hilfe und Heilung bei: Wehrlosigkeit, Mangel an Vision, Kontakt zu anderen Menschen, Unmenschlichkeit, Ungerechtigkeit, Mangel an sozialem Gewissen, Selbstzweifel, Hingabe, zuviel Gesetztheit, Erforschung von Geheimnissen, Furchtsamkeit, Entschlußlosigkeit, Mangel an Einsicht, Angst vor Beziehungen.

Edelstein: Aventurin

DIE WEGE DER SEELE
DER WEG DES NORDENS

Der Weg des Nordens ist die Heilung unseres Körpers. Diese Heilung erlaubt uns, Krankheit abzustreifen und Gesundheit anzunehmen.

25. Reinigung – *Katharsis*
Krafttier: Der Frosch – Reinigung

Dieser Stein lehrt uns, unsere alten Denkmuster über Bord zu werfen.

Dieser Stein hilft uns, alte Vorstellungen loszulassen und uns aus alten Mustern zu befreien. Diese Muster blockieren unsere Gefühle und verhindern unser Glück.

Nehmen Sie Kontakt auf zum *Frosch*, denn der Frosch steht für Wasser. Er lehrt uns zu weinen, denn auch die Tränen reinigen unsere Seele.

Selbst im Mutterleib befinden wir uns im Wasser und fühlen uns geborgen. Die Inder taufen die Menschen in Flüssen und waschen sich rituell im Wasser, obwohl dieses in Indien sehr dreckig ist. Wasser wird dem Kind bei der Taufe über den Kopf geschüttet. Der Regen bringt Fruchtbarkeit, und der Frosch hat die Kraft, den Regen herunterzuholen.

Wenn Sie an diesem Stein angekommen sind, beginnt jetzt für Sie die Zeit der Reinigung. Befreien Sie sich und Ihre Umgebung von Negativität. Führen Sie eine gründliche Räucherung durch, wie in Stufe eins beschrieben. Dann machen Sie eine seelische Reinigung durch die Taragebete in Stufe vier. Danach machen Sie eine schamanische Reise zum Frosch und bitten ihn um die Einsicht, herauszufinden, was Sie genau in Ihrem Leben zu reinigen haben. Wenn Sie das herausgefunden haben, dann gehen Sie in die Natur und graben ein Loch. Dort meditieren Sie, rufen die vier Himmelsrichtungen um Hilfe und schreiben alles auf, von was Sie sich befreien müssen. Verbrennen Sie sodann den Zettel, und übergeben Sie alles Mutter Erde. Decken Sie das Loch wieder zu, legen Sie eine Blume obenauf und geben Sie Vogelfutter ab. Bedanken Sie sich bei den Spirits, und verlassen Sie diesen Ort.

Wenn Sie weiblich sind, dann machen Sie sich bewußt, daß Ihre Regel ein monatlicher Reinigungsprozeß ist, in dem Ihr Körper sich auf natürliche Weise entschlackt. Unterstützen Sie diesen Prozeß bewußt, und ziehen Sie sich zurück oder gehen Sie in die Natur. Sie sind zu dieser Zeit schamanisch und spirituell betrachtet in Ihrer stärksten Kraft.

Dieser Stein bringt Hilfe und Heilung: Wenn jemand Energie abziehen will, wenn Schlamm in den Augen ist, wenn Sie in eine Schußlinie geraten sind, wenn Sie von Streß überwältigt werden, wenn Sie zuviel negative Emotionen in sich tragen, wenn Sie alte Denk- und Glaubensmuster loslassen wollen.

Edelstein: Obsidian

26. Erneuerung/Initiation

Krafttier: Die Fledermaus – Wiedergeburt

Dieser Stein lehrt uns, symbolisch zu sterben, um wieder neu geboren zu werden.

Nehmen Sie Kontakt auf zur *Fledermaus*, denn sie steht für Wiedergeburt.

Wenn Sie an diesem Stein angekommen sind, steht jetzt Ihr Schamanentod bevor. Keine Angst, es geht nur um einen rituellen Tod, damit die Spirits sich durch Sie hindurch arbeiten können. Es setzt voraus, daß Sie sich von allen Egostrukturen befreit haben. Machen Sie eine schamanische Reise zur Fledermaus. Sie soll Ihnen zeigen oder sagen, was Sie noch aufzulösen haben, um Schamane werden zu dürfen. Nehmen Sie Kontakt auf zu einem Schamanen oder einem Psychotherapeuten, und bitten Sie ihn, Sie zu begleiten, oder begeben Sie sich auf Visionssuche. Bleiben Sie über Nacht in der Natur, ziehen Sie sich zurück zum Fasten. Dort werden Sie automatisch mit Ihren Ängsten konfrontiert. Meditieren Sie darüber, von welchen alten Mustern Sie noch gefangen sind, und befreien Sie sich davon. Meistens wird man noch einmal ganz bewußt auf die Ängste hingewiesen. Begraben Sie Ihre alte Persönlichkeit, und gehen Sie zu einem neuen Platz, um sich zu transformieren.

Dieser Stein gibt Hilfe und Heilung bei: Wunsch nach besserer Gesundheit und nach Optimismus.
Edelstein: Grüner Turmalin

27. Reinheit

Krafttier: Truthahn – Weggeben

Dieser Stein lehrt uns, Fremdstoffe, Minderwertiges und Gifte abzugeben.

«Die Ansicht, daß chronische Krankheiten Folgen einer Vergiftung des Stoffwechselsystems sind, findet in den letzten Jahren immer mehr Verbreitung. Insbesondere der Darm ist eine Eingangspforte für Giftstoffe und spielt daher eine wichtige Rolle bei der Entstehung von Krankheiten. Da wir unter anderem über die Nahrung, das Trinkwasser und die Atemluft die verschiedensten Schadstoffe aufnehmen, können sich in Geweben und Organen Gifte ansammeln, zum Beispiel fettlösliche Schädlingsbekämpfungsmittel im Fettgewebe. Wir sind von etwa siebzigtausend verschiedenen chemischen Stoffen umgeben. Das Organ, das am stärksten unter den aufgenommenen Giftstoffen zu leiden hat, ist die Leber. Als die Entgiftungszentrale des Körpers muß sie täglich drei große

Giftströme verkraften: vor allem aus der Umwelt stammende ‹äußere Gifte› und ‹innere Gifte›, wie zum Beispiel Abfallprodukte von Parasiten und ‹emotionelle Gifte› wie negative Gedanken, Eifersucht oder Depressionen. Wenn die Giftstoffe nicht rasch abgebaut und entfernt werden, häufen sie sich im Körper. Die Systeme, die hierdurch am stärksten belastet werden, sind das Nervensystem, das Hormonsystem, das Immunsystem und der Magen-Darm-Kanal.

Eine der stärksten Triebfedern des Menschen ist, wie man seit Freud und Jung weiß, sein Liebesbedürfnis. Der Mensch trägt jedoch auch eine andere Emotion in sich: die Wut. Diese Energie hat einen ganz erheblichen Einfluß auf das menschliche Verhalten, die geistige und körperliche Gesundheit und vor allem auf die Leber. Unterdrückte Aggressivität, Feindseligkeit, Groll, Zorn, Enttäuschung und Frustration können auf die Leber schlagen.

Bei einer Reinigungskur wird die natürliche Darmflora wiederhergestellt, ein evtl. Gärungs- und Entzündungsprozeß im Magen-Darm-Kanal wird gehemmt, das Säurenbasen-Verhältnis wird verbessert, wodurch die Widerstandskraft zunimmt.

Die Magensäure wird normalisiert. Der Basenüberschuß (unter anderem Gemüse) entschlackt das Blut und entwässert.»[16]

Wenn Sie an diesem Stein angekommen sind, dann ist es an der Zeit, daß Sie eine Diät, oder einen Entschlackungstag einlegen. Wenn Sie Übergewicht haben, dann haben Sie ein Problem mit dem Loslassen. Sie müssen lernen abzugeben, und da fangen Sie am besten bei Ihrem Gewicht an. Haben wollen und in sich hineinessen ist nicht spirituell.

Nehmen Sie Kontakt auf zum *Truthahn*, denn er steht für Weggeben. Er hilft Ihnen dabei, daß die Pfunde purzeln. Der Truthahn bedeutet Opfern.

Fragen Sie den Truthahn bei einer schamanischen Reise, was Sie abzugeben haben. Vielleicht ist Ihr Kleiderschrank zu voll, oder Sie haben in den letzten Jahren zuviel in Ihrer Wohnung angehäuft oder unter den Teppich gekehrt. Fangen Sie an, zu entsorgen, und geben Sie es bedürftigen Menschen, damit Ihre Energie wieder in Fluß kommt.

Dieser Stein gibt Hilfe und Heilung bei: Vergiftung, Festhalten an alten Gewohnheiten.
Edelstein: Turmalinquarz

DER WEG DES OSTENS

Der Weg des Ostens schenkt uns die Heilung des Geistes. Er läßt uns die Wahrheit erkennen und die Lügen aufgeben.

28. Klarheit

Krafttier: Der Falke – Botschafter

Dieser Stein lehrt uns, die Wahrheit des Ganzen zu sehen, Klarheit im Denken und Handeln zu haben, wach und bewußt zu sein, verständlich zu sein und andere mit dem Herzen zu verstehen, im Fluß zu sein zwischen Geben und Nehmen.

Nehmen Sie Kontakt auf zum *Falken*, denn er hat von seiner Höhe die Übersicht. Lernen Sie zu beobachten wie der Falke, wach und aufmerksam.

Beobachten Sie vor allen Dingen das Naheliegende. Denn oft übersehen wir das Wichtigste in unserem Leben, nämlich unsere Lieben und das Leben in seiner Einfachheit. Entdecken Sie die Kraftquellen, die sich in Ihrer unmittelbaren Umgebung befinden.

Wenn Sie an diesem Stein angekommen sind, dann sind Sie aufgerufen, aufzuwachen und die Wahrheit zu sehen, nämlich Ihre Wahrheit. Suchen Sie den Überblick in Ihrem Leben. Empfangen Sie die Botschaften aus der anderen Welt, die für Sie gedacht sind. Betrachten Sie Ihr ganzes Leben aus einer höheren Perspektive, ohne Emotionen. Wenn Sie Gott wären, wie würden Sie Ihr Leben jetzt weitergestalten? Wenn Sie zurückblicken, hat nicht jeder Schritt in Ihrem Leben eine wichtige Funktion gehabt, auch wenn diese Schritte mit Schmerz verbunden waren, damit Sie heute an dem Punkt stehen, wo Sie sich jetzt befinden? Welche Botschaft haben Sie bekommen, um sie an Ihre Mitmenschen weiterzugeben?

Machen Sie sich eine Liste:
Wie erreiche ich mein berufliches Ziel?
Wie erreiche ich mein privates Ziel?
Wie erreiche ich mein sportliches Ziel? Schließen Sie einen Vertrag ab! Und machen Sie sich Teilziele.

Dieser Stein gibt Hilfe und Heilung bei: Bitterkeit, Festhalten an alten Denkmustern, Verwirrung.
Edelstein: Bergkristall

29. Weisheit

Krafttier: Das Reh – Freundlichkeit

Dieser Stein lehrt uns, genau zu unterscheiden, was gut für uns ist.

Alles ist im Fluß. Bergson sagt: «Wir befinden uns immer im Werden und nicht im Sein.»[17] Weisheit bedeutet zu erkennen, daß alles vergänglich ist, aber daß es auch eine andere Ebene gibt, auf der wir ewig existieren. Wenn mit dem Tod alles vorbei wäre und unsere Seele nicht weiter existieren würde, dann wäre jeder Lernprozeß sinnlos und wir müßten uns nicht weiterentwickeln. Wir können die Umwelt ausbeuten und ein materialistisches, vergnügliches Leben führen. Nach uns die Sintflut! Hauptsache wir leben heute gut – Morgen interessiert schon nicht mehr! Wer weise ist, denkt weiter. Was ist nämlich, wenn es doch nicht stimmt? Wenn wir uns doch wieder inkarnieren und unsere Aufgaben nicht verstanden haben? Dann finden wir uns in einer Zeit und unter Umständen wieder, die wir bestimmt nicht gewollt haben. Das Karma haben wir uns selbst geschaffen und können nicht mehr die Verantwortung auf andere abschieben. Die Buddhisten sind da schlauer und betreiben Vorsorge. Sie beten unaufhörlich für ihr nächstes Karma oder darum, sich überhaupt nicht mehr inkarnieren zu müssen, denn die Welt ist Samsara, ist Leiden. Das Leiden ist vorprogrammiert. Ein weiser Mensch lebt so, daß er sich im jetzigen Leben kein schlechtes Karma aufbaut. Wir schließen jede Menge Versicherungen für alles mögliche ab, aber für das Leben nach dem Tod tun wir nichts. Wir verdrängen das Thema ganz einfach und ignorieren es.

Nehmen Sie Kontakt auf zum *Reh*, denn das Reh steht für Freundlichkeit.

Wenn wir mit der Freundlichkeit und Sanftheit des Rehs der Menschheit begegnen, dann können wir die Menschen in ihrer Verletztheit wahrnehmen und nicht in ihrem Ego. Das Reh sagt uns, daß es Licht und Schatten gibt, so wie sein Fell aussieht, und wenn wir die Freuden genauso annehmen können wie das Leiden, befinden wir uns in einem Zustand ohne Haß, Neid und Selbstsucht. Wir sollen nicht mit Gewalt andere Menschen ändern, sondern selbst als gutes Beispiel vorangehen.

Betrachten Sie Ihre jetzige Lage mit Weisheit und mit Freundlichkeit. Projizieren Sie Ihre Ängste auf andere? Leben Sie so, als wenn morgen Ihr letzter Tag wäre? Was tun Sie für Ihr nächstes Karma?

Dieser Stein gibt Hilfe und Heilung bei: Suche nach Weisheit, Suche nach Wahrheit, Verbindung von Herz und Geist, Kälte, Selbsthaß.

Edelstein: Lapislazuli

30. Erleuchtung

Krafttier: Präriehuhn – Die heilige Spirale

Dieser Stein hilft uns, die Wahrheit in uns und um uns herum zu erkennen.

Erleuchtung ist gar nicht so weit weg, wie wir denken. Erleuchtung ist für mich, im Moment zu fühlen, daß ich das Richtige sage und das Richtige tue. Erleuchtung ist, nicht darauf zu warten, daß etwas Unglaubliches von außen passiert, sondern zu erfahren, daß etwas unglaublich Schönes in mir passiert, daß Gott durch mich arbeitet, daß er mich als Werkzeug benutzt, oder ein Liebes- und Glücksgefühl, z.B. die Dankbarkeit, einen wunderschönen Augenblick zu erleben, das Lachen eines Kindes oder eine Erkenntnis.

Nehmen Sie Kontakt zum *Präriehuhn* auf, denn das bedeutet die heilige Spirale. Die Derwische tanzen die heilige Spirale, sie drehen sich stundenlang, dabei gelangen sie in eine andere Bewußtseinsebene.

Wenn Sie an diesem Stein angekommen sind, dann machen Sie eine schamanische Reise zum Präriehuhn und bitten darum, Ihnen Erleuchtung zu lehren.

Dieser Stein gibt Hilfe und Heilung bei: Streben nach Erleuchtung, Gleichgewicht zwischen männlich und weiblich, Suche nach der Wahrheit.

Edelstein: Violetter Fluorit

DER WEG DES SÜDENS

Der Weg des Südens ist der Weg des Herzens.

31. Wachstum

Krafttier: Der Biber – Wachstum

Dieser Stein lehrt uns, unsere Persönlichkeit reifen zu lassen.

Wachstum bedeutet im spirituellem Sinne, Erkenntnis über den jeweiligen spirituellen Lernprozeß zu gewinnen und danach zu handeln, sich geistig und persönlich weiterzuentwickeln, innere Grenzen zu sprengen, das Gefühlsleben zu bereichern, die eigene Verantwortung für das Handeln zu übernehmen. Wachstum bedeutet, sich weiterzuentwickeln, aber nicht auf Kosten von anderen, z.B. der Mann macht Karriere auf Kosten der Familie. Wachstum bedeutet im Sinne des Bibers, die Familie und das Zuhause abzusichern. Zu genießen, was man hat. Die Bibermedizin lehrt uns, das anzuschauen, was man geschaffen hat. Wir fangen oft etwas Neues an, weil das viel interessanter ist, und das Alte bleibt liegen. Biberkraft liegt darin, erst etwas zu Ende zu führen und sich dann anzuschauen, was man geschafft hat. Mit dem Rekordwahn – immer weiter, immer höher, immer schneller – schaffen wir uns nur Unglück. Die Beziehungen zerbrechen. In der Ruhe liegt die Kraft.

Nehmen Sie Kontakt auf zum *Biber*, und machen Sie eine schamanische Reise. Fragen Sie nach, was bei Ihnen Wachstum braucht und wie Sie das mit dem, was Sie schon können oder geschafft haben, verbinden. Dann fragen Sie, wie der Biber Ihnen dabei helfen kann.

Dieser Stein gibt Hilfe und Heilung bei: Verzweiflung, mangelnden Lebenslektionen, Ausweglosigkeit.

Edelstein: Rhodochrosit

32. Vertrauen

Krafttier: Der Hase – Furcht

Dieser Stein lehrt uns, unbedingtes Vertrauen in die göttliche Kraft zu entwickeln.

Wer schamanisch arbeiten möchte, muß absolutes Vertrauen zu den Spirits haben. Er muß sicher sein, daß das, was er tut, richtig und im Einklang mit dem Kosmos ist. Er darf niemandem schaden, weder Tier, Mensch noch Natur. Ich erlebe sooft, daß jemand unbewußt in meiner Nähe eine Fliege totschlägt, ohne darüber nachzudenken. Vertrauen heißt, das Ego loslassen und sich einlassen auf die Situation.

Nehmen Sie Kontakt auf zum Hasen. Wenn wir anstatt Vertrauen nur Angst haben, dann sind wir blockiert und nicht mehr fähig, aus dem Hause zu gehen. Wenn wir zuviel Energie in die Angst hineingeben, dann müssen wir uns nicht wundern, wenn wir nur noch in der Negativität leben.

Machen Sie eine schamanische Reise zum *Hasen*, und fragen Sie nach, in welchen Bereichen Sie sich noch von der Angst beherrschen lassen. Schreiben Sie Ihre Ängste auf, und machen Sie sich eine Liste. Oft sind unsere Ängste auch unbewußt. Sie drücken sich nur in bestimmten Verhaltensweisen aus.

Dieser Stein gibt Hilfe und Heilung bei: Besitzgier, Schwierigkeiten mit Beziehungen, Eifersucht, mangelndem Glauben, Streben nach Glück, Arbeit mit dem Inneren Kind, Mißtrauen, Wunsch nach Ruhe, Schuld, Zweifel, Verzweiflung, Mangel an Vertrauen, Wunsch nach Sanftheit.

Edelstein: Amethyst

33. Liebe

Krafttier: Das Wiesel – Verborgenheit

Dieser Stein lehrt uns, bedingungslose Liebe im Herzen zu entwickeln.

Was wir unter Liebe verstehen, ist meist nicht das, was Liebe eigentlich ist. Liebe ist da, Liebe ist fließende Energie. Ein Kind liebt seine Eltern, uneingeschränkt mit dem Herzen. Auch wenn die Eltern Betrüger sind. Das Kind bewertet erst einmal nicht. Später kommen seine Erfahrungen dazu. Gott liebt uns auch, selbst bei Fehlhandlungen werden wir nicht verstoßen und verachtet. Wir machen uns in der Liebe abhängig oder wollen Macht ausüben. Liebe ist nicht abhängig von Personen. Warum leben die Menschen heute so beziehungslos? Warum sind wir so unfähig geworden, zu lieben? Weil wir nicht mit unserem Herzen sehen können. Wir nehmen nur das wahr, was der Verstand beurteilt. Ein Schamane muß lernen, mit dem Herzen zu sehen, d.h., daß er sich in die Seele des anderen hineinversetzt und intuitiv wahrnimmt, welche unbewußten Botschaften der andere sendet. Egal, was dieser spricht.

Nehmen Sie Kontakt zum *Wiesel* auf, denn dieses steht für Verborgenheit. Machen Sie eine schamanische Reise zum Wiesel, und fragen Sie nach, wie Sie Liebe leben können.

Lernen Sie mit der Wieselkraft, in die Herzen der Menschen zu schauen. Nehmen Sie Ihre eigene Maske und die ihrer Mitmenschen weg, und erforschen Sie die geheimen Gründe. Achten Sie auf Intrigen und das, was Sie über andere sagen, denn oft muß man seine Meinung revidieren. Negatives Gerede kommt wieder zurück, weil man negative Energie verbreitet. Finden Sie heraus, wo Sie sich selbst belügen.

Dieser Stein gibt Hilfe und Heilung bei: Verzweiflung, Schuld, Haß, Selbsthaß, Eifersucht, Mangel an Einheit, Beziehung zum Schöpfer, Besitzgier.

Edelstein: Rubin

DER WEG DES WESTENS

Der Weg des Westens ist der Weg des Seins.

34. Erfahrung

Krafttier: Die Antilope – Handeln

Dieser Stein lehrt uns, eigene Erfahrungen zu machen und zu handeln.

Erfahrung ist Tun und lernen durch Tun. Erfahrung bedeutet, durch Irrtümer und Versuche zu lernen. Sie können keinem Kind die Erfahrung nehmen. Es muß durch sein Handeln lernen. Durch Lernen werden Denkgewohnheiten und Verhaltensmuster geprägt.

Erkenntnis geht nicht ohne Erfahrung und Erfahrung nicht ohne Erkenntnis vonstatten. Wir haben einen Körper, und dieser muß gelebt werden. Sonst hätten wir ja keinen Körper. Wir sind nicht nur reiner Geist. Viele wollen auch keinen Körper haben, weil dieser ihnen Probleme bereitet. Aber Erfahrung ist notwendig, in der Erfahrung erlebe ich Gott. Wir haben nur Angst vor Erfahrungen und schließen unsere Seele in einen dicken Panzer. Spirituelle oder mystische Erfahrung aber ist relativ einfach. Ich muß nur wollen, beten, auf meine Intuition hören und mich einlassen. Dann offenbart sich mir eine andere Welt.

Nehmen Sie Kontakt auf zur *Antilope*, denn sie steht für Handeln. Ich kenne viele Menschen, die zwar die Erkenntnis haben, daß sie falsch leben, aber nicht in der Lage sind, danach zu handeln. Die Antilope hilft, wenn man unfähig ist, zu handeln und den Willen des großen Geistes zu erfüllen. Machen Sie eine schamanische Reise zur Antilope, und fragen Sie, wo und wie Sie unbedingt handeln müssen, um bestimmte Erfahrungen zu machen.

Dieser Stein gibt Hilfe und Heilung bei: Ausweglosigkeit, Streben nach Glück, mangelnden Lebenslektionen, Suche nach Reife, Zynismus.

Edelstein: Aquamarin

35. Einsicht

Krafttier: Das Gürteltier

Dieser Stein lehrt uns, Einsicht zu haben, das Wesentliche zu erkennen und Grenzen zu setzen.

Einsicht bedeutet die Fähigkeit, nach innen zu schauen, aber auch die Sichtweisen der Menschen zu verstehen.

Einsicht bedeutet auch, auf die innere Stimme zu hören, um neue Perspektiven zu überdenken. Die meisten Menschen haben nicht die Einsicht darüber, was ihnen guttut und was nicht. Sie können oft nicht rechtzeitig Grenzen setzen und landen dann in Situationen, in denen sie gar nicht sein wollten.

Nehmen Sie Kontakt auf zum Gürteltier, denn das Gürteltier kann Ihnen helfen einzusehen, wann Sie Grenzen ziehen müssen. Das Gürteltier trägt einen Schutzpanzer, mit dem es sich gegen Feinde und Angriffe schützen kann. Wenn wir plötzlich in eine Schußlinie geraten, und damit meine ich in die negativen Projektionsfelder anderer Menschen, die uns nichts gönnen, dann ist es an der Zeit, mit dem Gürteltier zu arbeiten.

Machen Sie eine schamanische Reise, und fragen Sie das *Gürteltier*, warum Sie in diese Lage gekommen sind und was Sie tun müssen, um sich vor weiteren Angriffen zu schützen.

Einsicht bedeutet auch, daß Sie sich im klaren darüber sein müssen, welche Erfahrungen Sie machen wollen und welche nicht. Malen Sie sich einen großen Kreis auf, und schreiben Sie in den Kreis, welche Erfahren Sie gerne machen möchten. Um den Kreis schreiben Sie, welche Erfahrungen Sie überhaupt nicht machen möchten. Und dann handeln Sie danach. Sagen Sie nicht mehr ja, wenn Sie nein sagen wollen.

Dieser Stein gibt Hilfe und Heilung bei: Abhängigkeit von Vorstellungen anderer, wie man zu sein hat, und zu starker Extrovertiertheit.

Edelstein: Citrin

35. Stärke

Krafttier: Pferd – Kraft

Dieser Stein steht für Energie und Kraft.

Die meisten Menschen denken, sie hätten zu wenig Kraft, und vegetieren vor sich hin. Kraftlos aber sind wir nur, wenn wir keine Ziele haben und keinen Lebensplan. Körperliche Kraft kann ich nur haben, wenn mein Energiesystem funktioniert. Kraft ist das Leuchten, aber ohne Strom keine Kraft. Der Strom ist Gott. Der Strom fließt immer, jedoch liegt es an mir, ob ich mich anschließe oder nicht. Wir alle haben einen freien Willen, und nur wir können die Entscheidung für uns treffen.

Nehmen Sie Kontakt zum *Pferd* auf.

Für die Schamanen war das Pferd schon immer eine wichtige Kraft. Der Schamane ruft das Pferd, um in die anderen Welten zu reisen, deshalb ist an den meisten Schamanentrommelstöcken ein Pferdekopf.

Machen Sie eine schamanische Reise zum Pferd, und fragen Sie, was Sie tun müssen, um Kraft und Energie zu entwickeln.

Dieser Stein gibt Hilfe und Heilung bei: Abhängigkeiten von Vorstellungen, Mangel an Disziplin, Dünnhäutigkeit, Furchtsamkeit, Selbsthaß, Schwäche.

Edelstein: Granat/Türkis

Fragen zum 3. Chakra

1. Wie gehen Sie mit Ihrer Macht um?
2. Wie gehen Sie mit Ihrer Ohnmacht um?
3. Beschreiben Sie die Personen, die Sie am meisten hassen.
4. Wie können Sie sich abgrenzen?
5. Auf was können Sie sich nicht einlassen, und was können Sie nicht loslassen?

ZUSAMMENFASSUNG

Wenn Sie eine Blockade im dritten Chakra haben, dann unterstreichen Sie die Begriffe, bei denen Sie sich emotional angesprochen fühlen:

Unzufriedenheit, starre Egostrukturen, Kontrollsucht, Machtansprüche, Geltungsdrang, gesteigerter Aktivitätsdrang, Gefühle der Ruhelosigkeit, Frustration, Konkurrenzprobleme, Mangel an innerer Gelassenheit, Unfähigkeit loszulassen, Wunsch nach Anerkennung, Überanpassung, Unflexibilität, Unsicherheit, mangelndes Selbstbewußtsein, Mißtrauen, übersteigerte Putz- oder Kaufsucht, übertriebenes Prestigeverhalten, Gier und Neid, Angst, Ohnmacht und Schuldgefühle.

Körperliche Störungen drücken sich aus in:
Magen-, Leber- und Gallenleiden, Störungen der Verdauungsfunktionen, des Nervensystems, des Zwölffingerdarms und der Bauchspeicheldrüse.

HILFE ZUR SELBSTHILFE

Wie Sie sich selbst helfen können

1. Erkenntnis: Welches Problem habe ich im 3. Chakra?
2. Einsicht: Ich habe ein Problem und möchte es loslassen.
3. Information: Welche Hilfen und Möglichkeiten gibt es?
4. Handlung: Ich setze alle Hilfsmittel ein, um mein Problem loszuwerden!

DIE FARBE GELB

Die Farbe Gelb verkörpert Fröhlichkeit, Optimismus, Phantasie, Großzügigkeit und Herzlichkeit. Wenn Sie ein Problem im dritten Chakra haben, dann umgeben Sie sich eine Zeitlang mit gelben Sachen.

STEINE

Die Hüter der Steine sind unsere Freunde

Citrin: Der Stein für Liebende

Diesen Stein können Sie Ihrem geliebten Partner schenken.

Er ist ein guter Begleiter auf Reisen.

Wenn Sie Energie brauchen, dann legen Sie sich in einen Kreis von ca. 15 Citrinen. Der Abstand vom Körper sollte nicht mehr als zwanzig cm betragen. Dieser Kreis läßt auch keine Kräfte mit negativen Absichten durch. Er hat eine schützende Funktion.

Der Citrin hilft bei Verspannungen, Hüftgelenkerkrankungen und verhindert Narbenbildung.

Er kann eingesetzt werden zur Linderung von Juckreiz, bei Hautunreinheiten, besonders während der Pubertät, bei Alpträumen (unters Kopfkissen legen) und bei Insektenstichen (auf den Stich legen – befördert das Gift nach oben).

Er verleiht dem Träger die Beherrschung des Gefühlslebens, macht die Gedanken klar und das Gemüt heiter. Der Stein vermittelt Sonne und Wärme im Herzen, hilft bei Depressionen, Nervosität und Unruhe, bei Diabetes und Stoffwechselerkrankungen. Er stärkt das Immunsystem, regt Verdauung und Stoffwechsel an, kräftigt Herz, Kreislauf und Nerven und ist gut für Leber und Nieren.

Er ist ein guter Stein für alle, die mit sich im unklaren sind. Er stärkt empfindsame, depressive, traurige und leicht verwundbare, selbstmordgefährdete Menschen. Besonders gut für die Sternzeichen Löwe, Zwillinge, Jungfrau und Stier.

Pyrit: Die Macht der Zerstörung

Menschen, die gerne im Glitzer und Glimmer schwelgen, fühlen sich vom Pyrit angezogen, denn sie müssen lernen, daß nicht alles Gold ist, was glänzt. Der Pyrit hat eine zerstörende Energie. Einstmals wurden die Kampfgegenstände damit aufgeladen. Genauso gut kann er aber auch Strahlungsfelder zerstören.

Ritual

Legen Sie sechs Pyritsteine so hin, daß sie wie eine Sechs aussehen. Dieses Symbol zieht die zerstörerische Kraft ins Zentrum. Die so gelegte Sechs zerstreut Erdstrahlungen und Energiefelder verschiedenster Art.

Körperlich könnte diese Kraft bei bösartigen Gewächsen, bei Nieren- und Gallensteinen genutzt werden. Menschen, die zu weich sind und kein Durchsetzungsvermögen haben, sollten ihn nur kurze Zeit am Körper tragen.

Der Pyrit hebt Blockaden auf im Bereich der Atemwege, Bronchien und Lungen.

Er hilft bei nervösen Erschöpfungszuständen und Stottern, Problemen im oberen Darmtrakt und dem Verdauungssystem. Er stimuliert das Nervengewebe entlang der Wirbelsäule, welches mit dem Unterleib in Verbindung steht.

Er löst Ängste. Depressionen, Frustrationsgefühle und falsche Hoffnungen gehen durch den Pyrit zurück, weil durch ihn der Astralkörper gekräftigt wird. Besonders gut für den Widder. (Nur mit trockenem Meersalz reinigen!)

Gelber-Gold-Topas-Schutzstein

Seine Kraft wächst und verringert sich mit dem Mond, weswegen er auch ein Schutzstein ist.

Er verhütet Schlaflosigkeit und wehrt falsche Freunde ab. Er fördert die Leber, verhütet Nervosität und Wahnsinn.

Der Pyrit hat einen günstigen Einfluß auf den Blutkreislauf, die Krampfadern und die Hämorrhoiden. Er hilft bei Kopfschmerzen und schenkt Reinheit und Fröhlichkeit. Er wirkt beruhigend aufs Gemüt mit sanften Schwingungen. Er stimuliert und harmonisiert den gesamten Organismus und die Nerven.

Er kräftigt das Herz, den Kreislauf und entspannt den Solar-Plexus.

Der Pyrit stärkt unsere Konzentration und Kreativität, inspiriert unser Bewußtsein zu höherem Denken und beflügelt unsere Seele. Besonders gut für Löwen und Zwillinge.

Tigerauge

Dieser Stein aktiviert das Bewegungszentrum, stärkt Knochen und Gelenke und wirkt lindernd bei Atemnot und Asthma. Er wirkt beruhigend auf das Stoffwechselsystem und die Nerven. Er hilft bei der Konzentration von Gedanken und verleiht Geisteskraft. (Gut für schulpflichtige Kinder.) Er kräftigt willensschwache und mutlose sowie stressgeplagte Menschen und stärkt das Sonnengeflecht.

Dieser Stein gibt Wärme und Geborgenheit. Er schärft unsere Gedanken, die sich auf den Umgang mit der Materie richten. Er ist gut für Menschen, die Schwierigkeiten mit finanziellen Angelegenheiten haben. Besonders gut für Zwillinge, Jungfrauen und Löwen.[18]

AROMATHERAPIE

Die Aromatherapie kann uns bei Unstimmigkeiten und Gefühlsschwankungen helfen.

Anis hilft bei schwerwiegenden Ängsten und Träumen, verbreitet eine fröhlich-heitere Stimmung und hält negative Einflüsse von außen ab.

Heilwirkung: lymphanregend, lindert Menstruationsbeschwerden, schleimlösend, wirkt gegen Krämpfe und Blähungen. (Vorsicht nur minimal dosieren!)

Bergamotte verbreitet Fröhlichkeit und Vertrauen, vermittelt Zuversicht und Gelassenheit und stärkt die eigenen Kräfte.

Heilwirkung: appetitanregend, hilft bei Ekzemen und anderen Hautproblemen, wirkt entgiftend, erhöht Zielstrebigkeit und fördert einen gesunden Ehrgeiz.

Zitrone verbreitet Energie, Vitalität und Aktivität, hilft bei Erschöpfung und Überanstrengung.

Heilwirkung: regt Lymphfluß und Blutzirkulation an, wirkt entschlackend und blutbildend.

Basilikum fördert geistige Aufnahmefähigkeit, Klarheit und Merkfähigkeit.

Heilwirkung: bei Schlaflosigkeit, nervlicher Überanstrengung, Depressionen, wirkt stärkend, entgiftend und hilft bei Übelkeit. (Nicht in der Schwangerschaft anwenden!)

BACHBLÜTEN

Clematis

Für den Tagträumer, der sich für nichts interessiert, den Unglücklichen, der seine Hoffnungen in der Zukunft begräbt, den Lebensmüden, der sich nach dem Tod sehnt.

Honeysuckle

Für den, dem die Vergangenheit wichtiger ist als die Gegenwart und dem es schwerfällt, an ein neues Glück zu glauben.

Mimulus

Für das in sich verschlossene Angstpaket, mit dem man nicht reden kann.

Red Chestnut

Für den, der vor lauter Sorge seine geliebten Menschen nicht aus dem Hause läßt.

Wild Rose

Für den Resignierten, Gleichgültigen, der sich seinem Schicksal ergibt und sich zu ohnmächtig fühlt, um irgend etwas zu ändern.

Rock Rose

Für den panisch Hoffnungslosen, der die Kontrolle über sich verloren hat und einer Ohnmacht nahe ist.

Übersicht: Drittes Chakra (Manipura-Chakrs)

Themen: Macht – Ohnmacht, Angst, Verstand, Handeln, Projektionen, Konkurrenz, Meinung, Fähigkeiten, Intellekt, Analyse, Abgrenzung

Farbe: Gelb

Steine: *Tigerauge, Citrin, Pyrit, Malachit*, Bernstein, Gold-Topas, Pyritsonne, Rutilquarz

Düfte: *Anis*, Lavendel, Rosmarin, *Bergamotte*, Weihrauch, Orange, Oregano, Galbanum, Muskatellersalbei, Pinie, Melisse, *Zitrone, Basilikum*

Bachblüten: Vervaine, Larch, Pinie, White Chestnut, Gentian, Sweet Chestnut, Cherry Plum, Hornbeam, Clematis, *Mimulus Honeysuckle, Red Chestnut, Rock Rose, Clematis, Wild Rose.*

4. STUFE:
HINGABE

DIE HEILENDE KRAFT DER WEIBLICHKEIT

Weibliche Spiritualität und archaische Rituale bestimmen immer mehr unser Dasein. Was aber nun ist genau weibliche Spiritualität, und gibt es auch eine männliche? Wenn ich nun behaupte, das Männliche sei an allem Schuld, so meine ich damit nicht den Mann an sich, sondern seine falsch gelebten Anteile, die nicht archaisch, sondern gesellschaftlich bestimmt sind.

«Ein Mann muß stark sein, ein Mann darf keine Gefühle haben usw.» Diese falschen Muster werden schon in unserer Kindheit angelegt, und auch hier ist die Schuld nicht unseren Eltern zuzuschreiben, denn diese sind auch nur falsch erzogen worden.

Für Frauen gilt das gleiche. Die Frau gehört in Heim und Stube, sie ist als sinnliches Wesen eine Gefahr für Männer, und das Denken wird ihr von vornherein abgesprochen. Natürlich gibt es Ausnahmen: die Karrierefrau. Sie bestimmt über sich selbst, wird anerkannt und bewundert. Doch auch sie ist in die gleiche Falle getappt wie die Männer. Wir funktionieren, unterhalten das System und haben jeden Kontakt zu wahren Beziehungen und einem glücklichen, sinnlichen Leben verloren. Das ist das Dilemma des zwanzigsten Jahrhunderts. Doch warum ist alles so gekommen?

Wenn eine patriarchalische (männliche) Gesellschaft solange existieren kann und es schafft, sich selbst zu vernichten, dann muß etwas ganz Gewaltiges, Gegensätzliches vorher passiert sein. Und ausgerechnet ein Mann mit Namen Bachofen recherchierte und analysierte über das Matriarchat. Einer Kultur, die von Frauen bestimmt wurde, die die Macht aber niemals ausgelebt haben. Matriarchat bezieht sich auf Mutterrecht und bezeichnet eine Gemeinschaft, in der die Abstammung des Kindes ausschließlich auf die Mutter zurückzuführen ist. Verehrt wurde die Urmutter, die Göttin. Sie hatte je nach Kultur einen anderen Namen und andere Kraftfelder.

Bachofen stieß im Laufe seiner Arbeit auf den ägyptischen Mythos von Isis und Osiris. Danach ist Isis die Erde, die weibliche Natur, Gefäß und Stoff der Schöpfung. Osiris ist die Zeugungskraft und repräsentiert das männlich-geistige Prinzip. Diese Verbindung von Weiblich-Stofflichem und Männlich-Geistigem fand Bachofen nicht nur in Ägypten und zog daher die «geniale» Schlußfolgerung, daß die Frau dem Manne von Natur aus unterlegen ist. Am Ende steht nämlich die Herrschaft der Männer, der Triumph des Geistes (Philosophie – obwohl Philia Sophia die Liebe zur Weisheit bedeutet und damit auch weiblich ist) über Weib und Natur, und somit fand eine Rechtfertigung über die Ausbeutung von Frauen und Natur statt. Damit hat Bachofen nicht nur das Matriarchat entdeckt, sondern den Mythos geschaffen, daß der Mann sittlich und geistig überlegen ist. Daß er sich nach langem Kampf endlich gegen die kultische Überlegenheit der Frau durchgesetzt hat, mit der Funktion, die Männerherrschaft seiner und unserer Zeit zu legitimieren.

Und die ideologische Kraft war so stark, daß sich die Unterdrückten, große Teile der Frauenbewegung, wieder freiwillig an den Webstuhl gesetzt haben und die Ausbreitung des Mythos selbst übernahmen.

DIE GÖTTIN

Natürlich hat die Göttin nicht nur gute Seiten, sie ist auch zerstörerisch. Jedoch liegt in der Zerstörung auch Heilung. Olga Rinne schreibt in ihrem Buch über «Das Recht auf Zorn und Eifersucht»: *«Der dunkle Aspekt der Göttin löste eine tiefe Furcht aus. Medea z.B. ist eine ambivalente Gestalt für den Übergang vom Matriarchat zum Patriarchat. An ihrem Abstieg, von der Heil- und Weisheitsgöttin zur mächtigen, klugen gefährlichen Magierin und schließlich zur eifersüchtigen Gattin und Kindesmörderin, läßt sich ablesen, wie das Weibliche mit zunehmendem Machtgewinn des Patriarchats entwertet und dämonisiert wurde. Sie repräsentiert das dunkle Weibliche, das wertvolle Kräfte enthält, die im Ich einer Frau nur freigesetzt werden können, wenn sie es wagt, in diese Dunkelheit hineinzuschauen und ihr ohne Angst zu begegnen.»*

Das Patriarchat hat eine gefügsame, angepaßte und zurückgenommene Frau hervorgebracht. Heute nun steigt der Mythos der uralten Göttin neu auf. Wir befinden uns auf dem Weg zu einer neuen Zeit, die nicht mehr patriarchalisch bestimmt ist, aber auch nicht matristisch. Sie wird die Synthese von beiden sein, nämlich androgyn. Eine Zeit, in der die männlichen und weiblichen Kräfte ausgewogen sind.

Götter und Göttinnen sind archetypische Urbilder und in jedem von uns enthalten. Sie müssen gelebt werden und sind ein wichtiger Teil unserer Identität. Wird nun ein Teil unterdrückt oder abgespalten, z.B. der weibliche (auch und vor allem bei Frauen), kommt er in der Form eines Dämons wieder zurück. Der Dämon kann auftreten als Eifersucht, Rache, Neid oder selbstgesuchte Isolation. Der Dämon hilft, uns selbst zu erkennen und zu ändern. Er will integriert werden, damit wir uns zu einem Ganzen entwickeln.

Unter weiblicher Spiritualität verstehe ich, mich meiner selbst, meiner Herkunft und meiner Kraftfelder bewußt zu sein und sie heilend anzuwenden. Das gleiche gilt auch für männliche Spiritualität. Im Grunde gibt es hier keinen Unterschied, denn beide, Mann und Frau, müssen ihre abgespaltenen Seiten in sich integrieren, um ihr Mann-/Frausein wirklich bewußt und liebevoll leben zu können.

Viele Kulturen verehrten eine «Erdmutter» als Bewahrerin des Lebens. In der Antike hieß sie Gaia. *«Eine Göttin ist die Erde, und sie lehrt Gerechtigkeit. Denn je besser man ihr dient, desto mehr hält sie bereit.»* So besingt um 400 vor Christus der griechische Dichter Xenophon die Erdmutter Gaia. Schon in Mittelmeerkulturen, die noch keine Schrift kannten, wurde die Erde als göttlich verehrt. Diese alten Kulturen stellten die vollbusige «Mutter Erde», den Inbegriff der Fruchtbarkeit, oft mit männlichen und weiblichen Merkmalen dar. Denn sie verstanden die Erde als ein selbstschöpferisches Wesen: Sie braucht die Ergänzung des männlichen Elements nicht, sie trägt es bereits in sich.

Kultstätten für Gaia entstanden oft auf Hügeln, an Quellen oder in Höhlen, überall dort, wo die Landschaft sich auffällig von der Umgebung unterschied. Solche Landschaftsmerkmale galten als Zeichen dafür, daß Gaia selbst den Platz ausgesucht hatte. An diesen Kultstätten durfte nichts verändert werden: Kein Baum wurde gefällt, kein Fisch gefangen, kein Tier gejagt. Möglicherweise waren heilige Bezirke die ersten Naturschutzgebiete.

Wer sich gut mit Gaia stellte, dem schenkte sie reichlich von ihren Schätzen. Über Fehler des Menschen ging sie großmütig hinweg bis zu einem bestimmten Punkt: Wer ihre Gesetze brach und achtlos mit ihren Geschöpfen umging, hatte mit harten Strafen zu rechnen. Die Geschichte des Altertums ist voll mit Berichten über Hungersnöte, Krankheiten und Naturkatastrophen – in den Augen der alten Griechen keine Schicksalsschläge, sondern Gaias Rache.

Ich fand den Zugang zum weiblichen göttlichen Aspekt über die buddhistische Göttin Tara. Obwohl ich mich erst viel später auch für den buddhistischen Zusammenhang interessierte, trat sie plötzlich in mein Leben. Praktisch konnte ich mit ihr arbeiten, weil ich zufällig ein Buch von M. Pema-Dorje fand, «Tara – weiblich-göttliche Weisheitskraft im Menschen.» Ich habe die wichtigsten Aussagen zusammengefaßt, weil es über Tara sehr wenig Informationen gibt. Eine andere Möglichkeit besteht darin, sich an die verschiedenen buddhistischen Mönche zu wenden und an den Retreats oder Vorträgen teilzunehmen.

DIE TANTRISCHE GÖTTIN TARA

«*Tara* ist eine persönliche Gottheit (Yidam), d.h. eine in uns wohnende Gottheit. Wir verehren sie solange, bis wir selbst die Taraqualitäten leben, d.h., uns selbst als Tara annehmen. Sie ist ein weiblicher Buddha. Es gibt einundzwanzig Taras, deren Haupttara die Grüne Tara ist.»[1]

(Es ist notwendig, in der schamanischen Praxis Taras Gebete zu rezitieren, und dafür empfehle ich die Broschüre «Befreiung von Leid» mit dazugehöriger Kassette vom Tharpa-Verlag, Berlin, weil die Texte mehr gesungen als gesprochen werden. Von dort ist auch zu erfahren, ob es in Deutschland eine Tara-

Einweihung/Ermächtigung gibt. Ich selbst habe an so einer Ermächtigung teilgenommen, und es war eine sehr wichtige Erfahrung für mich.)

Es gibt mehrere Geschichten über die Entstehung Taras.

1. Der Legende nach ist sie aus einer Träne des *Bodhisattva Avalokiteshvara* hervorgegangen, als dieser voll Mitgefühl mit den vielfältigen abgrundtiefen Leiden all der vielen Lebewesen aus tiefstem Herzen Tränen vergoß. *Avalokiteshvara* gehört zu den fünf Buddha-Aspekten. Aus ihm quillt unendliches Erbarmen mit aller Kreatur. Aus dem Herzen, dem Zentrum dieses Erbarmens, erwachen die Qualitäten, welche zusammen das Wesen der *Tara* ausmachen. So gesehen ist *Tara* die Spiegelung der im Herzen wohnenden Buddha-Natur.[2]

2. Als Avalokiteshvara, der Herr des Mitleids, gelobt hatte, alle Wesen von Leid zu befreien, war das in einem schlechten Zeitalter, vor einer unermeßlichen Zahl von Zeitaltern. Die Welt war voller Leiden. Die Menschen verhielten sich sehr schlecht: gegeneinander, gegen die Tiere, gegen die Erde, gegen alles. Sie waren total in der Welt der Verblendung befangen. Wenn Avalokiteshvara ein Wesen vom Leiden befreien konnte, wurde ein anderes davon niedergestreckt. Es schien, als habe er eine hoffnungslose Aufgabe übernommen, ein unmögliches Gelübde geleistet, und er wurde zusehends mutloser. Er war so entmutigt, daß er begann, seinen Kopf gegen die Wand zu schlagen. Als er dies tat, erschienen acht verschiedene Köpfe aufgrund der Segenswünsche der Buddhas. Hinten auf seinem Kopf öffneten sich gleichzeitig zwei Augen, und aus diesen Augen begannen Tränen zu fließen. Aus diesen Tränen entstanden zwei Taras, die *Weiße Tara* und die *Grüne Tara*.

Die *Weiße Tara* sprach zu Avalokiteshvara: «Beunruhige dich nicht, ich will dir helfen. Ich werde arbeiten, um fühlenden Wesen zu helfen, ihr Glück zu erhöhen und ihr Leben zu verlängern.» Dann sprach die *Grüne Tara* zu ihm und beruhigte ihn ebenso, indem sie sprach: «Ich will arbeiten, um den Wesen alle Hindernisse wegzuräumen und ihren Pfad zu reinigen.»

Obgleich Avalokiteshvara der Herr des Mitleids ist, ist es für fühlende Wesen leichter, den Segen der *Tara* zu empfangen. Ruft man sie an, so entfernt sie schnell alle Hindernisse.[3]

3. Vor unzähligen Äonen, in einem ganz anderen Zeitalter (Kalpa), zur Zeit des *Buddha* Ngadra lebte eine Prinzessin namens Yeshe Dawa, Mond der Weisheit. Sie spendete dem *Buddha* Ngadra und der spirituellen Versammlung zahllose Opfergaben, wodurch sie der eigenen Erleuchtung sehr nahe kam. «Wenn du um eine männliche Existenzform betest, wirst du noch in diesem Leben erleuchtet werden», sagten die Mönche. «Mann, Frau, das *Selbst*, die Person – all diese Phänomene haben keine wahre Existenz», sagte Yeshe Dawa. «Sie existieren nur als Projektionen unserer unrichtigen Vorstellung von der Welt. In Wahrheit existieren sie nicht in und aus sich selbst. Sie haben keine getrennte unabhängige Existenz, so daß für mich keine Notwendigkeit besteht, mich in einen Mann zu verwandeln. Die Vorstellungen des Männlichen und Weiblichen täuschen weltlich gesinnte Menschen stets. Viele möchten Erleuchtung in der Existenz eines Mannes erlangen, aber wenige möchten zum Wohl fühlender Wesen in einer weiblichen Form wirken. Deshalb will ich in der Existenzform einer Frau bleiben bis zur Erlangung der Erleuchtung und so das Rad des Dharma drehen, indem ich zum Nutzen aller Lebewesen wirke, bis die Welt des Samsara leer ist, und alles Leiden ein Ende gefunden hat.» Geshe Ringpoche erzählt dann, daß nach diesem Gelübde Yeshe Dawa noch viele Millionen Jahre mit Meditation über die sechs Vollkommenheiten verbrachte, bevor sie selbst den Zustand mentaler Konzentration erreichte, der da heißt «frei von Samsara». Nachdem sie dieses Ziel erreichte, half sie Millionen von Wesen tagtäglich vom Leiden, von der Welt des Samsara befreit zu werden.

Das tat sie durch die Kraft ihrer mentalen Konzentration und durch Unterweisungen. Sie lehrte die Menschen, wie sie Liebe, Freundlichkeit und Mitleid erlangten, sie wandelte ihren Zorn in Geduld. Weil so viele Wesen von Yashe Dawa gerettet wurden, nannten sie sie nun die Befreierin, die Mutter, die befreit, Drolma – so das tibetische Wort für *Tara*. *Tara* ist ihr Name im Sanskrit. Tagtäglich, wenn Jashe Dewa aufwachte, nahm sie kein Frühstück zu sich, bevor sie nicht über eine Million Wesen vom Leiden befreit hatte. Schließlich verweigerte sie das Abendessen, bis wenigstens eine weitere Million frei war, selbst wenn es darüber Nacht wurde. «Du, Yeshe Dawa», prophezeite der *Buddha* Ngadra, «wirst die Erleuchtung in Gestalt der *Buddha-Tara* erlangen.» Wie er es vorhersagte, wurde sie erleuchtet und wirkte, um alle Lebewesen von den Leiden der Welt zu befreien. Seitdem verließen sich alle großen Meister auf *Tara*.[4]

PRAXIS: DAS MANTRA DER TARA

Das Wichtigste ist das Mantra, das ist sozusagen die Telefonnummer. Je öfter man anruft, um so schneller nimmt sie den Hörer ab und hört sich die Sorgen an. Das Mantra sollte mindestens 21 mal laut gesprochen werden, besser aber noch 108 mal. (Man nehme eine Mala zum Zählen.)

Das Mantra muß sich tief im Unterbewußtsein einprägen und sich sozusagen verinnerlichen.

«Om tare tuttare ture soha»

- *Om* ist der kosmische Urton,
- *Tare* ist die Anrufung von *Tara*. Ihr Name soll durch das Aussprechen in unserem Geist verwirklicht werden.
- *Tuttare* bedeutet, daß *Taras* göttliche Kraft durch uns wirken soll.
- *Ture* bedeutet, daß die göttliche Kraft durch uns erfahrbar wird.
- *Soha* bedeutet, daß die göttliche Kraft durch uns nach außen strömt.

«*Om* ist die Anfangssilbe. *Tare* bedeutet, daß sie uns aus dem unaufhörlichen Kreis der zyklischen Existenz retten kann. *Tuttare* heißt, daß sie uns vor den acht großen Ängsten retten kann. *Ture* besagt, daß sie die Kraft hat, uns vor chronischen

Krankheiten zu heilen, *Soha* ist die letzte Silbe des Mantras, so wie *Om* die erste ist. Dieses Mantra zu wiederholen kann Ihr Leben verlängern.»[5]

DIE TARA-PRAXIS

Da Tara eine buddhistisch-tantrische Göttin ist, kann man sie nicht einfach aus dem buddhistischen Zusammenhang herausnehmen, d.h., man muß die buddhistischen Rituale und die buddhistische Weltsicht miteinbeziehen.

Im Buddhismus wird der Negativität keine eigene Identität zugeordnet. Sie sagen: Negativität ist die Folge mangelnder Positivität und die Folge vom Nichtausüben der eigenen Kraft. Der Schüler lernt, zuerst das Negative aus seinem Körper, Geist und seiner Seele zu beseitigen und zu bereinigen, was die Kraft seines Lebens verfälscht und blockiert. Um das zu erreichen, haben sie die sechs Paramitas entwickelt, d.h. die sechs befreienden Eigenschaften, die den Schüler von all seinen Hemmnissen und Fesselungen befreien sollen.

Tara ist die Göttin, die dabei hilft, damit der Mensch seine Kräfte und Anlagen voll zur Entfaltung bringen kann. Deshalb ist die Tara Praxis auch eine therapeutische Praxis, d.h.: «*Die buddhistisch-tantrische Praxis beginnt damit, eigene ungünstige Positionen und Einstellungen aufzugeben und alle verfügbaren Kräfte konstruktiv einzusetzen, um unmittelbar das auszudrücken, was allerhöchste Wirklichkeit ist. Auf diese Art entzieht sich der Mensch dem sogenannten ‹Bann des Bösen›, der als trügerische Wirklichkeit, als Illusion erkannt wird und in der er gefangen und in seiner Lebendigkeit behindert war.*»[6]

Um die tantrische Praxis kennenzulernen muß man erst durch einen vorbereitenden Klärungs- und Reinigungsprozeß gehen. Sonst verschließt sich der Tantrismus und man ist eher verwirrt als befreit.

DIE SECHS PARAMITAS

1. Großzügigkeit
2. Geduld
3. Rechtschaffenheit (Ethik)
4. Willensanstrengung und Fleiß
5. Güte und Sanftmut
6. Weisheit (Sophia)

GROSSZÜGIGKEIT

Tara ist so großzügig, daß sie alles Negative, Leidvolle und Unvollkommene, das sie um sich wahrnimmt, gefaßt ertragen kann, ohne selbst daran zu zerbrechen. Diese Kraft gilt es, in uns zu erwecken, d.h., wenn mir etwas Negatives widerfährt, so muß ich versuchen, es zu ertragen, und, wenn möglich, nicht emotional darauf zu reagieren. Dabei muß ich darüber nachdenken:

1. Warum bin ich in diese Situation gekommen?
2. Wie kann ich solche Situationen, die für mich negativ sind, das nächste Mal vermeiden?

Tara sieht, wieviele Fehler wir machen, wie wir durch Blindheit geschlagen sind, aber sie sieht auch, daß wir karmisch verstrickt sind und uns befreien möchten, und sie hilft uns durch Mitgefühl und durch aktive Zuwendung, indem sie uns Möglichkeiten gibt, uns selbst und unser selbstgeschaffenes Chaos zu durchschauen. Und so sollen wir uns auch anderen Menschen gegenüber verhalten: Zu sehen, daß sie sich falsch verhalten, aber zu akzeptieren, daß es für sie in ihrem momentanen Zustand nicht anders möglich ist. Also zeigen wir großzügiges Mitgefühl und lassen uns nicht emotional in Negatives verstricken.

Aber wie schafft man das im Alltagsleben? Wir werden doch dauernd durch negative Einflüsse gestört. Und ich kann doch meine Gefühle, wie Wut und Angst, nicht ständig unterdrücken. Ich habe die Erfahrung gemacht, daß wenn ich in bedrohlichen

Augenblicken anfange, mein Tara-Mantra zu rezitieren, sich die Situation erleichtert. Das ist aber eine Übungssache und geht nicht von heute auf morgen. Ich stelle mir Tara im Herzen vor und wie sie großzügig Verständnis für die Situation entwickelt und wie sie großzügig über den Dingen steht. «Ein großzügiges Herz verträgt viel, hält Spannungen aus, läßt sich tief berühren und reagiert nicht ängstlich und verzweifelt. Nur ein kleinmütiger Geist wehrt angstvoll alles ab und ist unbeweglich, unbelehrbar und sperrt sich gegen jede Entwicklung. Ein kleinmütiger Geist reagiert allergisch. Allergie ist ein Phänomen von überschrittener Toleranzfähigkeit, d.h. nicht, daß ich alles tolerieren muß, aber ich denke, ich muß vorher die Grenzen festlegen von dem, was ich tolerieren kann und was nicht.»[7]

Fragen

Wie großmütig gehen Sie mit sich und mit anderen um?
Wo und wann reagieren Sie kleinmütig?
Worauf reagieren Sie allergisch?
Wer schafft es, Sie in Rage zu bringen, und wie können Sie die Situation im Vorfeld ändern, um emotional nicht darauf eingehen zu müssen.

GEDULD

Wenn wir die Natur betrachten, so erleben wir jedes Jahr die gleichen Jahreszeiten: Frühjahr, Sommer, Herbst und Winter. Geduldig ertragen die Pflanzen ihr Werden und Vergehen sowie Wind, Sonne und Schnee. In der Geduld ist Kraft gesammelt. Auch wir sollten uns im Winter zurückziehen, so wie die Pflanzen und Tiere, über uns nachdenken und Dinge neuordnen, um im Frühling wieder unsere Kräfte erblühen zu lassen und neue Ideen zu verwirklichen.

Geduld bedeutet auch, daß das Gewünschte auf sich warten läßt, daß es Schwierigkeiten gibt, daß Spannungen und Lernprozesse auszuhalten sind. Daß ich erst ein Thema zu bearbeiten habe, bevor etwas Neues auf mich zukommen kann. Die Prozesse brauchen ihre Zeit. Nach einer Trennung braucht der Mensch ein Trauerjahr, um die Trennung zu verarbeiten. Wir handeln oft viel zu schnell, zu unüberlegt. Ich habe oft erlebt, daß sich die Dinge ohne mein Zutun von selbst erledigen. Sie brauchen nur Zeit und ich Geduld. Aber wenn ich ungeduldig und nervös bin, etwas forciere oder zu beeinflussen versuche, dann schaffe ich mir Probleme, bin ärgerlich, weil es doch nicht funktioniert, und wütend über meine Unfähigkeit. Ein Mensch, der geduldig ist, behält Kopf und Hände frei und kann überlegt, weise und kreativ handeln. In der Geduld erlebe ich meine schöpferische Kraft, während ich in meiner Ungeduld gelähmt bleibe, weil ich die schöpferische Kraft mit meinem Ego bezwingen will. Meditation ist eine Form, Geduld zu praktizieren. Alleine das Sitzen und die Konzentration auf den Atem bringen einen emotionsgeladenen Menschen wieder in seine Mitte.

RECHTSCHAFFENHEIT (ETHIK)

Da wir Menschen in einer Gemeinschaft leben, können wir nicht einfach nur tun, was uns gerade einfällt. Das Kind lernt schon früh, was es darf und was nicht. So gibt es die 10 Gebote im christlichen Glauben und die fünf Silas in der buddhistischen Praxis:

1. Du sollst nicht töten und verletzten (auch keine Tiere und Pflanzen).
2. Du sollst keine Unwahrheiten reden.
3. Du sollst nichts Nichtgegebenes nehmen.
4. Du sollst keine sexuellen Unarten praktizieren.
5. Du sollst keine bewußtseinstrübenden Substanzen einnehmen.

Dharma ist der buddhistische Schlüsselbegriff und bedeutet soviel wie Weltgesetz. Es bedeutet soviel wie Zuflucht zu den göttlichen Gesetzen. Zu erkennen, was «wirklich ist». Und nicht das, was wir alles meinen, denken und diskutieren. Wir befinden uns im Samsara, d.h. im Kreislauf von Tod, Geburt und Wiedergeburt. Wobei die Buddhisten das Nirwana anstreben, indem sie dem Kreislauf von Samsara entrinnen und sich im Zustand des ewigen Friedens der Ruhe und der Erfüllung befinden.

Unsere Aufgabe ist es, eine Unterscheidung zu treffen zwischen dem egoinszenierten Machen und Habenwollen und dem gottgewollten Sein. Dafür müssen wir durch den Schleier blicken und unsere negativen Strukturen auflösen, unsere Bewußtheit muß erwachen. Dieses Erwachen ist im Grunde genommen auch der schamanische Einweihungsweg. Der Mensch, der wach wird und sich darauf einläßt, den Schleier des Phänomenalen, der Nicht-Wirklichkeit zu erkennen und zu beseitigen, der wird sich mehr und mehr aus den negativen Energieströmen befreien. Dazu gehört richtiges Handeln und rechtzeitiges Erkennen.

Wo machen Sie sich etwas vor? Was ist Illusion (Maya)? Was ist Realität?
Welche Rolle spielen Sie in Ihrem Leben? Ist es Ihre Rolle oder die eines anderen Menschen?
Wo und wie vergiften Sie sich selbst mit bewußtseinstrübenden Substanzen oder mit negativen Gedanken?

WILLENSANSTRENGUNG UND FLEISS

Tara baut ein Kraftpotential aus sich heraus, sammelt und konzentriert es und setzt es aktiv ein, wo es sinnvoll und heilsam ist. Durch ihre Willenskraft und ihren ausdauernden Fleiß wendet sie Unheil, Elend und Probleme ab. Das funktioniert allerdings nicht, wenn ich selbst nichts mehr dafür tue, d.h. meine Eigenverantwortlichkeit abgebe.

Ich habe die Erfahrung gemacht, daß ich bei 50% Anstrengung die anderen 50% von den Kräften geschenkt bekomme. Das macht mir das Leben leichter.

Taras Merksatz

Tue zuerst alles, was notwendig ist; dann tue, was sinnvoll ist; dann tue, was schön und erhaben ist.

Wo geben Sie Ihre Verantwortung ab?
Wie wandeln Sie durch Ihr Leben?
Wo ist Ihr Einsatz und Ihre Durchsetzungskraft, wenn es um Ihre Wünsche geht?
Wo und wie sabotieren Sie Ihre Gefühle und Bedürfnisse?

GÜTE UND SANFTMUT

Tara muß nicht engherzig mit ihrer Güte geizen, denn sie hat es nicht nötig, sich hart und verschlossen zu zeigen oder laut und herrisch aufzutreten, sich zu behaupten, überzogen drastisch zu argumentieren oder aggressiv zu denken. Dennoch ist sie nicht schwächlich oder standpunktlos, sondern kraftvoll gütig und sanft in ihrem Auftreten, Handeln, Reden und Denken.

«Es gibt oft im Leben eines Menschen Krisen. Die zentrale Krise jedoch ereignet sich, wenn grundsätzlich alles bisherige Sinnen und Trachten, alles ichbezogene Hetzen und Jagen, Kämpfen und Verteidigen, alle egozentrischen Anstrengungen keinen Erfolg gebracht haben. Man erlebt abgrundtiefe Frustration, Enttäuschung; und genau an diesem Punkt der Ausweglosigkeit erkennt man den Weg des Lebens: selber gütig sein. Das ist der Wendepunkt aus dem Eingesperrtsein. Dieser Wendepunkt tritt ein, wenn ich nicht mehr frage: ‹Was bringt es mir?› sondern ‹Wo und wie bin ich wichtig?› ‹Was ist jetzt meine Aufgabe?› Diese Geburt ist wie eine erlösende Befreiung.»[8]

In welchen Bereichen reagieren Sie zu emotional? Betrachten Sie Ihr Leben einmal mit Güte und Sanftmut und nicht mit Schuldgefühlen, verzeihen Sie sich die Dinge, die nicht so gut liefen. Und wenn Sie es jetzt ganz genau betrachten, hatte nicht alles genau so seinen Sinn, wie Sie es erlebt haben?

WEISHEIT (SOPHIA)

Weisheit ist ein Wachstumsprozeß. Weisheit erkennt den Sinn des Daseins, die «Absolute Realität». Weisheit erkennt die Einheit der Vielheit. Weisheit ist nichts anderes als das *Dharma* selbst, welches im Menschen zur vollen Selbsterkenntnis gelangt.

Weisheit befreit von jeder Täuschung und Illusion. Der Weg zur Weisheit ist Meditation und Stille.

WARUM GEBETE UND WELCHE?

Viele von uns haben in unserer schnelllebigen Zeit vergessen oder verlernt, zu beten. Mit Beten aber setze ich mich in Verbindung und bitte die Naturkräfte, Götter oder Göttinnen um Hilfe und Unterstützung. Sie selbst haben keine Möglichkeit, ohne unsere Anrufung zu helfen, auch wenn es uns noch so schlechtgeht, weil wir Menschen unseren freien Willen haben. Wenn jemand sich schlechtfühlt und er sich zum Alkohol, zu Nikotin oder anderen bewußtseinstrübenden Substanzen hingezogen fühlt, so kann ihm folgendes Gebet helfen:

«Ich bin meinem Körper, meiner Seele und meinem Geist so sehr wohlgesonnen, daß es ihnen immer gutgehen möge und sie ohne Irritierungen gedeihen und aufblühen können. Das Leben in mir möge nicht nur dahinvegetieren und einigermaßen gesund die zur Verfügung stehende Zeit überstehen, in ständigem Kampf mit negativ beeinträchtigenden

Substanzen, die nur aufputschen und dann Schaden hinterlassen, sondern möge eine wirklich klare, leuchtende, erwachte Bewußtheit sich entfalten, aus welcher dauerhafte Freude, Erfüllung und Glückseligkeit strahlen. Darum achte ich darauf, dem Körper nur gute und zuträgliche Nahrung und Substanzen zuzuführen, ihn nicht mit Giften und Schlacken unnötig zu belasten oder das aus ihm aufsteigende Bewußtsein zu trüben und zu beeinträchtigen.»[9]

Fragen zum 4. Chakra

1. Wie stellen Sie sich eine Lehrerfunktion vor?
2. Was könnten Sie lehren?
3. Was heißt Hingabe? Und wie geben Sie sich selbst hin?
4. Was bedeutet Eigenverantwortlichkeit, und wie gehen Sie damit um? Welche Probleme schieben Sie gerne ab?

ZUSAMMENFASSUNG

Wenn Sie eine Blockade im vierten Chakra haben, dann unterstreichen Sie die Begriffe, bei denen Sie sich emotional angesprochen fühlen:

Probleme, sich zu öffnen, zu empfangen oder anzunehmen in Form von Gefühlen, Zärtlichkeit oder Geschenken, Kritiksucht, Besitzanspruch, übertriebene Forderungen, Launenhaftigkeit, Unausgeglichenheit, Teilnahmslosigkeit, Depressionen, Verletzbarkeit und Überempfindlichkeit.

Abhängigkeit von Liebe und Zuwendung anderer, Angst vor Zurückweisung, abgelehnt und enttäuscht zu werden, Abwehrhaltung und übertriebene Selbstlosigkeit, egoistisch-erdrückende Liebe, die Bedingungen, Forderungen und Ansprüche stellt. Dogmatismus, Fanatismus, Schwarz-weiß-Denken und Intoleranz.

Abspaltungstendenzen drücken sich weiter aus in symbiotischen Beziehungen und Psychosen. Körperliche Schwierigkeiten drücken sich aus in: Herzbeschwerden, Durchblutungsstörungen, Immunschwäche, Funktionsstörungen der

Thymusdrüse (sie sorgt für Wachstum, steuert das Lymphsystem und regt das Immunsystem an), Krebs und Verkrampfungen.

HILFE ZUR SELBSTHILFE

Wie Sie sich selbst helfen können

1. Erkenntnis: Welches Problem habe ich im 4. Chakra?
2. Einsicht: Ich habe ein Problem und möchte es loslassen.
3. Information: Welche Hilfen und Möglichkeiten gibt es?
4. Handlung: Ich setze alle Hilfsmittel ein, um mein Problem loszuwerden.

DIE FARBE GRÜN

Die Farbe *Grün* fördert: Regeneration, Harmonie, Entspannung, wirkt ausgleichend und beruhigend auf Herz und Nieren, hilft gegen Schwellungen und Stauungen im Gewebe, stabilisiert Blutdruck und Herztätigkeit, baut Vergiftungserscheinungen und chronische Entzündungen rascher ab, wirkt heilsam auf Bronchien, unterstützt die Funktion der Augen, wirkt desinfizierend, kühlt bei Verbrennungen, strafft und verjüngt die Haut. Grün beeinflußt die Hirnanhangdrüse (*Hypophyse*) und greift damit regulierend in den Stoffwechsel ein. Es sorgt für ein Gleichgewicht zwischen Leber und Milz und wirkt regenerierend auf Muskeln und Bindegewebe.

STEINE

Rosenquarz: Der Hüter des Wassers

Er reinigt und befreit das Wasser von Schadstoffen und versorgt es mit Energie.

Geben Sie 3-4 Rosenquarze in ein Glasgefäß mit Wasser und lassen es 24 Stunden stehen.

Anwendung des aufgeladenen Wassers:
- Zur innerlichen Reinigung der Haut
- Es wirkt stärkend auf das gesamte Lymphsystem, besonders auf die Halslymphen.
- Für Augenbäder.
- Als Trinkkur für Blase, Magen und Darm.
- Es wirkt reinigend und schützend bei Strahlungen, hilft Narben zu enthärten, behebt Depressionen, Schlaflosigkeit und stärkt das parasympathische Nervensystem.

Der Rosenquarz nimmt unsere Ängste, heilt seelische Wunden, fördert die Fähigkeit, uns wieder zu lieben. Er gibt uns Zärtlichkeit, Weichheit und Offenheit. Er vermag, unsere Stimmungsschwankungen zu lösen und unser Kunstverständnis anzuregen. Er bringt Menschen, die sich zu sehr verhärtet haben, wieder dazu, Vertrauen zu fassen, liebevoller und friedlicher zu werden. Er zeigt uns, wie man mit Sanftmut und Liebe auf die Umwelt einwirken kann. Er nimmt das Heimweh, besonders bei kleinen Kindern. Als Stein des Künstlers belebt er unsere Phantasie und das schöpferische Denken. Besonders gut für die Tierkreiszeichen Stier und Waage.

Bei Schlaflosigkeit oder bei unruhigem, schlechtem Schlaf können Wasseradern daran Schuld sein. Legen Sie einen faustgroßen Rosenquarz (roh) ca. 60 cm vom Bett entfernt auf den Boden, evtl. mit einem schwarzen Turmalin. Die Stelle wird dadurch störungsfrei. (Auch gut gegen Computerstrahlen.)

Weitere Anwendungsmöglichkeiten:
Rosenquarzmehl mit Rosmarin- oder Thymianöl vermischen. Dies ist gut für die Haut. Bei Lymphschwellungen mit dem Rosenquarz am Hals ein paarmal darüberstreichen.

Aventurin: Der Zauberstein

Er steht für Wachstum und ist gut geeignet für die Behandlung kranker Bäume (legen Sie einen dichten Kreis Aventurine um die Bäume).

Er wirkt wachstumsfördernd im Garten (gegen Gartenschädlinge legen Sie Aventurine vereinzelt auf die Gemüsebeete).

Bei menschlichen Wachstumsstörungen (als Schmuckstück).

Heilende Wirkung bei Gallen-, Nieren- und Darmerkrankungen.

Bei Alpträumen unters Kopfkissen legen (füllen Sie ein Leinenkissen mit Kamillenblüten, Veilchenblättern, Heckenrosenblättern und kleinen Aventurinsteinchen).

Die Aventurine haben entkrampfende Wirkung für Gelenke und Gicht.

Der Aventurin hilft bei Ekzemen, Hautallergien, Akne und Haarausfall.

Er löst Probleme im Bereich des Herzens und des gesamten Nervensystems (bei Hautausschlägen ein Tuch mit getränktem Aventurinsteinwasser auflegen). Besonders gut für Stiere, Krebse und Schützen.

Jade

Grüne Jade hat eine besondere Beziehung zum Herzchakra. Jade bringt Erneuerung und Festigung für die Liebe.

Liebe zu Menschen und zum Göttlichen.

Suche nach höheren Dimensionen in der selbstlosen Liebe.

Sie bringt Frieden und Harmonie, Entspannung und Ruhe (gut geeignet für autogenes Training).

Zum Schlafen unters Kopfkissen legen.

Malachit

Er wirkt heilend bei Asthma, unregelmäßiger Menstruation, Wunden, Zahnschmerzen und Vergiftungen.

Er stillt Verlangen und schenkt Hoffnung, ist Tröster für unglücklich Liebende, stärkt das Herz. (Wer Wasser aus einem Malachitbecher getrunken hat, soll die Sprache der Tiere verstehen können).

Rhodonit

Er wirkt stärkend auf Gehör, Knochen und die Lunge und verbessert die Sauerstoffaufnahme.

Er ist hervorragend geeignet für die Schilddrüse, unterstützt das zentrale Nervensystem und gibt uns Kraft, Energie und Ausdauer.

Er hilft, Prüfungsängste zu beheben und die Lernfähigkeit zu steigern.

Der Rhodonit ist ein guter Helfer bei Veränderungen und Erneuerungsprozessen. Er läßt uns unsere Kräfte erkennen, fördert unsere Entwicklung und hilft bei der Selbstverwirklichung. Er hat einen beruhigenden und ausgleichenden Einfluß auf unser Gemüt.[10]

AROMATHERAPIE

Die Aromatherapie kann uns bei Unstimmigkeiten und Gefühlsschwankungen helfen.

Eukalyptus

Eine kühlende, stimulierende Pflanze, die eine klärende und bereinigende Wirkung hat. Sie schafft Verbundenheit mit der Natur und dem Leben.

Heilwirkung: Die Pflanze wirkt adstringierend, fiebersenkend, nervenberuhigend und antiseptisch. Sie hilft bei Husten, Bronchitis, Halsbeschwerden, Rheuma, Muskelschmerzen, bei unreiner Haut, Akne und Schuppenbildung.

Fichtennadel

Eine würzige Pflanze des Waldes, die für Ruhe, Harmonie und Ausgeglichenheit sorgt. Dabei füllt sie den Geist mit neuen Energien.

Heilwirkung: Zu empfehlen bei Bronchitis, Erkältungskrankheiten, Husten und Muskelverspannungen. Außerdem wirkt die Pflanze herzstärkend.

Tea-Tree

Eine harmonisierende, revitalisierende Pflanze, die die Nerven beruhigt und den Blick für das Wesentliche schärft.

Heilwirkung: Sie stärkt das Immunsystem, wirkt gegen Erkältungen und Infektionen.

BACHBLÜTEN

Beech

Für den, der immer nur das *Gute* und *Schöne* erblicken möchte und dabei die *Realität* übersieht. Um aber seine eigene Ruhe und Harmonie zu erreichen, braucht er Toleranz, Nachsicht und viel Verständnis.

Chicory

Für den, der sich ständig um seine Umwelt *Sorgen* macht, *Ordnung* schaffen und mitreden will. Ein *Enttäuschter*, der *Anerkennung* und *Zuwendung* erwartet, aber eher auf Kritik und Ablehnung stößt.

Heather

Für den *Unglücklichen*, der *nie alleine* sein kann und immer *alles* mit *jedem* besprechen muß.

Impatiens

Für den *ungeduldigen Denker* und *Handelnden*, der oft ungerecht ist zu seinen Mitmenschen und kein Verständnis zeigt für etwas Langsamere.

Rock Water

Für den *Selbstdisziplinierten*, der sich hart und unnachgiebig alle Freuden des Glücks und der Lust verkneift (Vegetarier, Beamte).

Vervain

Für den Übereifrigen, der sich an seinen fixen Ideen festhält.

Übersicht: Viertes Chakra

Themen: Lehrer, Persönlichkeit, Liebesfähigkeit, Hingabe, Integration, Mitgefühl, bedingungslose Liebe, Schamanismus, Schönheit, Eigenverantwortlichkeit.

Farbe: Grün

Steine: *Aventurin*, Malachit, Smaragd, *Jade, Rosenquarz*, grüner Turmalin, Moosachat, Chrysopas, Peridot, grüner Calzit, Chrysokoll, Rhodochrosit, *Rhodonit*.

Düfte: Kardamon, Orange, Bergamotte, Cajeput, Palmerosa, Melisse, Zeder, *Eukalyptus, Fichtennadel, Tea-Tree*, Latschenkiefer.

Bachblüten: Mustard, Holly, Star of Bethlehem, Gorse, Agrimony, *Impatiens*, Olive, *Beech, Chicory, Heather, Rock Water, Verveine*.

5. STUFE: RITUAL

Unser Leben besteht aus einer Vielfalt von Ritualen, die wir mehr oder weniger unbewußt begehen. Hochzeits-, Geburtstags- und Beerdigungsrituale sind uns bekannt, aber wer denkt schon daran, daß die morgendliche Zeremonie des Frühstückens ebenso aus einem Ritual besteht. In unserer postmodernen Welt haben Rituale kaum noch Platz. Der Mensch jettet gehetzt durch die Zeit, ohne sich bewußt darüber zu sein, was er zur Zeit tut. Für Spiritualität ist weder Raum noch Zeit. In der fernöstlichen Kultur beginnt und beendet der Mensch den Tag mit einem spirituellen Ritual. Rituale schaffen Kommunikation. Rituale dienen als «Verpackung» für unbewußte Botschaften.

In diesem Kapitel lernen Sie, Ihre schamanische Tracht herzustellen und mit Ritualen umzugehen.

Wenn wir ins Theater gehen, ziehen wir uns besonders schön an, zur Hochzeit trägt die Braut ein weißes Kleid, in Indien tragen die Gurus und Mönche die Farbe Orange. Bei der Trauerfeier tragen wir schwarz, und beim Karneval schlüpfen wir in alle möglichen und unmöglichen Kostüme. Wir verkleiden uns, um eine besondere Rolle zu spielen. So macht es auch der Schamane. Er tritt aus dem Alltagsbewußtsein heraus in eine andere Ebene, und damit das Innere Kind das auch versteht, zieht er besondere Sachen dazu an. Er geht von der profanen (einfachen) Welt in die sakrale (heilige) Welt. Auch der Priester in der Kirche zieht vor jeder Messe eine besondere Kutte an, um das Heilige zu würdigen.

Die heilige Handlung beginnt, wenn der Schamane in seine Tracht steigt.

Das Grundgewand kann ein Hemd sein, ein Kaftan oder ein Fellkleid. Wichtig ist, daß dieses Hemd dann nur noch für schamanische Zwecke verwendet wird.

Machen Sie zuerst eine schamanische Reise zu einem Krafttier. Ziehen Sie eine Karte aus dem Medizinradsystem mit der Frage: Welches Krafttier kann mir helfen, meine Schamanentracht herzustellen? Bitten Sie das Krafttier um Hilfe und Unterstützung. Vielleicht haben Sie ein Reh gezogen, das Ihnen sagt, daß die Kleidung aussehen soll wie ein Reh. Oft meldet sich eine bestimmte Tierkraft, die unbedingt dabei sein möchte. Sie entwickelt sich dann zu einem Hilfsgeist.

Das Hemd soll etwas Weibliches an sich haben, weil ja die Schamanenmänner mit ihrer weiblichen Kraft arbeiten, dies soll auch symbolisch nach außen repräsentiert werden.

Wenn Sie jetzt das Grundgewand haben und das Krafttier, dann begeben Sie sich am besten in die Kurzwarenabteilung eines Kaufhauses, denn Sie brauchen Glöckchen, Quasten, Fransen, Bänder, Fellstreifen und Metallscheiben, die Sie ans Gewand befestigen.

Die jakutischen Schamanen tragen oft Sonne und Mondscheiben an ihrem Gewand, damit sie auf dem dunklen Weg ins Jenseits Licht haben. Wichtig sind auch Federn für den Kopfschmuck. Das Gewand kann schließlich wie eine Tierverkleidung aussehen, denn oft nimmt man den Hilfsgeist so intensiv in sich auf, daß dieser versucht, sich über den Schamanen auszudrücken. Sie können auch Tierfiguren an einem Gürtel befestigen, aber wichtig sind die Glöckchen, denn durch das Klingeln der Glöckchen werden die guten Geister gerufen. Die Schamanentracht muß auch sorgfältig an einem spirituellen Ort aufbewahrt und soll nicht im normalen Kleiderschrank aufgehängt werden, weil sie auch Energie enthält. *«Die Schamanin bindet einen geblümten Rock um, legt den mit Schellen besetzten Schamanengürtel an, nimmt die kleine Trommel und den Schlegel in die Hand und verneigt sich vor den Geistern....»*[1]

Sie brauchen insgesamt:
1. Die Schamanentracht
2. Den Schamanenschmuck
3. Die Kopfbedeckung
4. Die Maske

Als Handwerkszeug:
5. Die Schamanentrommel
6. Den Trommelschlegel
7. Den Weltenbaum
8. Den Schamanenstab

9. Den Medizinstock
10. Das Schamanenschild
11 Die Pfeife
12. Den Bergkristall
13. Das Räucherwerkzeug
14. Den Schamanenbeutel
15. Die Rassel
16. Das Fußband

DER SCHMUCK

Als Schmuck trage ich einen kleinen Ganesha zum Schutz, eine Tarafigur als Zeichen der allumfassenden Liebe, einen Vajra als Entstörer von negativen Energien und ein Sai-Baba-Amulett als göttliche gegenwärtige Präsenz, dann oft noch Edelsteinketten zu bestimmten Zwecken.

FUSSBAND MIT RASSELN

Das Fußband können Sie selbst herstellen. Nehmen Sie dazu ein Lederband, und befestigen Sie daran kleine Glöckchen. Es dient auch dazu, die Geister zu rufen und in Kontakt mit Mutter Erde zu sein.

DIE KOPFBEDECKUNG

Die Kopfbedeckung kann bestehen aus einer Mütze oder einem Stirnband aus Pelz mit genähten Quasten und Bändern. *«Die rituelle Kopfbedeckung spielt von alters her bei den Zeremonien der Naturvölker eine besondere Rolle. Sie gilt für den Träger zunächst als Schutz vor schädlichen Einflüssen, die von feindlichen Mächten ausgehen. Um den dämonischen Angriffen, die ihn auf seiner Reise durch das Geisterreich bedrohen, zu begegnen, trägt auch der Schamane eine abschreckende oder wenigstens unkennt-*

lich machende Kopfbedeckung, meist aus entsprechenden Tierattributen.

In der Mandschurei trägt der Schamane bei der schamanischen Arbeit eine Perücke aus verschiedenen Tierfellen, die sich wie eine Mähne über sein Haupt legt. Die einzelnen Enden aller dieser Streifen bindet der Schamane zusammen und näht sie auf die gewöhnliche mandschurische Filskappe, an welcher ein paar kleine Hörner aus Metall und eine große Zahl Schellen und Glocken befestigt sind. Sie machen sich ihre Kappen aus Bären-, Wolfs-, Waschbären- und Fuchsfell.»[2]

DIE MASKE

«Auch Masken werden während der schamanischen Sitzung getragen. Zu der Bedeutung der Kopfbedeckung kommt der psychologisch wichtige Umstand hinzu, daß der Träger äußere Eindrücke, die ihn ablenken könnten, durch die Verhüllung nur in beschränktem Umfang wahrnimmt. Durch die Augenlöcher wird das Gesichtsfeld des Maskenträgers weitgehend eingeschränkt. Er ist ganz auf den inneren Bilderkult konzentriert, um in passiver Haltung auf das Kommen der Geister zu warten, so wie man sich bekanntlich mit geschlossenen Augen besser auf ein inneres Geschehnis sammeln kann. Man kann das Gesicht auch mit Fransen verhüllen, die von der Kopfbedeckung herunterfallen. Manche Schamanen bemalen ihr Gesicht mit Ruß. An den Masken befinden sich häufig Anhängsel, die ebenfalls Hilfsgeister darstellen.»[3]

Allerdings ist es etwas schwierig, mit einer Maske zu arbeiten und könnte dem Klienten Angst machen. Stellen Sie sich eine Maske selbst her. Dazu benötigen Sie Gipsverband aus der Apotheke und Plakatfarben sowie Bänder und Federn. Bitten Sie einen Freund, Ihnen zu helfen, denn Sie müssen sich hinlegen und die befeuchteten Gipsgazetücher um die Augen gelegt bekommen. Vorher eine Creme dick auftragen, um die Haut zu schonen, antrocknen und abnehmen, dann bemalen, Löcher bohren und Gummi durchziehen. Auch wenn Sie die Maske nicht benutzen, ist sie doch ein schöner Anblick auf dem Altar.

DAS HANDWERKSZEUG

Schamanentrommel

«Die Trommel ist die wichtigste Gerätschaft eines Schamanen, denn es handelt sich hierbei um einen sakralen Gegenstand. Jedes Detail der Trommel ist Träger von Symbolen, aber symbolisch ist auch die ganze Trommel selbst, das ‹Beförderungsmittel› des Schamanen. Sie ist das ‹Schiff› oder ‹Pferd› des Schamanen. Vor der Arbeit wurde die Trommel über das Feuer gehalten, um sie zu ‹beleben›. Das bedeutet symbolisch die Erweckung des Tieres, aus dessen Haut die Trommel verfertigt war, denn nur so konnte es dem Trommelnden als Tierhelfer dienen. Der Geist der Trommel war zugleich Hilfsgeist des Schamanen. Der Klang der Trommel lud die Geister zu den Zeremonien ein – der immer schnellere Trommelwirbel ähnelt dem Galoppieren von Pferden (Kind-Herzschlag). Wenn sie ‹reisten›, benutzten die Schamanen außer der Trommel Stöcke, die in einem Pferdekopf endeten.»[3]

Trommelschlegel mit Pferdekopf

«Auf den Trommeln sind oft Gottheiten oder Tiergestalten dargestellt. Bei den Bildern im Röntgenstil werden innere Organe von Tieren, die lebenswichtig sind, deren lebenswichtige Bedeutung der Jäger kennt und die man an sich nicht sieht, mitgezeichnet.»[4]

Weltenbaum

Für den Weltenbaum gehen Sie in die Natur und suchen sich einen Wurzelstock, den Sie dann anmalen und mit Bändern,

Federn und Fellen schmücken. Machen Sie sieben bis neun Einkerbungen in den Stock. Sie sollen die sieben Stufen zum Himmel oder die sieben Stufen in die Unterwelt symbolisieren. Die Zahl Sieben ist eine mystische Zahl und wiederholt sich immer. So braucht der Schamane auch sieben Schutzgeister, um eine schamanische Sitzung durchzuführen.

Der Baum ist eine Verbindung zwischen Himmel und Erde. Im Himmel wohnen die Götter in der Erde die Unterwelt.

«In der schamanischen Tradition wird von den 3 Stockwerken gesprochen oder auch 3 kosmischen Zonen: Himmel, Erde, Unterwelt. Sie sind durch eine Mittelachse verbunden. In der Mittelachse des Baumes befindet sich ein Loch. Dort steigen die Götter auf die Erde herab und Tote in unterirdische Gefilde. Durch dieses Loch kann die Seele des Schamanen auffliegen oder absteigen.»[5]

Der unterste Teil des Weltenbaumes ist blau bemalt. Blau ist die Farbe der Unterwelt. Rot oder gelb ist der Mittelteil bemalt. Der obere Teil, der Himmelsteil, soll weiß sein.

Schamanenstab

Suchen Sie einen Stock im Wald, bemalen und schmücken Sie ihn. Er soll Ihr Heilstab werden. Fragen Sie Ihr Krafttier vorher, wie der Stab aussehen und zu welchem Zweck er von Ihnen eingesetzt werden soll.

Redestab

Den Redestab brauchen Sie zum Medizinrad, wenn Sie mit Freunden eine Zeremonie machen. Jeder, der reden möchte, darf sich den Stab nehmen. Keiner darf dazwischen reden, alle anderen schweigen und hören zu. Was die Person redet, darf nicht bewertet oder kritisiert werden. Schön ist, wenn man am Kopf des Stabes eine Bergkristallspitze befestigt. Den Stab im Wald suchen, anmalen und mit Bändern schmücken.

Schamanenschild

Ein Schamanenschild hat den Zweck des Schutzes vor negativer Energie. Zweige von Birkenbäumen lassen sich leicht zu einem Kreis formen, aber schneiden Sie nie Äste ab, sondern nehmen Sie immer nur das, was die Natur von sich aus abgibt. Binden Sie die Äste mit Leder und Zwirn zu einem Kreis zusammen. Sie können jetzt innen ein Fell bespannen und mit Ihrem Krafttier bemalen. Sie können das Schild an Ihre Eingangstür hängen.

Pfeife

Eine Pfeife brauchen Sie für die Medizinradzeremonie. (Aber es ist nicht jedermanns Sache, Pfeife zu rauchen!) Wenn Sie mit Tabak arbeiten, sollten Sie den Tabak immer zuerst nach oben halten und ihn von den Spirits weihen lassen. Geben Sie dabei immer etwas ab (in der Natur verstreuen).

Bergkristall

Der Bergkristall ist ein Kraftträger und sollte in die Medizintasche eines Schamanen gehören.

Er kann auch ein Hilfsgeist des Schamanen sein. Bergkristalle sind erstarrtes Licht und haben mit dem Sehen zu tun, das heißt, mit dem direkt in die Dinge hineinsehen. Der Bergkristall dient dazu, Kraft aufzuwecken. Er sollte in einer Quelle gereinigt werden.

Schamanenbeutel

In dem Schamanenbeutel sollten Sie die Medizinradsteine aufbewahren. Nehmen Sie dazu Stoff oder Waschleder. Dann nehmen Sie einen Locher und machen an den Seiten viele Löcher, durch die Sie dann ein Lederband ziehen. Sie können ihn mit Perlen und Bändern verzieren.

Schamanenbeutel mit Medizingegenständen und Räucherwerkzeug

Sie brauchen einen zweiten Medizinbeutel, den Sie mitnehmen, wenn Sie draußen arbeiten. Dahinein gehören Räucherwerkzeug und Maismehl, Vogelfutter oder Tabak. Außerdem Ihre Medizinkraftgegenstände.

Rasseln

Rasseln brauchen Sie viele, vor allem, wenn Sie mit dem Medizinrad arbeiten. Nehmen Sie dazu einen Kürbis, höhlen Sie ihn von innen aus und lassen Sie ihn trocknen. Dann stecken Sie einen Stock und kleine Steinchen hinein und malen ihn an.

DIE KRAFT DER RITUALE

Was ist der Unterschied zwischen einem Magier und einem Schamanen? Der Schamane muß erst durch einen persönlichen Reinigungsprozeß gehen, um völlig leer zu sein, damit er als Kanal sich zur Verfügung stellen kann, während der Magier aus seinem Ego heraus arbeitet, um die Wünsche seiner Klienten zu erfüllen. Mit seinem Willen versucht er, gegen die Bestimmung des Göttlichen anzugehen.

Mit einem Ritual schaffe ich eine seelische Bezugsebene zwischen mir und den Göttern. Ich kommuniziere auf einer nicht verbalen Ebene.

Jeder hat schon einmal von Wunderheilungen gehört und jeder, der schwer krank ist, möchte gerne durch ein Wunder geheilt werden oder hofft zumindest darauf. Wie funktionieren Wunder? Der Betroffene oder Kranke war seelisch und körperlich «offen» für eine Veränderung seines belasteten Zustandes.

Catherine Herriger schreibt dazu:

«In uns allen schlummert ein riesiges Potential, wozu wir aber keinen Zugang pflegen. Und manchmal braucht es erst Krisen, Krankheiten und Katastrophen, damit jemand einsichtig wird und sich bemüht, einen anderen Weg einzuschlagen. Wenn sich also ein Mensch in einem solchen Krisenzustand befindet, öffnen sich die eigenen Energien zu seinem unbewußten Potential.

Isolation (Krankheit und Krisen) plus Selbstzweifel (warum muß mir das alles passieren) durch Krisensituation plus Versagen gängiger Methoden (die Wissenschaft war mit ihrem Latein am Ende, weil sie die seelische Ebene außen vorläßt) bereiten die Basis für körperliche und seelische Bereitschaft für Außergewöhnliches. *Der Mensch ist erst dann in der Lage, ungewöhnliche, außergewöhnliche Anweisungen entgegenzunehmen oder Handlungen durchzuführen, die befremden oder schockieren, wie beispielsweise die philippinischen Wunderheiler, die mit bloßer Hand in den Körper eingreifen und Blutgerinnsel herausholen.*

Bereitschaft für Außergewöhnliches bedeutet Offenheit für bahnbrechende Umstellungen und Veränderungen. Dadurch, daß der Kontakt zur eigenen seelischen Bezugsebene geschaffen wird, werden die im Menschen vorhandenen Selbstheilungskräfte aktiviert.»[6]

Bei einem Ritual muß immer etwas aktiv und persönlich getan oder absichtlich und freiwillig erlitten werden.

1. *Der Grund:* Ich habe ein Problem, z.B. kein Geld, keine Arbeit usw. – also ein Kommunikationsproblem.
2. *Um Hilfe bitten:* Ich rufe die zuständigen Götter und suche den zuständigen Platz mit den zuständigen Räucherungen, z.B. steht der Merkurberg in Baden-Baden für den Merkur, den Gott des Handelns und der Kommunikation.
3. *Opfer bringen:* Ich muß etwas abgeben, was mir schwerfällt, ein Gewohnheitsmuster, z.B. das Rauchen. Als Symbol dafür lege ich eine Zigarette auf den Altar.
4. *Danken:* Für alles das, was die Spirits für mich getan haben.

Ich habe zweimal ein Geldritual auf dem Merkurberg gemacht und jedesmal bin ich mit Arbeit und Geld zugeschüttet worden.

«Heiler leben davon, gerade dann brückenbauend einzuspringen, wenn hilfesuchende Menschen sich bereits derart in einem Krisenzustand befinden und an sich zweifeln, daß sie bereit und seelisch offen sind, sich auf etwas einzulassen und etwas zu tun, was sonst normalerweise abgelehnt würde.

Es ist also nicht die charismatische Persönlichkeit eines Heilers, sondern eher die Einstellung und Reaktion des Betroffenen zu der vorgeschriebenen Handlung.

Durch diese Beschwörung findet – auf vorläufig unerklärliche Weise – eine Verschiebung und somit eine Änderung eines herkömmlichen oder anerzogenen Standpunktes statt. Dadurch wird eine veränderte Kommunikationsweise, ein neuer Bezug zu sich ausgelöst.»[7]

Der Schamane ist eine brückenbauende Person zwischen dem Klienten und den Göttern.

«Rituale vermitteln unbewußte, positive Botschaften, die sich auf der Bezugsebene auswirken. Sie rühren an das Unbewußte und verändern heilsam eine erstarrte Optik, eine deutliche Befangenheit in sich selbst.

Der Weg zur Bezugsebene ist noch weitgehend unerforscht. Ein Heiler bedient sich der auf Intuition beruhenden Bezugsrituale, mit deren Botschaften eine Bewußtseinserweiterung erzielt wird. Gerade Rituale, die hergebrachte Vorstellungen und Einstellungen erschüttern, beschwören auf jeden Fall irgendwelche Veränderungen, die zwangsläufig mit einer neuen Einstellung, einer anderen Bezugnahme verbunden sind – sei es nun zu sich selbst, zu anderen Menschen oder zu Begebenheiten. Plötzlich kann eine Situation anders wahrgenommen und dadurch erfolgreicher bewältigt werden.

Rituale sind wichtig für Menschen in sozialen oder helfenden Berufen, um Stütz- und Heilrituale gezielt und individuell zu entwickeln. Seelische Entwicklungs- und Heilprozesse (Psychotherapien) können schneller durchschritten werden, wenn das richtige Ritual für den Betroffenen gefun-

den wurde. Ein Ritual, das auf der Bezugsebene Selbstheilungskräfte heraufbeschwört, kann jahrelange Abhängigkeiten vermeiden.»[8]

Vertrag

Ich ....

geboren am ....

in ....

erkläre hiermit unwiderruflich und aus freiem Willen, daß ich alle spirituellen Kräfte, zu denen ich Zugang bekomme, nur zum Besten aller Beteiligten einsetzen will.

Ich werde die Freiheit aller Wesen bei der Anwendung dieser Fähigkeiten achten und nur mit ihrer Zustimmung in bezug auf sie verwenden.

Ich rufe euch, ihr Spirits, als Zeugen und Wächter zu diesem Vertrag und bitte euch, mich in meinen Bemühungen zu unterstützen, mir zu helfen und zu raten, um mich von meinen Egostrukturen zu befreien.

Ich weihe meine spirituellen Kräfte hiermit unwiderruflich den Naturkräften und nehme ihren Schutz und ihre Fürsorge dankend und respektvoll entgegen.

Ort, Datum ....

Unterschrift ....

RITUAL-VORBEREITUNGEN

- Nur zu bestimmten Zeiten
- Die Wichtigkeit bedarf einer hohen Konzentration
- Entspannte Situation
- Reinigung
- Tragen Sie nur Baumwolle (nackt oder barfuß), keine Synthetics und kein Plastik
- Altar, 1 Platte mindestens 80 mal 60 cm
- Kerzen (Kerzenständer) und Tücher in verschiedenen Farben
- An dem Tag fasten oder nur Wasser trinken (muß aber nicht!)
- Gefäß für Räucherungen, Holzkohle, Sand, Räuchermischungen und Aromaöle
- Blumen
- Musik
- Symbolische Gegenstände
- Auf Mondphasen achten, Wachstum, Entwicklung, Vergrößerung bei zunehmenden Mond, Verringern, Schrumpfen, Entfernen bei abnehmenden Mond, bei Neumond selbst und 3 Tage vorher bitte keine Rituale durchführen. Von Halloween bis drei Könige dürfen keine Rituale durchgeführt werden, weil die Naturkräfte sich in dieser Zeit zurückziehen und die dunklen Mächte sich herumtreiben.

«Kleine Rituale haben etwas Spielerisches, während die großen Rituale zelebriert werden sollten. Sie müssen vorbereitet werden und können nur zu bestimmten Zeiten angewendet werden. Es muß ein innerer Ernst vorhanden sein, damit hier die großen Kraftströme ungehindert fließen können. Die Wichtigkeit des Vorgangs bedarf einer entsprechenden hohen Konzentration, aber gleichzeitig auch einer schönen inneren Heiterkeit.

Dies ist eine Energie, die allgewaltig ist, die ursprünglich ist, die es gibt, seitdem es das Sein gibt, die mächtig ist und uns die Wärme, den Antrieb gibt, den wir brauchen. Es ist eine Energie, die wir in dieser Form nicht haben, von der wir aber über das Ritual teilweise Entsprechung sind, zu der wir aber über das Ritual Kontakt aufnehmen und uns ihr mit unseren eigenen, typisch menschlichen Energien ankoppeln.»[9]

Ein Ritual sollte nicht zu sehr fordern, und vor allem nicht nur vom Ich bestimmt sein.

Ein Ritual darf niemals nur aus purem Egoismus gemacht werden, Ihr Wunsch darf niemals gegen die kosmische Harmonie verstoßen. Erwarten Sie niemals, daß ein Ritual gleich wirkt. Es wird wirken, aber es braucht seine Zeit.

Kerzenrituale fördern die Konzentration der Willenskraft, des Wunsches und der Kraft des Geistes, um auf diese Art Veränderungen zu bewirken. Der Glaube an ein höheres Wesen, in welcher Form auch immer, ist allerdings eine notwendige Voraussetzung dazu.

Jeder, der Kerzen zu einem bestimmten Zweck brennt, nimmt Kontakt zu seinem Unbewußten auf.

Jedes Ritual hat seine *Farben*, besonders bei den Kerzen, Sie brauchen zwei Kerzen, eine, die das Ziel symbolisiert, und die zweite für die Person, das können Sie auch selbst sein. Bei fundamentalen Ritualen steht außen am linken und rechten Rand jeweils eine weiße Ritualkerze.

Weiß steht für Reinheit, Wahrheit, hohe Spiritualität
Gold steht für Sonne und Sonntag
Silber und Grau für Mond und Montag
Rot für Mars und Dienstag, Sommer, Feuer-Element
Gelb für Merkur und Mittwoch, Herbst, Luft-Element
Hellblau für Jupiter und Donnerstag
Grün für Venus und Freitag, Frühling, Wasser-Element
Purpurrot für Saturn und Samstag
Blau für Venus, Winter, Erde-Element

Warum sind Farben wichtig?

Farben entstammen der Natur und besitzen eine feststehende Bedeutung:

Weiß: Nicht-Farbe, die bescheiden nach außen wirkt, in Wahrheit aber alle Farben enthält. Weiß ist souverän, klug und rein; Weiß birgt alle positiven Geheimnisse in sich.
Rot: Blutfarbe, regt die Blutzirkulation an. Rot bedeutet Feuer, Mut, Energie, Stärke, Beredsamkeit und Leidenschaft, aber auch Wut und Kampflust. Rot reißt aus der Trägheit.
Gelb: Steht für Sonne, die Hitze und das sich ständig erneuernde Leben. Gelb regt unseren Intellekt an und schafft in hektischen Situationen Zufriedenheit, ohne zu dämpfen.
Grün: Symbolisiert die Natur und steht für Neutralität. Grün ist das Angebot des Friedens; es entspannt und beruhigt im körperlichen Sinne.
Blau: Der Himmel, die Ruhe im Sinne der Unendlichkeit. Wer in die blaue Unendlichkeit blickt, erfährt nicht nur Entspannung, sondern auch Stille – wie ein tiefblauer Bergsee.
Orange: Die Farbe der lockeren Fröhlichkeit. Orange macht munter, schafft Kommunikation, vertreibt Depressionen und Müdigkeit.
Indigoblau: Ähnlich wie Blau, nur noch viel intensiver; es ist die Farbe der Meditation.
Violett: Ebenso eine geheimnisvolle und meditative Farbe, die jedoch direkter dem Geist zugeordnet ist. Es ist die Farbe der Kreativität, die aus Inspiration und Intuition entspringt.

Der Schutzkreis

Wenn Sie das Ritual draußen machen wollen, brauchen Sie einen ruhigen, ungestörten Platz mit einem Baum in der Nähe. Zuerst bauen Sie sich einen magischen Schutzkreis auf, er schützt Sie vor negativen oder störenden Schwingungen und symbolisiert als Linie ohne Anfang und Ende die Ewigkeit des Universums. Er gibt dem Ritual im materiellen Sinne eine geschlossene, kraftvolle Form. Der Kreis soll einen Durchmesser von 1,50 m haben. Im Uhrzeigersinn können Sie den Kreis mit Steinen markieren, wobei Sie besonders die vier Himmelsrichtungen beachten sollten. Sie können die Steine liegen lassen, aber für jedes neue Ritual müssen sie neu eingeweiht werden. In diesem Kreis nun stellen Sie Ihren Altar auf. Zünden Sie zuerst die beiden weißen Ritualkerzen an, dann die farbigen, die Wunsch- und die Zielkerze. Räuchern Sie sich und den Kreis. Dann bitten Sie die vier Himmelsrichtungen, Vater Himmel und Mutter Erde sowie Ihre Krafttiere um Unterstützung und Heilung.

Bei den fundamentalen Ritualen brauchen Sie mehr Zeit. Setzen Sie sich bequem im Schneidersitz hin, und begrüßen Sie die jeweiligen Spirits, bedanken Sie sich dafür, daß Sie Kontakt aufnehmen dürfen, und tragen Sie Ihren Wunsch vor. Meditieren Sie eine Zeitlang, und konzentrieren Sie sich auf das Ziel, welches Sie mit dem Ritual bezwecken wollen. Zum Schluß bedanken Sie sich noch einmal und packen Ihre Utensilien wieder ein. Vergessen Sie Ihre Opfergaben nicht.

Symbolische Handlungen durchführen

Die Chippewas schicken leidende Menschen aus dem Dorf, sie müssen große Löcher graben, in diese steigen und ihren Schmerz laut heraus rufen. Danach das Erdloch wieder verschließen, wobei sie oft einen Samen einpflanzen, damit aus dem Schmerz nun etwas Gutes wächst.

Andere Stämme schickten verärgerte, eifersüchtige und depressive Menschen ins Flußwasser, um die negativen Gefühle fortschwemmen zu lassen.

Die Navajos entwickelten Sandbilder, wobei aus buntgefärbtem Sand bei Zeremonien geheimnisvolle Bilder, mal klein, mal viele Meter im Durchmesser, auf den Boden gestreut werden. Das uralte Ritual, das Krankheiten heilt, wird heute noch praktiziert. Nach dem Ritual wird das Bild weggewischt. Manchmal trägt der Schamane dem Kranken diesselbe Farbe auf wie im

Sandbild, damit soll der Patient die gesundmachenden Energien über die Haut in den Körper aufnehmen.

Die Indianer tanzen heute noch den Bären-, Wolken-, Schildkröten- oder Büffeltanz. Tänze haben ganz besonders starken Ritualcharakter.

Das Merkurritual – Das Erfolgsritual

Besonders auf Berggipfeln wurde der Merkur verehrt, daher die Bergnamen Mont-Mercure in der Vendee und Merkur bei Baden-Baden. Wie das römische Vorbild ist der Caduceus sein Attribut. In der Hand hält er eine Geldbörse; seine Tiere sind Hahn, Schildkröte und Widder.[10]

Der Mittwoch (bis 16.00 Uhr), in romanischen Sprachen Merkur-Tag (z.B. französisch mercredi), war ihm geweiht. Das Wesen dieses Planeten ist Umlauf, Kreislauf, Zirkulation. Er verleiht Bewegung und beherrscht auch die beiden beweglichen Zeichen Zwillinge und Jungfrau. Er schafft Dinge von einem Ort, an dem es davon zuviel gibt, an einen anderen, an dem es davon zuwenig gibt.

Merkurs Farbe ist das Gelb, das Gelb des Verstandes, der Sonne und des Lichts. Ihm zugeordnete Edelsteine sind Topas, Citrin und Karneol. Merkur herrscht über das Nervensystem, über Denken und Sprechen.

Merkur hilft nicht nur allgemein beim beruflichen Erfolg, sondern wirkt als Planet der Denker, der Diplomatie und der Redner auch besonders gut, wenn es darum geht, in einem Gespräch eine gute Figur zu machen. Merkur bedeutet Kontaktaufnahme mit anderen, Offenheit für deren Ideen und Gedanken zu haben und gegenseitigen Austausch zu pflegen. Das Ritual eignet sich für alle, die in ihrem Beruf weiterkommen, die an sich arbeiten und alles konzentriert in die richtigen Energiebahnen lenken wollen. Merkur hilft, die richtige Vorgehensweise zu finden.

Verbrennungsritual zum Auflösen von Sabotageprogrammen

«Zeichnen oder legen Sie auf den Boden eine Raute mit Ästen. Dann holen Sie vier Steine, die Sie von außen in die Mitte legen. Diese Steine symbolisieren die Menschenahnen, die Steinleute, Pflanzenleute und die Tierleute. In der Mitte dieser Raute legen Sie einen kleinen Steinhaufen. Dann brauchen Sie noch Maismehl (gelb) und weißes Mehl.

Nun malen Sie auf weißem Papier mit einem grünen Stift Ihren Saboteur auf. Schließen Sie die Augen, malen Sie diese Energie und denken Sie dabei an Ihren Saboteur.

Nun legen Sie das Bild in den Steinkreis der Raute und verbrennen es. Danach legen Sie den Steinhaufen zu einem Kegel zusammen und bestreuen diesen mit gelbem Sand oder Maismehl. Mit dem weißen Mehl formen Sie nun die Blütenblätter, damit das Ganze aussieht wie eine Sonnenblume. Das Negative wird in etwas Positives transformiert.»[11]

Fragen zum 5. Chakra

1. Wie drücken Sie sich in einer Gruppe aus?
2. Was können Sie alles? Welche Fähigkeiten haben Sie?
3. Wer sind Sie? Wer oder was möchten Sie gerne sein?
4. Welche Zugehörigkeit haben Sie?
5. Welche Glaubens- und Wertvorstellungen gibt es in Ihrem Leben?
6. Welche Ziele haben Sie? Was genau wünschen Sie sich? Wie können Sie es erreichen? Was passiert, wenn Sie es erreicht haben?

ZUSAMMENFASSUNG

Wenn Sie eine Blockade im fünften Chakra haben, dann unterstreichen Sie die Begriffe, bei denen Sie sich emotional angesprochen fühlen:

Verletzende und beleidigende Worte, Probleme mit Selbstausdruck und Identität, Verleumdung, Angst, aus sich heraus zu gehen, seine Meinung auszudrücken, Schüchternheit, Stottern, sich lieber der allgemeinen Ansicht anschließen, keine Verbindung zu den guten inneren Stimmen und zur Intuition, der Mensch ist dominierend, selbstgerecht und hat kein Vertrauen in seine eigenen Fähigkeiten. Dafür hat er eine übertriebene Mitteilsamkeit, unterliegt der Klatschsucht und will ständig diskutieren. Er ist oft zu finden unter «Macho-Typen», dominierende Machtmenschen in führenden Positionen. Er ist ein verzweifelter Tyrann, der nur noch die Sinnlosigkeit im Leben sucht.

Wenn das 5. Chakra ausgeglichen ist, sind Sie interessiert an der Vermittlung von höheren Weisheiten. Hier liegt die Brücke zwischen Denken und Fühlen. Die Seele will und kann sich ausdrücken. Sie ist kreativ und kommunikativ. Die Seele verlangt nach Meditation und sucht nach spirituellen Möglichkeiten.

Körperliche Störungen drücken sich aus in allem, was mit dem Hals zusammenhängt, Husten, rauher Hals, Erkältungskrankheiten, Heiserkeit, Krämpfe, Schilddrüsenprobleme und Wachstumsstörungen.

HILFE ZUR SELBSTHILFE

Wie Sie sich selbst helfen können

1. Erkenntnis: Welches Problem habe ich im 5. Chakra?
2. Einsicht: Ich habe ein Problem und möchte es loslassen.
3. Information: Welche Hilfen und Möglichkeiten gibt es?
4. Handlung: Ich setze alle Hilfsmittel ein, um mein Problem loszuwerden.

DIE FARBE BLAU

Blau ist die Farbe der Ruhe, des Friedens. Sie hat folgende Auswirkungen:

- Fördert Ausgeglichenheit, Ruhe und Entspannung,
- Verengt die Gefäße,
- Beruhigt das Nervensystem und senkt erhöhten Blutdruck,
- Wirkt besänftigend bei Angstzuständen, Herzjagen und Schlaflosigkeit,
- Wirkt antiseptisch und bakterientötend,
- Harmonisierend im Klimakterium,
- Hilft bei nässenden Hautkrankheiten,
- Lindert Entzündungen von Hals, Ohren, Nase und Augen sowie Husten, Schnupfen, Kopfschmerzen und Migräne.

Blau als Wandfarbe ist nicht so gut geeignet, es sei denn, man nimmt wärmere Farben hinzu. Ich habe viele Accessoires in Blau und trage sehr gerne Blau, um mich gegen negative Gedanken von anderen Menschen zu schützen. Blau öffnet den Geist für schöpferische Gedanken ohne Beeinflussung von außen.

STEINE

Chalzedon: Der Stein des Wetters

Er stellt eine enge Verbindung her zum Wetter und hat eine Beziehung zu den Wesen, die sich an natürlichen Wildbächen im Gebirge aufhalten. Dadurch hilft er Menschen, die unter Wetterfühligkeit leiden, und kann sie positiv beeinflussen.
Weitere Anwendungsmöglichkeiten:
- Bei Thrombosen,
- Bei Venenerkrankungen, Erfrierungen und Ohrensausen.

Für Menschen, die im Gebirge wohnen, gibt er Hilfe und Schutz. Sie sollten an unberührten Bächen einen Chalzedon liegen lassen, um die Bergwesen freundlich zu stimmen.

In der Wohnung kann er als Blitzschutz eingesetzt werden, wenn er in unmittelbare Nähe des Kamins gelegt wird.

Der Chalzedon sollte in ungeschliffenem Zustand aufgelegt werden.

- Er hilft bei allen Problemen im Hals-Kehlkopfbereich, lindert Heiserkeit und gibt eine angenehme Stimme,
- Er hilft in den Wechseljahren, nimmt Wallungen, Hitzestaus und Unruhe, nimmt Ängste und Unsicherheiten.

Der Chalzedon vermittelt Gelassenheit, vermindert Reizbarkeit und Jähzorn. Da er Sprechhemmungen und Blockaden löst, kann man ihn auch bei Besprechungen und Vorträgen bei sich tragen. Er ist der Stein der Redner. Besonders gut für Krebse, Zwillinge und Schützen.

Lapislazuli: Der Stein der Macht

Der Lapislazuli hat die Eigenschaft, das zu verstärken, was man ist. Das kann natürlich auch negative Auswirkungen haben. Wenn der Träger jedoch sich spirituell weiterentwickelt hat und bereits Verbindungen zu anderen Welten bestehen, so werden auch diese verstärkt. Der Stein schützt sich selbst vor Mißbrauch und hat enge Verbindung zu den Erdgeistern, die besonders dann angezogen werden, wenn mehrere Steine zusammenliegen. Deswegen haben Ketten mit vielen Steinen besonders starke Anziehungskräfte. (Vorsicht, wenn der Träger ein unbewußter Mensch ist.) Bei den Ägyptern hatte der Stein eine große Bedeutung bei den Eingeweihten, diese waren in der Lage, mittels der Steine zu materialisieren und zu dematerialisieren.
- Er wirkt heilend, wenn er auf dem Kopf getragen wird.
- Empfehlenswert bei Geschmacks- und Geruchsverlust (in diesem Fall als Nasenstecker tragen).
- Er stärkt alle Sinne und wirkt deswegen heilend auf den gesamten körperlichen Zustand.

Chrysokoll

Er wirkt beruhigend auf die Nerven, löst Spannungen und Gefühle des Überfordertseins, er besänftigt und gibt Ruhe, hilft bei Mensesstörungen und erleichtert die Beschwerden nach der Geburt, hilft Früh- und Fehlgeburten vorzubeugen, reguliert den Hormonhaushalt und bringt den Kreislauf auf Trab. Besonders gut für Stiere, Waagen, Schützen und Wassermänner.[12]

AROMATHERAPIE

Salbei

Salbei ist bei den Indianern eine sehr wichtige Räucherung zur Reinigung und wird auch in den Schwitzhüttenzeremonien verwendet. Als Aromaöl löst es Verkrampfungen im Halsbereich, so daß unsere Worte harmonisch fließen können.

Eukalyptus

Eukalyptus wird meistens bei Erkrankungen der Luftwege eingesetzt. Dieser Duft öffnet uns aber auch für die innere Inspiration und verleiht unserer Kreativität den richtigen Ausdruck.

BACHBLÜTEN

Clematis

Für Menschen, die sich Phantasien und Zukunftsträumen hingeben und dabei oft die Beziehung zur Realität verlieren.

Elm

Für Menschen, die sich plötzlich einer großen Aufgabe oder Verantwortung nicht mehr gewachsen fühlen.

Impatiens

Für ungeduldige, unruhige oder gehetzte Menschen.

Olive

Für Menschen, die körperlich und seelisch sehr erschöpft sind.

Water violet

Für einzelgängerische Menschen mit Kontaktproblemen.

White Chestnut

Für Menschen, die von bestimmten, meist unangenehmen Gedanken oder Vorstellungen tyrannisiert werden.

Wild Oat

Für Menschen, die gerne etwas Sinnvolles tun wollen, aber nicht wissen, worin dieses besteht.

Wild Rose

Für Menschen, die sich zu nichts aufraffen können oder resigniert durchs Leben treiben.

Übersicht: Fünftes Chakra Vishudha-Chakra

Themen: Kommunikation, Selbstausdruck, Selbstverwirklichung, Wahrheit, Identität, Ausdrucksfähigkeit, Idealismus, Respekt, Glauben, Vertrauen, Inspiration, Unabhängigkeit.

Farbe: Blau

Steine: *Lapislazuli*, Saphir, *Chalzedon*, blauer Topas, Aquamarin, Türkis, *Chrysokoll*, blauer Turmalin.

Düfte: Patchouli, Muskatellersalbei, Zitrone, Pinie, Neroli, Galbanum, Orange, Lavendel, Schafgarbe, Eukalyptus und Salbei.

Bachblüten: Wild Rose, Pinie, Clematis, Olive und Elm, Water violet, White Chestnut, Beach, Aspen, Wild Oat, Impatiens.

Foto: Hessel

Kraftorte sind Plätze, wo die Energie zwischen Himmel und Erde in Harmonie ist. Dies ist ein alter keltischer Steinkreis in Norddeutschland. Hält man sich längere Zeit an diesem Ort auf, schwingt der Körper sich auf diese Harmonie ein. (oben)

Ein Kraftplatz in der Wohnung sorgt für Konzentration und Entspannung. Positive Energie wird angesammelt und gespeichert. (unten)

Foto: Hessel

Foto: Freizeit Revue/J. Stork

Beten ist das wichtigste Ritual bei der schamanischen Arbeit. Nur durch die «Anrufung» können sich die Götter mit uns in Verbindung setzen. Der Schamane ist nur ausführendes Organ für die Informationen, die aus der geistigen Ebene kommen.

Foto: Hessel

Ein Medizinradtreffen im Allgäu, mit dem indianischen Schamanen «Medicin Man». Er symbolisiert ein Krafttier im Medizinrad. (oben)

Indianische Reinigungszeremonie mit Weihrauch, die Raum und Menschen von negativer Energie reinigt. Dabei spricht man: «Celebration, celebration. Dank an alle Kräfte. Möge dieser Rauch Dich und diesen Raum reinigen und schützen. (unten)

Foto: Freizeit Revue/J. Stork

Foto: Freizeit Revue/J. Stork

Mit Bäumen reden. Die Bäume sind gerne bereit, sich uns mitzuteilen. Nur brauchen wir Zeit und Hingabe, um ihre Sprache zu verstehen.

6. STUFE: VISION

VISIONSSUCHE

Bei der Visionssuche geht der Mensch hinaus in die Natur und setzt sich der Einsamkeit und Angst aus. Wenn möglich, sollte man diese Erfahrung nicht alleine machen. Nehmen Sie einen guten Freund mit, der irgendwo in der Nähe bleibt und ab und zu nach Ihnen schaut. Sie brauchen zur Visionssuche: Wasser zum Trinken, eine Isomatte, einen Schlafsack, eine Taschenlampe, Kerzen, Räucherstäbchen, ein Opfer, Feuer, Stift und Tagebuch, Pfeife, festes Schuhwerk, wetterfeste Bekleidung und warme Unterwäsche.

Suchen Sie sich eine Gegend aus, in der Sie Ihre Visionssuche machen wollen. Am besten geeignet sind Berge und einsame Gegenden sowie Kraftplätze. Besorgen Sie sich eine Wanderkarte für den Fall, daß Sie sich verlaufen.

Starten Sie morgens, und erkunden Sie zuerst die Gegend. Suchen Sie sich einen Platz zum Übernachten. Er sollte möglichst nicht in einer Wildschweinroute liegen. Richten Sie sich dort ein, und machen Sie den Schutzkreis wie im Kapitel «Ritual» beschrieben. Dieser Platz ist für Ihren symbolischen Tod gedacht. Sie werden sich hier in der Nacht von Ihrem bisherigen Leben trennen, um ein Neues zu beginnen. In der Nacht werden Geister zu Ihnen kommen und unbearbeitete Themen bewußt werden. Sie müssen mit den Geistern reden, und sie fragen, was Sie noch aufzulösen haben. Schreiben Sie alles auf. Alles, was bei dieser Visionssuche passiert, hat eine Bedeutung, z.B.: Sie stolpern ständig über Steine. Dies bedeutet: Sie gehen nicht ihren Weg und behindern sich durch Eigensabotage. Oder: Bei einem Schüler kam eine Kuh und trat die Räucherstäbchen aus. Bedeutung: Er war noch nicht reif für eine spirituelle Weiterentwicklung. Oder: Wildschweine kommen, und Sie rennen vor Panik weg. Bedeutung: Sie müssen erst noch einmal durch Ihre Ängste gehen. Bei der Visionssuche sind schon die unmöglichsten Sachen passiert und haben immer für denjenigen symbolische Bedeutung gehabt. Alles, was in der sogenannten Schwellenwelt passiert, hat etwas mit Ihnen zu tun. Sie müssen es nur herausfinden und hinterfragen. Steven Foster und Meredith Little haben zu diesem Thema ein sehr gutes Buch geschrieben: «Vision Quest». Das Wesentliche fasse ich hier zusammen: *«In der Schwellenwelt passiert nichts Zufälliges. Diese Ordnung ist geprägt durch den Grundsatz, daß während der Prüfung das Heilige und das Profane ein und dasselbe sind. Was in der materiellen Welt passiert, wird in der spirituellen widergespiegelt und umgekehrt.»*[1]

Der erste Schritt ist das Sterben.

Sie meditieren gegen Abend über die Frage: Was ist mein größter Schmerz?

Es wird Trauer aufkommen, oder es erscheinen Bilder und Erinnerungen von Menschen (die ich jetzt als Geist bezeichne). Ihre Aufgabe ist es nun, all denjenigen Geistern zu vergeben, die auftauchen und Ihnen ins Bewußtsein kommen. Wenn Sie die Geister akzeptieren, verschwinden sie wieder. Wenn Sie aber nicht verzeihen können, sagen Sie dem Geist, daß Sie es zu einem späteren Zeitpunkt machen. Schreiben Sie alles auf, was und wer Ihnen hochkommt. Zweifel und Ängste werden aufkommen, um dieses Ritual zu verhindern. Dämonen (negative Anteile des Ichs) lauern im Hintergrund und zwingen zum Aufgeben.

Wichtig ist, daß die eigene Maske fällt. Schließen Sie hier mit Ihrer Vergangenheit ab. Wenn Sie sich in Ihrem Leben nie richtig von jemandem trennen konnten, dann wird es hier und jetzt möglich sein. Oft kommen auch Tote und wollen sich verabschieden, weil man sie nicht loslassen konnte oder den Schmerz verdrängt hat. Das ist natürlich besonders tragisch, und wenn es nicht auszuhalten ist, brechen Sie lieber ab und gehen zu Ihrem Freund, um sich trösten zu lassen. Bearbeiten Sie dann erst diese Trauer, und starten Sie später erneut.

Die *zweite Phase* wird als Schwelle bezeichnet. Sie besteht aus einem Abenteuer oder einer Prüfung, die Sie zu bestehen haben.

Meditieren Sie über die Frage: Was gibt es in meinem Leben, das mich behindert und unglücklich macht? Welche Egostrukturen brauche ich nicht mehr und kann sie nun loslassen und an Mutter Erde abgeben?

Die *dritte Phase* besteht in der Eingliederung in die Gemeinschaft, die gleichzeitig ein Neubeginn ist. Dazu begeben Sie sich gegen Morgengrauen auf die *Medizinwanderung*:

Dabei stellen Sie sich die Fragen: Welche Menschen sind wichtig für mich? Welche fallen Ihnen gerade dabei ein?
Finden Sie Ihren schamanischen Namen.
Und fragen Sie danach, welche Medizinkraft Sie erhalten? Was können Sie mitbringen in die Gemeinschaft, was macht Ihre Essenz aus?

«Die Wechsel von einer Lebensphase in die andere nennt man Übergangsriten. Wir haben schon alle eine Menge Übergangsriten hinter uns gebracht: Geburt, Ehe, Trennungen, Scheidungen, doch leider werden die Zeremonien dabei oft vergessen. Körperliche und geistige Krisen, Abtreibung, Verluste, Fehlgeburten werden nicht mehr gesellschaftlich mit Ritualen abgefangen, um die Krise als Erfahrung zu erleben, zu verstehen und schließlich zu überwinden.

Wir denken, jemand anders müsse uns heilen, weil wir uns selbst nicht heilen können, oder jemand anders müsse uns führen, weil wir uns selbst nicht führen können. Psychosomatische Krankheit, Angst und Depressionen sind die Folgen.»[2]

In der Visionssuche soll der Mensch zu seiner eigenen Essenz finden. Schale um Schale muß abgepellt werden, um zum Kern zu kommen. Wenn man sich selbst sucht, hilft uns die Natur, in dem sie uns einen Spiegel zeigt. Sie reflektiert uns.

«Die Übergangsriten gehören zu der klassischen Theorie der Psychologie. Lebenskrisen sind Herausforderungen höchster Ordnung. Der Mensch findet in der Natur seine

neue Vision. Wenn ein Mensch in eine natürliche Umgebung gesetzt wird, in sein wahres Zuhause, treten häufig Störungen seines normalen Bewußtseins auf: leicht veränderte Bewußtseinszustände, gesteigerte Emotionen, intuitive Reaktionen, Wahrnehmungen – und psychische Störungen. Ein Verlust des Ichs-Gefühl könnte sich bemerkbar machen.

Doch dann gewinnt man die Balance wieder, alles zieht sich zu einem stärkeren, verwurzelten Ganzen zusammen, eine psychische Integration findet statt. In der Sprache der Logik können wir weder mit Delphinen reden, noch die Sprache der Kojoten verstehen. Visionen sind nicht der eigentliche Endzweck. «Sei aufmerksam!» Diejenigen, die die Schwellenwelt im Halbschlaf betreten, werden die Geschichte, die sich ihnen im Spiegel zu erkennen gibt, oft nicht begreifen.

Der Therapieplan der Natur heißt: akzeptieren, prüfen, stärken und lehren.

In der Schwellenwelt werden die Schatten, Dämonen, das Ich und andere destruktiven Mächte in ihrer heiligen Form wahrgenommen. Sie sind da, weil der Initiand weiß, daß genau das, wovor er Angst hat, ihm Kraft verleiht und sowohl das Beste als auch das Schlechteste aus ihm herausholt. Aus diesem Grunde können die negativen Kräfte auch Verbündete sein und persönliche Ungeheuer kreative Energie verkörpern. Wenn das Böse schon nicht überwunden werden kann, so kann es doch herausgefordert und akzeptiert werden.[3]

Reflexion: Was ist geschehen? Was haben Sie gesehen, gefühlt, gespürt oder erkannt? Ist irgendeine Grenze oder Schranke dabei durchbrochen worden?
Sind Sie über sich selbst hinausgewachsen?

Der Schützling muß seine eigene Ordnung finden.

Fasten, Einsamkeit und Ausgeliefertsein an die Elemente der Natur.

Das Pfeifenritual

Bitten Sie die Kräfte um den Segen für Ihre Pfeife, und nehmen Sie Kontakt auf zum Höheren Selbst der Medizinpfeifen.

Halten Sie die Pfeife waagerecht in Ihrer Hand, verneigen Sie sich in jeder Himmelsrichtung. (Wenn Sie ein Kraftlied gefunden haben, können Sie es jetzt singen.)

Nehmen Sie etwas Tabak, halten Sie ihn nach oben und nach unten und singen Sie dabei: «Heya, heya heya ho».

Bitten Sie dabei um den Segen des Himmels und der Erde, dann opfern Sie den Tabak der Erde.

Jetzt stopfen Sie Ihre Pfeife und sagen dabei:

«Ich bitte die Kraft der Sonne um den Segen für das Licht, das den Tabak entzündet. Ich bitte die Kraft des Mondes um ihren Segen für die Visionen des Medizinrauchens. Möge diese Pfeife den Segen der Götter haben.»

Jetzt nehmen Sie den ersten Zug für die Kräfte und sagen dabei:

«Mögen sie uns allzeit Segen schenken.»

Den zweiten Zug für die Tiere:

«Mögen die Tiere allzeit Nahrung haben und deren Nachkommen viele sein.»

Den dritten Zug nehmen Sie für die Pflanzen:

«Mögen die Pflanzen uns allzeit mit der Sonne verbinden, mit der Kraft der Gestirne, und möge die Ernte ihnen gut sein.»

Den vierten Zug nehmen Sie für die Mineralien:

«Möge die Erde uns allzeit tragen und schützen und nähren».

Den fünften Zug nehmen Sie für den Himmel:

«Möge der Himmel mit uns sein und uns Visionen schenken.»

Dann nehmen Sie noch einen Zug für jede Himmelsrichtung und bedanken sich bei den Kräften.

Fragen zum 6. Chakra

1. Was ist der Sinn Ihres Lebens? Was ist Ihre Berufung?
2. Welchen Namen haben Sie erhalten und welche Medizin?
3. Wie sieht Ihre praktische, alltägliche Arbeit mit den Spirits aus?
4. Wie gehen Sie mit einer Kraftplatzarbeit um?

ZUSAMMENFASSUNG

Wenn Sie eine Blockade im sechsten Chakra haben, dann unterstreichen Sie die Begriffe, bei denen Sie sich emotional angesprochen fühlen:

Uneinsichtigkeit und Eigensinnigkeit, alles mit Gewalt erzwingen wollen, dadurch Kummer und Enttäuschung, Halsstarrigkeit, Ziellosigkeit, labile Denkweise, dauernde Unterbeschäftigung, Arbeitslosigkeit, fehlende Selbstdisziplin, ständige Suche nach Neuem, nach Partnern, Arbeitsplätzen und Wohnorten, fanatischer, egozentrischer, dogmatischer Religionsanhänger, übertriebener Stolz, intellektuelle Überheblichkeit, keine Interessen, keine Hobbys, keine Meinung, keine Initiative, Erschöpft- und Müdesein, mangelnde Regeneration, Leistungsschwäche, Vergeßlichkeit, Sehstörungen, Realitätsverlust, unklare, verworrene Gedanken und Gefühle, entfremdete Arbeit, Angst vor Geistern, Erscheinungen, Phantome und Visionen, stumpfsinniger Malocher, Warner vor drohenden Katastrophen, Angst, ohne zu wissen warum.

Körperliche Störungen drücken sich aus in Störungen der Hirnanhangdrüse, Wachstums- und Stoffwechselprodukte, Augen, Ohren, Nase, Nebenhöhlen, Gesicht, Kleinhirn, zentrales Nervensystem, Blutandrang sowie Kopfschmerzen, Übererregbarkeit, Überanstrengung von Nerven und Muskeln, was sich in einer verminderten Seh- und Hörfähigkeit ausdrückt, Nacken und Schulterbeschwerden.

HILFE ZUR SELBSTHILFE

Wie Sie sich selbst helfen können

1. Erkenntnis: Welches Problem habe ich im sechsten Chakra?
2. Einsicht: Ich habe ein Problem und möchte es loslassen.
3. Information: Welche Hilfen und Möglichkeiten gibt es?
4. Handlung: Ich setze alle Hilfsmittel ein, um mein Problem loszuwerden!

DIE FARBE VIOLETT

Violett wirkt:

- Beruhigend auf die Schilddrüse und anregend auf die Nebenschilddrüse,
- Hilft bei nervösen Störungen und Krämpfen,
- Lindert akute Schmerzen und wirkt kühlend und beruhigend,
- Fördert die Heilung von Wunden,
- Hilft gegen Schwellungen,
- Beruhigt das Nerven- und Lymphsystem,
- Schafft Verbindung zu höheren Bewußtseinszuständen,
- Regt die Milz an und damit auch die Immunkräfte,
- Wirkt blutreinigend und bremst die Eßlust.

STEINE

Die Hüter der Steine sind unsere Freunde.

Der Amethyst: Der Stein des Lichts

- Hilft bei Meditationen, sich tiefer zu versenken,
- Empfehlenswert für Jähzornige,
- Hilft bei Flugangst, Konzentrationsschwäche, Kopfschmerzen, Druckgefühl im Kopf (den Stein auf die Stirn legen).

Der Sodalith: Der Stein der Befreiung

Ein Stein für die schamanische Reise in die Oberwelt. Er hilft bei der Erforschung der Träume und anderer Wirklichkeiten. (Legen Sie den Stein nachts neben Ihr Bett.) Er kann dabei helfen, alte karmische Strukturen loszulassen.

Der Sodalith hilft bei zu hohem Blutdruck, beruhigt und harmonisiert die Nerven, stärkt die Drüsen, aktiviert das Mittelhirn, die Lymphe und gibt Kraft und Vitalität. Er fördert unser logisches Denken, unterstützt Selbstvertrauen und verhilft zu Treue und Standfestigkeit, er verleiht Mut und beseitigt selbsteingeredete Schuldgefühle. (Besonders gut für Schütze und Jungfrau.)

Der Sternsaphir (schwarz):
Der Hüter des Glücks und des Friedens

Bewegen Sie sich bereits auf dem Medizinweg, so lehrt er Ihnen die Donner- und Blitzmedizin und Sie können von ihm die Töne der oberen Welt erlauschen. Er kann Ihnen Ihre vergangenen Krafttiere zeigen und Ihnen bei Ihrer Vergangenheitsbewältigung helfen. (Besonders gut für die Waage.)

Der Amethystquarz

Die Bischöfe benutzen ihn, um die *sieben* Engel anzurufen.

Stellen Sie während der Meditation einen Kristall vor sich hin, oder halten Sie einen Kristall in Ihrer linken Hand und horchen Sie, was er Ihnen zu sagen hat. Sie können auch den Kristall an eine Schur in Augenhöhe in einem abgedunkelten Zimmer hinhängen oder ihn in ein Gefäß stellen, gefüllt mit Reis oder Bohnen (um den Kristall nicht zu erden), und der Spitze nach oben.

Stellen Sie eine brennende Kerze hinter diesem Kristall auf, so daß Sie die Flamme sehen können. Meditieren Sie nun, und konzentrieren Sie sich auf Ihren Atem (täglich zwanzig Minuten).

Das Falkenauge

Dieser Stein stärkt die Sehkraft, hilft bei extremen Kopfschmerzen, chronischer Migräne, löst asthmatische Beschwerden im Bronchialbereich, unterstützt die Augen bei der Computerarbeit und ist empfehlenswert für tiefe Meditationen.

Durch das Falkenauge können wir uns stabilisieren und ein größeres Selbstbewußtsein erreichen. Durch ihn gelangen wir zu mehr Toleranz, gegenüber uns selbst und unseren Schwächen.[4]

AROMATHERAPIE

Die Aromatherapie kann uns bei Unstimmigkeiten und Gefühlsschwankungen helfen.

Immortelle

Eine holzige, herbe Pflanze, die innere Ausgewogenheit fördert und den spirituellen Weg unterstützt. Sie ist die Schwellenbegleiterin zwischen der grob- und feinstofflichen Ebene.

Heilwirkung: Sie wirkt entgiftend, antiseptisch, unterstützt die Lymphtätigkeit, wirkt anregend auf die Leber, hilft bei Hautkrankheiten sowie Husten und Bronchitis.

Galbanum

Eine herbe, würzige Pflanze, die Ruhe und Gelassenheit vermittelt und Angst und Mutlosigkeit besänftigt.

Heilwirkung: Sie fördert die Menstruation, schleimlösend, regt Galle und Leber an, hilft bei Drüsenschwellungen und Hautproblemen.

BACHBLÜTEN

Crab Apple

Für einen Bedürftigen, der sich innerlich reinigen und von negativen Gedanken und unangenehmen Situationen befreien will.

Agrimony

Für einen Angepaßten, der bereit ist, seine Meinung zu verleugnen, und Sorgen und Schwierigkeiten hinter einer Maske von Heiterkeit verbirgt und lieber zur Flasche greift, um seine seelischen Belastungen besser zu überspielen.

Centaury

Für einen Gutmütigen, der übereifrig alle Wünsche zuvorkommend erfüllen will und in seinem Eifer seine eigenen Grenzen überschreitet. Er unterdrückt seine eigene Persönlichkeit und vernachlässigt seine Selbstverwirklichung.

Holly

Für einen unglücklich Leidenden, der von Neid, Eifersucht, Mißgunst und Haß erfüllt ist.

Walnut

Für einen Mutlosen, dem es an Standfestigkeit fehlt und der sich immer wieder vom Weg abbringen läßt.

Zusammenfassung: Sechstes Chakra

Themen: Intuition, Erkenntnis, Bewußtsein, Wegfindung, feinstoffliche Ebene, *Be-Rufung, Vision Quest*, Weisheit, Hellsehen, -fühlen, -hören, Kreativität, Bewußtwerdung, kosmisches Bewußtsein, Glück.

Farbe: Violett

Steine: *Sternsaphir*, Azurit, *Sodalith*, Opal, Azurit, *Falkenauge, Bergkristall.*

Düfte: Orange, Kamille, Minze, Jasmin, Oregano, Myrrhe, Galbanum, Immortelle, Galbanum.

Bachblüten: Vine, Cerato, Centaury, Rescue, Water violet, Red Chestnut, Star of Bethlehem, Chestnut, Larch, Crab Apple, Agrimony, Holly, Walnut.

7. STUFE: EINWEIHUNG

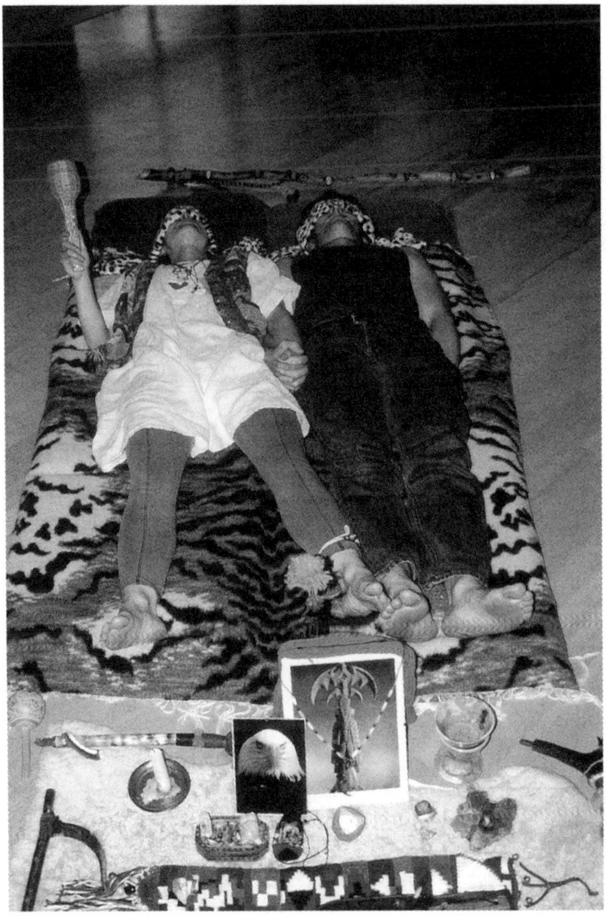

Eine Einweihung erfolgt, wenn der Schamane immer wieder und direkt an seinen Lebensmustern gearbeitet hat und bereit ist, sich den Naturkräften zu öffnen.

Sie sollten sich dafür zurückziehen an einen ruhigen Ort in der Natur, damit Sie die Sprache der Spirits verstehen können, ähnlich der Visionssuche, nur mit der Frage:

«Ist es jetzt für mich richtig, eingeweiht zu werden?»

Wenn ein Ja kommt, dann fragen Sie:

«Wie soll ich eingeweiht werden?»

Jetzt müßte eine Anweisung folgen, z.B.: «Stelle Dich an diesen Baum, umarme ihn und frage nach, was Du zu tun hast.»

Sie müssen jetzt auf Ihre Intuition hören und auf die Bilder achten. Dies ist etwas, was innerlich passiert, erwarten Sie nichts von außen, sondern horchen Sie nach innen.

Bei meiner Einweihung von Mutter Erde hatte ich das Bild, daß mir ein Dornenkranz auf den Kopf gelegt wurde.

Wenn Sie die Einweihung erhalten haben, sind Sie bereit, eine schamanische Sitzung durchzuführen. Dazu brauchen Sie:

Sieben Schutzgeister, einen Kraftplatz und persönliche Götter, ein Schamanenlied und einen speziellen Tanz.

DIE SIEBEN SCHUTZ- ODER HILFSGEISTER

Die sieben Schutzgeister suchen Sie ebenfalls in der Natur. Nehmen Sie sich Zeit. Sie müssen nicht alle auf einmal kommen. Gehen Sie los, ähnlich wie bei der Medizinwanderung, und achten Sie auf alles, was Ihnen ins Auge springt und sich aufdrängt. Das kann ein Tier, eine Pflanze, ein Stein oder etwas ganz anderes, z.B. ein Kristall, sein.

Die Frage dabei ist:
«Welcher Schutzgeist möchte mir beim schamanischen Healing helfen?»

Wenn Sie dann einen Schutzgeist gefunden haben, müssen Sie diesen fragen, welche Funktion er hat. Also welche spezielle Aufgabe er bei der schamanischen Sitzung übernehmen möchte.

Ich habe einen Kristall, der die Aura zunäht, ein Wildschwein zum Aufspüren von dunklen Energien, ein Phurba (Dämonenmesser zum Töten von Dämonen), Salbei, der den Klienten reinigen möchte, einen Adler, der die dunklen Muster wie Fetzen aus dem Körper zieht, und eine Maus, die auf die Genauigkeit des Ablaufes aufpaßt. Daß ich keine Fehler mache, darauf paßt Tara auf, Sai Baba schützt mich und beide geben mir konkrete Anweisungen, was ich mit dem Klienten zu tun habe. Demnach können auch Götter als Schutzgeister eingesetzt werden.

Diese Hilfsgeister werden nur zur schamanischen Sitzung gerufen. Michael Harner schreibt dazu:

«Für den Schamanen im veränderten Bewußtseinszustand ist die mythische Vergangenheit sofort zugänglich. Diese Einheit bedeutet, daß der Schamane zum Tier bzw. die Kraft des Tieres zu seiner Medizinkraft wird. Durch das Krafttier wird der Schamane mit der Tierwelt verbunden und kann dessen Wissen vermitteln. Der Schamane muß einen bestimmten Hüter haben, der ihm hilft, seine Aufgabe zu vollbringen. Krafttiere können real (meist viermal) im Traum oder in einer Vision erscheinen. Krafttiere können sich auch in menschlicher Form manifestieren. Nur ein Schamane ist in der Lage, mit Tieren zu sprechen und auch ihre Sprache zu verstehen. Wenn ein Tier mit dir spricht, ist es meist dein Krafttier. Das Tier kann ebenfalls aus seiner Realität heraustreten, sprechen, singen, fliegen oder sich verwandeln.»[1]

DAS SCHAMANENLIED

Das Schamanenlied wird genauso gesucht wie die Schutzgeister. Es drängt sich eine bestimmte Melodie auf.

Wichtig ist immer die Frage:
«Welches Lied möchte mir beim schamanischen Healing helfen?»

Das kann ein Text sein oder ein Summen, ein Klang oder nur ein Ton.

Genauso der Tanz. Das kann ein bestimmter Schritt sein, ein Sprung oder ein Drehen. Durch den Tanz und das Lied verwandelt sich der Schamane in sein Krafttier und wird mit seinem Geist eins.

DIE SCHAMANISCHE SITZUNG

Suchen Sie sich einen Freund, der ein Problem hat und Ihnen gegenüber Vertrauen, denn man kann die Leute damit auch erschrecken.

Im Schamanismus geht man davon aus, daß die Krankheit zwei Ursachen hat:

1. Das Eindringen eines krankhaften Gegenstandes (Virus)
2. Den Verlust der Seele.

Punkt eins tritt nur dann in Kraft, wenn der Körper des Klienten geschwächt ist und sich in einem ungesunden Zustand befindet. Der Schamane muß also dafür sorgen, daß sein Körper in einem gesunden, resistenten Zustand ist. (Vitaminversorgung, gesunde Lebensweise usw.) Dies soll er dem Klienten auch nahelegen, weil das die Grundvoraussetzung für Heilung überhaupt ist und die Eigenverantwortlichkeit des Klienten herausfordert. Denn ohne Mitarbeit des Klienten ist keine Verbesserung des Zustandes möglich. Damit der Schamane stabil bleibt, hat er für sich persönlich sein Krafttier: «*Um das Tier zu behalten, müssen Sie Lieder dafür singen, tanzen und träumen lernen.*

Das Krafttier, das im Geist eines Menschen wohnt, möchte das Vergnügen haben, noch einmal in materieller Form zu existieren. Das ist ein guter Tausch; denn der Mensch erhält dafür die Kraft der ganzen Art oder Gattung der Tiere, die durch diesen Schutzgeist vertreten werden.»[2]

Die Energie des Krafttieres macht Sie widerstandsfähig gegen Krankheit. Es verschafft Ihnen einen kraftvollen Körper, der dem Eindringen fremder Kräfte widersteht: «*In einem kraftgeladenen Körper ist kein Raum für schädliche Energien (Krankheit). Das Krafttier vergrößert nicht nur die eigene physische Energie und die Fähigkeit einer ansteckenden Krankheit zu widerstehen, sondern auch die eigene, mentale Beweglichkeit und das Selbstvertrauen.*

Kraftvoll zu sein bedeutet gleichsam, ein Kraftfeld um sich zu haben. Man ist widerstandsfähig gegen äußere Krafteinbrüche, die gleichbedeutend mit Infektionen sind. Aus der schamanischen Sicht sind Krankheiten meistens Krafteindringlinge. Sie sind nicht natürlich und werden von außen hereingebracht. Wenn jemand ernstlich erkrankt ist, so ist er ent-geistigt, d.h., sein Krafttier hat ihn verlassen. In diesem Zustand ist er anfällig (physisch und psychisch) und kann sich nicht genügend wehren.»[3]

Fragen Sie also zuerst Ihren Klienten, ob er wirklich eine Verbesserung seines Zustandes wünscht und ob er bereit ist, alles dafür zu tun.

Dann handeln Sie ein Honorar aus. Das muß nicht unbedingt Geld sein, aber der Klient muß eine Gegenleistung bringen, damit er auch die Verantwortung für sich selbst übernimmt und damit die Selbstheilungskräfte aktiviert werden können. Er kann Ihnen z.B. Arbeit abnehmen.

Die zweite Ursache der Krankheit ist der Verlust der Seele. Durch irgendeine schlechte Erfahrung, ein Trauma in der Kindheit, ein Schock oder andere einschneidende Erlebnisse ist der

Klient nicht mehr in der Lage, für sich selbst zu sorgen. Er schiebt die Verantwortung ab, und ein Teil seiner Seele will nicht mehr in seinem Körper sein, weil es ihr dort nicht mehr gefällt. (Siehe Kapitel «Gefühle».)

Nun hat der Schamane die Aufgabe, in die Unterwelt zu reisen und die verlorenen Seelenanteile zu finden und zu überreden, wieder in den Körper zurückzukommen.

VORBEREITUNGEN

Sie brauchen:
1 Matratze und 1 Decke, 2 Schlafbrillen oder Tücher, Ihren Altar, den Weltenbaum, die Schamanentracht, eine Kassette mit Schamanentrommel, 1 Kassettenrecorder, 1-2 Rasseln, die Taragebete, 1 Kerze und Räucherwerk.

Sie brauchen einen ruhigen, etwas verdunkelten Raum. Legen Sie eine Matratze auf den Boden mit dem Kopfende Richtung Osten, und am Kopfende bauen Sie auch Ihren Altar auf und stellen Ihren Weltenbaum hin.

Ziehen Sie Ihre Schamanenkluft an (aber barfuß mit Fußschellen), und bereiten Sie sich so vor, als wenn Sie ins Theater gehen würden. Sie und Ihr Klient sollten vier Stunden vorher nichts Deftiges essen, keinen Alkohol, keine Drogen, kein Koffein, kein Teein und dergleichen einnehmen.

Bevor Sie Ihren Klienten auf die Matratze legen, wird er, der Raum, die Gegenstände und Sie selbst gut geräuchert. Decken Sie ihn dann zu, und achten Sie darauf, daß er sich nicht eingeklemmt fühlt. Bedecken Sie seine Augen mit einem dunklen Tuch. Sie selbst müssen neben Ihrem Klienten liegen können, also lassen Sie auch Platz für sich.

Nun setzen Sie sich an den Altar und beginnen, laut die Taragebete zu rezitieren. Dann rufen Sie alle Ihre Schutz- und Hilfsgeister und bitten um Beistand und Unterstützung.

ERÖFFNUNGSTANZ DER VIER HIMMELSRICHTUNGEN UND DAS RUFEN DES KRAFTTIERS

Fangen Sie mit dem Eröffnungstanz an, und nehmen Sie Kontakt auf zu Ihrem Krafttier. Entweder haben Sie ein eigenes Krafttier, das Sie begleitet, oder Sie haben ein extra Krafttier nur für die schamanische Sitzung. Sie müssen die Tiere aber immer vorher fragen, ob sie jetzt bereit sind mitzuarbeiten. Manchmal kommt kurzfristig doch noch ein anderes.

1. Übergang: Stehen Sie still und aufrecht, schütteln Sie die Rassel schnell, kräftig viermal (Signal zum Anfangen, Aufhören oder für Übergänge).

2. Blicken Sie nach Osten, und denken Sie dabei an die aufgehende Sonne, die letztlich allem Lebendigen Kraft gibt, schütteln Sie die Rassel ca. 150 mal pro Minute, wiederholen Sie den gleichen Vorgang in jede Himmelsrichtung, denken Sie dabei an alle Pflanzen und Tiere, die bereit sind, Ihnen zu helfen.

Sie stehen wieder in Richtung Osten, schütteln die Rassel über Ihrem Kopf und denken dabei an Sonne, Mond, Sterne und das ganze Universum, dann nach unten zum Boden und denken dabei an Mutter Erde. (Zünden Sie für jede Himmelsrichtung ein Räucherstäbchen an. Ich habe in jeder Himmelsrichtung eine Pflanze stehen und stecke das Räucherstäbchen in die Pflanzenerde.)

Nehmen Sie jetzt beide Rasseln in die Hände, und beginnen Sie sie zu schütteln und zu tanzen, als ob Sie im Tempo der Rasseln traben. *«Mit diesem Eröffnungstanz geben Sie dem Krafttier, ganz gleich, wo es ist, den Beweis Ihrer eigenen Aufrichtigkeit, indem Sie ihm ein Selbstopfer Ihrer Energie in der Form eines Tanzes darbringen. Dieses Tanzen ist eine Art Beten und Aufrufen des Mitgefühls der Schutzgeister.»*[4]

4. Aufhören mit dem Tanzen und Stufe 1 für den Übergang wiederholen.

5. Beginnen Sie nun Ihre Rassel laut und langsam, etwa 60 Mal pro Minute, zu schütteln, wobei Sie die Füße im gleichen

Tempo bewegen. Nun bewegen Sie sich durchs Zimmer, langsam und frei, wobei Sie versuchen, die Empfindung des Krafttieres aufzuspüren. Sobald Sie eine Vorstellung von dem Tier haben, konzentrieren Sie sich darauf und bewegen solange Ihren Körper, bis Sie sich wie das Tier fühlen. Nun erreichen Sie den schamanischen Bewußtseinszustand. Öffnen Sie sich, um die Gefühle des Tieres zu spüren, und zögern Sie nicht, Schreie oder Töne des Tieres auszustoßen. Vielleicht können Sie das Tier sehen oder seine Umgebung wahrnehmen (5 Min.).

6. Gehen Sie über zu einer schnelleren Geschwindigkeit des Rasselns und Ihrer Bewegungen, alles weitere wie Stufe 1 (5 Min.).

7. Erhöhen Sie die Geschwindigkeit (180 Mal pro Minute), tanzen Sie in einem schnelleren Tempo bis zur Ekstase (4 Min.).

8. Hören Sie auf zu tanzen, legen Sie sich einen Moment auf den Boden und laden Sie das Tier ein, in Ihrem Körper zu bleiben, dabei schütteln Sie die Rassel vier Mal und ziehen das Tier in Ihre Brust. (Ruhen Sie sich einen Moment aus, denn das war ein anstrengender Akt.)

9. Wiederholen Sie Stufe 1, und bedanken Sie sich.

Gehen Sie jetzt mit Ihrer Rassel viermal im Uhrzeigersinn um den Klienten, dabei singen Sie Ihr Schamanenlied und tanzen Ihren Tanz.

Nun legen Sie sich neben Ihren Klienten, nehmen seine rechte Hand und stoßen mit dem linken Fußgelenk an sein rechtes. Legen Sie sich ein Tuch über die Augen, und nehmen Sie in die rechte Hand Ihre Rassel. Starten Sie mit der schamanischen Reise. Gehen Sie in den Tunnel, und fragen Sie den Wächter, was zu tun ist. Meist sagt er, daß der Klient zuerst ausgesaugt werden muß. Gehen Sie den Weg wieder zurück.

Jetzt setzen Sie Ihre Hilfsgeister ein. Streichen Sie mit der Hand oder einer Feder über die Aura des Klienten, und spüren Sie, wo die dunklen Stellen liegen. Sie können auch Hitze, Energie oder Vibrationen wahrnehmen. Konzentrieren Sie Ihren Helfer in Ihrem Mund, dort werden sie die Krafteindringlinge fangen und absorbieren, sobald Sie diese aus dem Klienten ausgesaugt haben. Nehmen Sie dazu eine Schüssel mit

Salzwasser, denn Salz bindet Energien, und wringen Sie einen Wattepad darin aus, den Sie sich dann in den vorderen Teil Ihres Mundes legen (zwischen Lippen und Zähne). Nun beugen Sie sich über die dunkle Stelle und saugen die Energie in den Wattepad hinein, dann direkt in eine andere Schüssel ausspucken.

Sie müssen bei diesem Vorgehen sehr aufpassen, daß Sie diesen gierigen Energien nicht erlauben, durch Ihren Mund in den Magen zu gelangen, sonst brauchen Sie einen anderen Saug-Schamanen für sich selbst. Wichtig ist, daß das Herausgesaugte so schnell wie möglich entsorgt wird (in die Toilette).

Wenn Sie Ihre Hilfsgeister alle eingesetzt haben, dann legen Sie sich wieder neben den Klienten und gehen erneut auf Reise; suchen Sie sich ein Krafttier oder einen Schutzgeist für den Klienten. Meistens drängt es sich sehr schnell auf und kann es gar nicht erwarten, mitgenommen zu werden. Wenn Sie es gefunden haben, drücken Sie es mit Ihrer Hand gegen Ihre Brust, nehmen Ihre Rassel und schütteln sie viermal fest, dann ganz schnell und kehren durch den Tunnel in das Zimmer zurück. Legen Sie die Rassel weg, halten Sie das Tier an Ihre Brust, knien Sie sich vor dem Klienten und legen das Tier in der geschlossenen Hand auf die Brust des Klienten. Dann blasen Sie durch die geschlossene Hand das Tier in die Brust des Klienten, weil der Schutzgeist sich meistens in diesem Bereich ausruht. Dann heben Sie mit Ihrer linken Hand den Klienten hoch, um das Tier in die Fontanelle zu blasen. (Die Fontanelle am Schädeldach ist ein wichtiger Ein- und Ausgangspunkt für Kraft, und aus diesem Grund bläst ein Schamane, nachdem er den Schutzgeist in die Brust geblasen hat, in die Fontanelle des Klienten. Damit endet die Übertragung von Seelenanteilen, die er zurückgeholt hat.)

Nehmen Sie die Rassel, gehen Sie wieder viermal um den Klienten und schließen Sie die Behandlung ab.

Wecken Sie vorsichtig Ihren Klienten, und beschreiben Sie, wen Sie mitgebracht haben. Nun tanzen Sie das neue Tier vor, und Ihr Klient muß nachtanzen und dieses Tier überhaupt regelmäßig tanzen, damit die Kraft bei ihm bleibt.

Danach setzen Sie Ihren Klienten wieder auf die Matte, während Sie nach draußen gehen und mit den Geistern verhandeln. Sie fragen die Spirits, was der Klient als Gegenleistung tun soll, damit sie ihm helfen können. Meist kommt eine sinnvolle Aufgabe, die mit seinen Problemen zu tun hat.

Diese Aufgabe teilen Sie Ihrem Klienten mit. Dann bedanken Sie sich bei allen Spirits, den Schutz- und Krafttieren und verabschieden sich.

«Bei der schamanischen Arbeit ist es wichtig, auf das Vorkommen positiver Synchronizitäten zu achten; denn sie sind Zeichen dafür, daß Energie wirkt, um Ergebnisse weit über die normalen Grenzen der Wahrscheinlichkeit hervorzubringen.»[5]

Als eine Schülerin diese Sitzung bei mir machte, dachte ich mir: «Welches Tier mag sie mir wohl mitbringen»? und spontan kam das Wort «Otter». Als sie ihre Sitzung beendet hatte, sagte sie mir, sie hätte den Otter mitgebracht. Ich war froh, denn es war eine Bestätigung für gute Arbeit.

Das Krafttier können Sie immer um Rat fragen! Regelmäßige Praxis ist allerdings notwendig: Einmal wöchentlich sollten Sie Ihr Krafttier tanzen!

ZUSAMMENFASSUNG

Wenn Sie eine Blockade im siebten Chakra haben, dann unterstreichen Sie die Begriffe, bei denen Sie sich emotional angesprochen fühlen:

Angst vor dem Tod, mangelnde Tat- und Entschlußkraft, unbefriedigte Gefühle infolge nicht realisierter Energie, Frustration, Depression, unberechenbare Gedankenformen und Äußerungen, Flucht in Aktivitäten, der Wunsch, sich viel Verantwortung aufzuladen, um damit die eigene Tüchtigkeit unter Beweis zu stellen, Sinnlosigkeit des eigenen Lebens, keine Beziehung zu Gott.

Körperliche Störungen drücken sich aus in: Nerven, Kopf, Vegetativum, Zirbeldrüse, Migräneanfälle und starke Kopfschmerzen.

HILFE ZUR SELBSTHILFE

Wie Sie sich selbst helfen können

1. Erkenntnis: Welches Problem habe ich im siebten Chakra?
2. Einsicht: Ich habe ein Problem und möchte es loslassen.
3. Information: Welche Hilfen und Möglichkeiten gibt es?
4. Handlung: Ich setze alle Hilfsmittel ein, um mein Problem zu lösen.

DIE FARBE WEISS

Weiß ist keine Farbe, weil sie alle Farben in sich vereinigt. Weiß gibt sich offen für alles. Weiße Wände wirken neutral, beruhigend und verbindend. Sonnenlicht ist weiß. (Legen Sie sich zehn Minuten in die Sonne, um die weißen Schwingungen aufzunehmen.)

STEINE

Die Hüter der Steine sind unsere Freunde.

Der Bergkristall: Der Hüter der Geheimnisse

Zuerst sollten Sie den Stein fragen, ob er Sie mag.

Setzen Sie sich gerade hin, schließen Sie die Augen und halten Sie den Kristall an Ihr Ohr, bis Sie einen Ton hören. Dann legen Sie ihn links an die Innenseite des Ellenbogens und prüfen, ob sich eine Veränderung ergibt. Nun legen Sie den Kristall auf Ihr Herzzentrum und hören zu, was er Ihnen zu sagen hat. Legen Sie nun den Kristall in die linke Hand und lassen Ihre rechte Hand darüberschweben. Spüren Sie in sich hinein, ob er mit Ihnen arbeiten möchte oder nicht. Wenn Sie gar nichts spüren, sollten Sie diese Übung ein paarmal wiederholen.

Wenn Sie in die schamanische Praxis eingeweiht sind, sollte der Kristall Ihr Heilstein werden. Er ist ein kraftvoller Freund, der Sie das Hellsehen lehren wird. Er wird Sie auf der schamanischen Reise mit mächtigen Wesen verbinden, die Ihnen viel Wissen und Kraft übertragen können. Sie sollten ihn in Ihrem Medizinbeutel aufbewahren und niemandem zeigen, sonst verändert sich die Kraft des Kristalls und verliert seine Wirkung.

Der Bergkristall hilft, Verborgenes sichtbar zu machen, verbessert die Kraft der Augen und der Ohren sowie Nachtblindheit, löst Energieblockaden, wenn er an der betroffenen Stelle aufgelegt wird, wirkt auf Chakren aktivierend, hilft bei Kreislaufstörungen durch ständiges Tragen, bei Zerrungen, schmerzenden Gelenken, schützt vor negativen Kräften, Schwingungen und Krankheiten (gut für Menschen, die mit Kranken arbeiten), hilft bei Geschwülsten (den Stein auf die betreffende Stelle legen). Bergkristalle saugen Krankheiten förmlich ein (sie sollten anschließend gut gereinigt werden).[6]

AROMATHERAPIE

Lotus

Die Lotusblume ist im Osten das Symbol für Spiritualität und Schönheit. Lotus steht für die Vereinigung mit Gott.

Olibanum

Olibanum ist Weihrauch, der aus dem Harz des Olibanum-Baumes gewonnen wird. Sein Duft wirkt erhebend auf Geist und Seele und reinigt die Atmosphäre. Weihrauch wird oft für religiöse Handlungen verwendet. Olibanum dient als Vermittler zwischen der grob- und feinstofflichen Ebene.

BACHBLÜTEN

Heather

Für egozentrische, geltungsbedürftige Menschen, die nicht allein sein können und laufend von sich selbst sprechen.

Red Chestnut

Für Menschen, die sich zuviel Sorgen machen.

Vervain

Für Menschen, die anderen ihre Überzeugungen mit missionarischem Eifer aufdrängen.

Übersicht: Siebtes Chakra
Themen: Göttlichkeit, mystische Naturerfahrung, Spiritualität, veränderte Bewußtseinszustände, Vereinigung, Hochzeit.
Farbe: Weiß
Steine: Amethyst, Bergkristall, Diamant, Türkis, Smaragd, Mondstein, Rhodochrosit, Obsidian.
Düfte: Kiefer, Lotus, Olibanum, Cajeput, Neroli, Pfefferminze und Eisenkraut.
Bachblüten: Heather, Red Chestnut, Aspen, Crab Apple, Vervain, Beech, Wild Oat, Rock Rose, Hornbeam, Star of Bethlehem, Larch.

SCHLUSSWORT:

WORAN SIE ERKENNEN KÖNNEN, DASS SIE AUF DEM RICHTIGEN WEG SIND

Jeder Mensch möchte gerne Glück, Erfolg, Zufriedenheit, eine Familie, Gesundheit, Wohlstand und Lebenskraft. Der Markt ist voll von Büchern, die diese vielversprechenden Titel führen. Doch durch das Lesen alleine werden Sie Ihr Leben nicht verändern. Ebenso ist der Markt überschwemmt von esoterischen Seminaren. Angeboten wird alles: Sie können sofort aufsteigen zum Avatar (göttliche Inkarnation) oder von einem Seminar zum anderen hasten und dabei feststellen, daß sich nichts verändert, außer daß Sie viel Geld dafür ausgeben. Nur drei Dinge sind wichtig:

1. Sie müssen Ihren Weg finden,
2. Sie müssen auf diesem Weg bleiben und
3. Sie müssen daran glauben, das ist alles.

Sie sind auf dem richtigen Weg:
Wenn Sie in eine seelische Krise geraten, wenn ein Reinigungsprozeß und Veränderungen stattfinden, wenn Sie anfangen ihre Gefühle zu spüren und Ihre Intuition wahrnehmen, wenn Sie eigenverantwortlich handeln können, wenn Sie Ihr Herz spüren und wenn Wunder geschehen.

Sie können sicher sein, daß Sie auf dem richtigen Weg sind:
Wenn Sie bei Ihrer schamanischen Arbeit tief berührt werden und Tränen der Dankbarkeit und des Glücks in Ihre Augen treten. Diese tiefe Berührung kommt ganz von alleine und ist das Zeichen dafür, daß Ihr Herz geöffnet wurde. Ohne diese Herzensöffnung irren Sie seelenlos im Getriebe der Welt umher. Nichts kann Sie wirklich befriedigen, und auch wenn Sie Erfolg haben, bleibt Ihre Seele einsam zurück.

Was nützt Ihnen Ihr Erfolg, wenn Ihre Seele auf der Strecke bleibt? Was nützt Ihnen Ihr Geld, wenn Sie schwerkrank sind?

Was nützt Ihnen Ihr Porsche oder Ihre Drei-Millionen-Villa, wenn Ihre Seele beziehungslos bleibt? Was nützt Ihnen Ihr Dasein überhaupt, wenn Sie keinen Sinn mehr in Ihrem Leben sehen, und was nützt Ihnen Ihr Körper noch, wenn er nicht einbezogen wird?

Wir können alles mit unserem Ego leben, eine Zeitlang, auch mit viel Erfolg, aber wenn die Seele nicht dabei ist, bleiben wir in unserer Einsamkeit zurück. Seelische Einsamkeit ist genauso schlimm wie eine Viruserkrankung, nur wird sie in unserer Gesellschaft weder erkannt noch behandelt. Die Ärzte versuchen, nur die Symptome zu behandeln, das kostet die Krankenkassen viel Geld, die meisten Medikamente landen im Mülleimer und die Ärzte werden immer reicher (oder kennen Sie einen armen Arzt?)

Es gibt immer mehr Singles, die auf der Suche nach einem neuen Partner sind, aber im Grunde sind sie nur auf der Suche nach sich selbst. Partner sind austauschbar und Spiegel. Partner sind Projektionsfelder meiner Schattenanteile. Ich bekomme genau den Partner, den ich verdient habe. Das Unbewußte sucht sich mit hundertprozentiger Sicherheit den falschen Partner heraus, damit es sich selbst heilen kann. Meist schaffe ich es in meiner eigenen Betriebsblindheit nicht, mir bewußt darüber zu werden, was ich bei mir aufarbeiten soll, und so wechsle ich einfach die Partner aus. Zurück bleibt eine seelenlose Gesellschaft, die sich zu Tode amüsiert und sich in Abhängigkeiten verstrickt.

Erfolg, Glück und Gesundheit sind Geschenke der Spirits und befriedigen nur, wenn die Seele dabei ist.

Es gibt aus meiner Erfahrung nur einen richtigen Weg:

Sie arbeiten an sich, und die Spirits sorgen dafür, daß es Ihnen gutgeht. Die Spirits sorgen dafür, daß Sie alles bekommen, was zu Ihnen gehört, und sie werden auch alles von Ihnen nehmen, was nicht mehr zu Ihnen paßt. Wenn Sie in einer seelisch vereinsamten Ehe leben, werden Sie diese auflösen, wenn Sie seelisch vereinsamt in einer Drei-Millionen-Villa leben, werden Sie alles hergeben müssen, wenn Sie seelisch vereinsamt einen Beruf ausführen, werden Sie diesen aufgeben müssen, und was Sie bekommen ist: den richtigen Partner, die richtige Berufung, das richtige Zuhause. Sie merken auf einmal, daß alles stimmig ist. Sie fühlen sich zu Hause, mit dem, was Sie tun, wie Sie wohnen und leben.

Und wenn Sie das Gefühl haben: Ich bin am richtigen Ort, ich habe die richtige Aufgabe und ich habe den richtigen Partner, dann sind Sie angekommen. Dann müssen Sie nur noch zufrieden mit dem kleinen Glück sein und beten, daß es Ihnen erhalten bleibt. Und Sie müssen dafür sorgen, daß Sie es nicht durch Sabotageprogramme zerstören, aber diese hören auf, wenn alles im Einklang mit dem Kosmos steht. Wenn Sie da schon angekommen sind, schmeißen Sie dieses Buch in den Mülleimer. Sie brauchen es nicht mehr. Aber wenn Sie das Gefühl haben, Sie sind am falschen Ort, mit dem falschen Partner zusammen oder haben einen Beruf, der Sie auslaugt, dann fangen Sie an zu arbeiten, und zwar von vorne.

Ich bin auf meinem Weg noch nicht ganz angekommen, aber vielleicht, wenn Sie dieses Buch in den Händen halten, denn: Ich habe meinen Weg, ich bleibe bei meinem Weg und ich glaube an meinen Weg.

Ich wünsche Ihnen viel Kraft für Ihren Weg. Er wird anders aussehen als mein Weg, aber in vielen Dingen sehr ähnlich sein. Fangen Sie jetzt an zu arbeiten, und empfangen Sie die Geschenke, die schon für Sie bereit liegen.

Ich wünsche Ihnen dabei viel Kraft, Mut und alles Glück dieser Erde.

Wenn Sie Kontakt mit mir aufnehmen möchten oder Informationen brauchen, dann melden Sie sich.

Ihre Greta Hessel

ANHANG

ANMERKUNGEN

Einleitung

[1] NDR-Sendung am 17.11.1991: Von Marx zu Mickey Mouse, Buch und Regie: Christine Eichel.
[2] Elmar Gruber: Traum, Trance und Tod, Freiburg 1985, S. 21.
[3] NDR-Sendung, a.a.O.
[4] Wiebrecht Ries: Vorlesung, Universität Hannover.
[5] Findhorn ist ein spirituelles Zentrum in Schottland.
[6] Aus einem Interview mit KGS, Hamburg, Januar 1995.
[7] Grundsätzlich meine ich männliche und weibliche Schamanen. Die Schreibweise der/die Schamanin ist mir einfach zu lästig.
[8] Vgl. Mircea Eliade: Schamanismus und archaische Ekstasetechnik, Frankfurt a.M. 1974.
[9] Genauer beschrieben ist dieser Prozeß in: Hessel, «Bahya-Einweihungsweg einer Schamanin», Transform-Verlag 1994.
[10] Eine Übertragung ist beispielsweise ein Problem, was der Schüler mit einem Elternteil hat und auf den Lehrer projiziert, also seine, dem eigentlichen Elternteil zugehörigen Gefühle mit den Lehrern auslebt (überträgt).
[11] Als Sabotageprogramm bezeichne ich die Energie, die sich entwickelt hat, damit ich in einer bestimmten Situation überleben konnte. Diese Energie besteht weiterhin, obwohl ich nicht mehr in Lebensgefahr schwebe, hält mich aber damit von meinem Glück auch ab.
[12] Ein Schatten ist der Anteil im Unbewußten, zu dem ich keinen direkten Zugang habe. Meist spiegelt er sich in anderen Menschen wider, wenn ich z.B. jemanden nicht ausstehen kann, so trägt dieser möglicherweise einen Teil, den ich in mir nicht annehmen kann und damit verdränge, abspalte. Je mehr ich abspalte, um so größer wird mein Gefühlspanzer, bis nichts mehr durchdringt, auch keine guten Gefühle mehr.

Einführung in den Schamanismus

[1] Vgl. Wilhelm E. Mühlmann: Die Metamorphose der Frau, Berlin 1984.
[2] Vgl. Mircea Eliade: Schamanismus und archaische Ekstasetechnik, Frankfurt a.M. 1994.
[3] Eliade, a.a.O.
[4] Vgl. Mühlmann, ebenda.
[5] Eliade, a.a.O.
[6] Mühlmann, a.a.O.

7 Eliade, a.a.O.
8 Vgl. Schischkoff: Philosophisches Wörterbuch, Stuttgart 1978.
9 Kalweit, Holger: Die Welt der Schamanen, Frankfurt a.M. 1988.
10 Mühlmann, a.a.O.
11 Vgl. Walker: Das geheime Wissen der Frauen, München 1995.
12 Eliade, a.a.O.
13 Mühlmann, a.a.O.
14 Bataille, Georges: Das obszöne Werk, Reinbek 1972.
15 Vgl. Bergson, Henri: Die beiden Quellen der Religion und Moral, Genf 1945.
16 Eliade, a.a.O.
17 Gruber, Elmar: Traum, Trance und Tod, Freiburg i. Br. 1985.
18 Gruber, a.a.O.
19 Harner, Michael: Der Weg der Schamanen, Reinbek 1986.
20 Hultkrantz, Ake: Schamanische Heilkunst, München 1994.
21 Landsprung, Adolphe: Orte der Kraft, Straßburg 1994.
22 Roth, Gabriele: Das befreite Herz, München 1990.
23 Harner, a.a.O.
24 Ebenda.
25 Dischner, Giesela: Die Stimme des Fremden, Hofheim 1992.
26 Stachelhau, Heiner: Joseph Beuys, Leibzig 1989.
27 Vgl. Greta Hessel: Magisterarbeit, Universität Hannover 1992.
28 Stachelhaus, a.a.O.
29 Ebenda.
30 Dischner, a.a.O.
31 Vollmer, Klausbernd: Fahrplan durch die Chakren, Düsseldorf 1984.

1. Stufe: Erdung

1 Schischkoff: Philosophisches Wörterbuch, Stuttgart 1978.
2 Humbolt: Psychologie Lexikon, 1990.
3 Hilfe dazu finden Sie im Medizinrad.
4 Henrichs, D.: Handbuch Nähr- und Vitalstoffe, Grünwald 1993.
5 Biochemischer Bund Deutschland e.V. Geschäftsstelle: Dr. Schüßler Sanatorium, Hahnenkleer Str. 1-7, 38644 Goslar, Tel. 05325-502-0 (Der Mitgliedsbeitrag ist sehr gering!) Das beste Buch dazu: Dr. K. Kirchmann: Biochemie Lexikon, Ruth Mertens Verlag, 1983 aus: Mineralstoffe des Lebens, DHU und Wesen und Anwendung der Biochemie nach Dr. Schüßler (gibt es in jeder Apotheke umsonst!).
6 Zweig/Abrams: Die Schattenseite der Seele, Bern 1991.
7 Ebenda.
8 Caland, Marianne/Caland, Patrick: Weihrauch und Räucherwerk, Aitrang.
9 Ebenda.
10 Bestens geeignet ist die CD: Mantras von Henry Marshall.

11 CD = Michael Harner, Shamanic Journey.
12 Schaufelberger-Landherr, Edith: Die Kraft der Steine, Cham.
13 Vgl. Laurich, Eva: Pfeile des Lichts, Interlaken 1989, S. 116.
14 Vgl. Schaufelberger, a.a.O.
15 Vgl. Laurich a.a.O.
16 Ebenda.

2. Stufe: Gefühle

1 Gudjons/Pieper/Wagner: Auf meinen Spuren, Reinbek 1986.
2 Chopich/Paul: Aussöhnung mit dem Inneren Kind, Freiburg i.Br. 1993.
3 Ebenda.
4 Ebenda.
5 Roth, Gabriele, ebenda.
6 Chopich/Paul, a.a.O.
7 Miller, Alice: Das Drama des begabten Kindes, Frankfurt a.M. 1979.
8 Chopich/Paul, a.a.O.
9 Ebenda.
10 Vgl. Starhawk: Mit Hexenmacht die Welt verändern, Freiburg i.Br..
11 Vgl. Schaufelberger-Landherr, a.a.O.

3. Stufe: Macht

1 Sun Bear/Wabun Wind: Das Medizinrad-Praxisbuch, München 1991.
2 Vgl. Sams/Carson: Karten der Kraft, Aitrang 1989.
3 Vgl. Linda Goodman: Astrologie sonnenklar, Bern 1969.
4 Ebenda.
5 Ebenda.
6 Ebenda.
7 Ebenda.
8 Ebenda.
9 Ebenda.
10 Ebenda.
11 Ebenda.
12 Ebenda.
13 Ebenda.
14 Sams/Carson: Karten der Kraft, a.a.O.
15 Goodman, a.a.O.
16 De Waal, Malefijt: Entgiftung und Stoffwechsel, München 1998.
17 Bergson, a.a.O.
18 Schaufelberger, a.a.O.

4. Stufe: Hingabe

[1] Pema-Dorje: Tara, Olten 1991.
[2] Ebenda.
[3] Galland, China: Grüne Tara und schwarze Madonna, Olten 1993, S. 88.
[4] Galland, China: Grüne Tara und schwarze Madonna, Olten 1993.
[5] Pema Dorje: Tara, ebenda.
[6] Ebenda.
[7] Ebenda.
[8] Ebenda.
[9] Ebenda.
[10] Schaufelberger, a.a.O.

5. Stufe: Ritual

[1] Hoppàl Mihàly: Schamanen und Schamanismus, Augsburg 1994.
[2] Lommel, a.a.O.
[3] Ebenda.
[4] Hoppàl, ebenda.
[5] Eliade, Mircea: Schamanismus und archaische Ekstasetechnik, Frankfurt a.M. 1974.
[6] Catherine Herriger: Die Kraft der Rituale, München 1993.
[7] Ebenda.
[8] Ebenda.
[9] Caland, Marianne/Caland, Patrick: Das Kerzen-Handbuch, Aitrang 1992.
[10] Vgl. Lurker: Lexikon der Götter und Dämonen.
[11] Dieses Ritual stammt von meinem Schamanenlehrer Bernhard Kornstedt.
[12] Vgl. Schaufelberger, a.a.O.

6. Stufe: Die Vision

[1] Foster/Little: Vision Quest, Braunschweig 1989.
[2] Ebenda.
[3] Ebenda.
[4] Vgl. Schaufelberger, a.a.O.

7. Stufe: Einweihung

[1] Hamer, Michael: Der Weg des Schamanen, Reinbek 1986.
[2] Ebenda.
[3] Ebenda.
[4] Ebenda.

5 Ebenda.
6 Schaufelberger, a.a.O.

Medizinradlieder / Stufe 3

1 Medicine Wheel, SHM-105, an Wings of Song & Robert Grass
Ancient Mother, SHM-1017, an Wings of Song & Robert Grass
Fire Prayer, EMCD 71012 Denean
The Weaving, EMCD 71022 Denean
Fley like on eagle, PT 504 Gila
Powwow songs 80343-2 Music of the plains indians
Since the beginning RRCD 11 Layne Redmond and the mob angels
Signals from the heart, SAR 136 CD Comman Man Singers
MC: The Tribal Flame, CO 80210 Clarkson

LITERATURVERZEICHNIS

Aromatherapie

Davis, Patricia: Aromatherapie von A-Z, München 1990
Kraus, Michael: Einführung in die Aromatherapie, Gaimersheim 1991
Mausy, Marguerite: Die Geheimnisse der Aromatherapie, Aitrang 1990
Ryman, Daniele: Handbuch der Aromatherapie, München 1990
Brown, Jude: Aromatherapie für Reisende, Neuhausen 1996
Price, Shirley: Praktische Aromatherapie, Neuhausen 1988

Astrologie

Goodman, Linda: Astrologie Sonnenklar, Bern 1969

Buddhismus

Die geheimen Dakini Lehren, München 1995
Gyatso Geshe Kelsang: Freudvoller Weg, Henggart 1995
Fremantle, Trungpa: Das tibetanische Totenbuch, München 1976

Bachblüten

Bach, Dr. Edward: Heile dich selbst mit Bachblüten, München 1988
Kraaz/Rohr: Original Heilblüten Farbkarten, Neuhausen 1989
Sprissler/Rohr: Tao der Bachblüten, Neuhausen 1997

Chakra-Arbeit

Baginsky-Sharamon: Das Chakra-Handbuch, Aitrang 1988
Bek/Pullar: Chakra-Energie, Bern 1985
Bohm, Werner: Die Wurzeln der Kraft, Bern 1966
Bruyere, Rosalyn: Chakras – Räder des Lichts, Essen 1990
Motoyama, Hiroshi/Braun Dr.: Chakra-Physiologie, Freiburg i.Br. 1978
Gallegos, Eligio Stephen: Indianisches Chakra-Heilen, München 1991
Johari, Harish: Chakras, Basel 1992
Korteweg, Hans und Haneke: Dem inneren Licht folgen, München 1991
Mann/Short: Der Feinstoffliche Körper, Aitrang 1991
Rendel, Peter: Einführung in die Chakras, Basel 1983
Stangl, Marie-Luise: Die Welt der Chakren, Düsseldorf 1984
Vollmar, Klausbernd: Fahrplan durch die Chakren, Happingen 1985
von Gelder/Kunz/Karagulla: Die Chakras, Grafing 1989

Edelsteine

Baginsky/Sharamon: Edelsteine und Sternzeichen, Aitrang 1989
Brusius, Hedy: Die Magie der Edelsteine, Genf 1975
Deaver, Korra: Die Geheimnisse des Bergkristalls, Aitrang 1991
Gurudas: Heilung durch die Schwingung der Edelsteinelixiere, Bd.1, Neuhausen 1985
Johari, Harish: Die sanfte Kraft der edlen Steine, Aitrang 1987
Klinger-Raatz, Ursula: Die Geheimnisse edler Steine, Aitrang 1988
Laurich, Evi: Pfeile des Lichts, Interlaken 1989
Loader, Rhea: Traumsteine. Das Orakel der lebendigen Erde, Bad Münstereifel 1991
Lopes, Elke: Steinheilkunde Bd.1 und Bd.2, Siddharta Healing Center
Lucy/Beeler: Heilkraft mir der Stein verschafft, Para-Praktika, Buchs
Ostendorff, Eberhard: Steine in Farben, Ravensburg 1966
Schumann, Prof. Dr., W.: Edelsteine und Schmucksteine, München 1992
Raphaell, Katrina: Heilen mit Kristallen, München 1987
Rätsch, Christian: Lexikon der Zaubersteine, Wiesbaden 1992
Schaufelberger-Landherr: Die Kraft der Steine, Cham 1992

Silbey, Uma: Heilkraft der Kristalle, München 1993
Hoffman, Helmut u. Antje: Naturkosmetik mit Edelsteinen, München 1989

Eßstörungen

Kloth, Birgit: Zum Kotzen, Tübingen 1992

Farben

Hulke, Waltraud Maria: Das Farben Energiebuch, Aitrang 1992

Findhorn

Hawken, Paul: Der Zauber von Findhorn, Reinbek 1985

Gesundheit

Adiraya Dasa: Vedische Kochkunst, Bhaktivendanta Book Trust, 1987
Harold, Dr. med. H./Markus-Hans Fink: Gesund bleiben in der heutigen Umwelt, München 1991
Dychtwald, Ken: Körper-Bewußtsein, Essen 1981
King, Serge: Ihr Körper glaubt, was sie ihm sagen, Braunschweig 1992
Pauling, Linus: Das Vitaminprogramm, München 1992
Markus/Fink: Gesund bleiben in der heutigen Umwelt, München 1991
Mindell, Earl: Die Vitamin Bibel, München 1985
Simonton: Auf dem Weg der Besserung, Reinbek 1992
Temelie: Ernährung nach den fünf Elementen, Sulzberg 1994
Henrichs, Dieter: Die Kal-Nährstoffe, Grünwald 1993

Götter/Göttinnen

Lurker, Manfred: Lexikon der Götter und Dämonen, Stuttgart 1989
Seiler, Susanne: Gaia – Das Erwachen der Göttin, Braunschweig 1991

Heilen

Sebastian, Robert: Die neuen Heiler, München 1999

Homöopathie

D.H.U. Deutsche Homöopathie-Union 1988: Homöopathisches Repetitorium
Souter, Keith M: Vital mit Homöopathie, Neuhausen 1997
Kirchmann, Dr., K.: Biochemie Lexikon, Hamburg 1983

Inneres Kind

Bradshaw, John: Das Kind in uns. Wie finde ich zu mir selbst, München 1992
Chopich/Paul: Aussöhnung mit dem inneren Kind, Freiburg i.Br. 1993
Bradshaw, John: Mut zur Selbstverantwortung, München 1992
Gudjons/Piper/Wagner: Auf meinen Spuren, Reinbek 1986
Miller, Alice: Das Drama des begabten Kindes, Frankfurt a.M. 1979

Kartenorakel

Winter, Gayan Silvie: Vision Quest, Neuhausen 1998
Sams/Carson: Karten der Kraft, Aitrang 1989

Magie

Budapest, Suzanna: Mondmagie, München 1993
Caland: Das Kerzen-Handbuch, Aitrang
Green, Marian: Naturmagie, Braunschweig 1992
Green, Marian: Ritualmagie, Braunschweig 1993
Pajeon, Kala und Ketz: Talisman-Magie, München 1992

Mantras

Devananda, Vishnu: Meditation und Mantras, München 1986
Spiesberger, Karl: Das Mantra Buch, Berlin 1977
Marshall, Henry: Mantras – Magische Gesänge der Kraft, Freiburg 1992 (CD)

Medizinrad

Stevens, Jose und Lena: Zur Quelle der Kraft, Freiburg i.Br. 1994
Pajeon, Kala und Ketz: Talisman-Magie, München 1994

Lurker, Manfred: Lexikon der Götter und Dämonen, Stuttgart 1989
Loomis, Mary E.: Tanz des Typenrades, Düsseldorf 1994
Meadows, Kenneth: Die Weisheit der Naturvölker, München 1989
Meadows: Das Naturhoroskop, München 1994
Meadows: Das Netz der Kraft, München 1993
Simek, Rudolf: Lexikon der germanischen Mythologie, Stuttgart 1984
Sun Bear/Wind: Das Medizinrad-Praxisbuch, München 1991
Laurich, Evi: Pfeile des Lichts, Interlaken 1989
Lörler, Marielu: Jacomo baut ein Medizinrad, Planegg 1990

Philosophie

Zittlau: Philosophie statt Medizin, München 1993
Bataille, Georges: Das öbszöne Werk, Reinbek 1972
Bergson, Henri: Die beiden Quellen der Religion und Moral, Genf 1945
Stachelhaus, Heiner: Joseph Beuys, Leipzig 1989
Dischner, Giesela: Die Stimme des Fremden, Hofheim 1992
Schischkoff: Philosophisches Wörterbuch, Stuttgart 1978
Hessel, Greta: Ein ethnographischer Blick auf unsere Gesellschaft, (Magisterarbeit, Universität Hannover 1992)

Psychologie

Goel, B.S.: Psychoanalyse und Meditation, Genf 1989
Hasselman/Schmolke, Archetypen der Seele, München 1993
Musaph, Herman: Technik der psychologischen Gesprächsführung, Salzburg 1969
Hoffmann/Axthelm: Der Körper in der Psychotherapie, Oldenburg 1991
Hunt, Douglas: Angstfrei leben, Hamburg 1990
Merkle: Wenn das Leben zur Last wird, Mannheim 1991
Rosenberg: Körper, Selbst & Seele, Oldenburg 1989
Rothschild, Berthold: Seelische Notsituationen verstehen und helfen, Weinheim 1980
Weinberg/Rowe: Das Projektionsprinzip, München 1983
Wolf/Merkle: Gefühle verstehen, Probleme bewältigen, Mannheim 1984
Zweig, Abrams: Die Schattenseite der Seele, München 1993

Rituale

Herriger, Catherine: Die Kraft der Rituale, München 1993
Weltzien von, Diana: Praxisbuch der Rituale, München 1997

Caland, Marianne/Caland, Patrick: Das Kerzen-Handbuch, Aitrang 1992
Caland, Marianne/Caland, Patrick: Weihrauch und Räucherwerk, Aitrang 1995
Sandra: Hexenrituale, München 1992

Sai Baba

Sandweiss, Samuel: Sai Baba, der Heilige und der Psychotherapeut, Dietzenbach 1983
Ruhela, S.P. Sri Sathya Sai Baba. Leben, Lehre und Werk, Neuwied 1992

Schamanismus

Achterberg, Jeanne: Die Frau als Heilerin, München 1990
Andrews, Lynn: Der Flug des siebten Mondes, München 1988
Andrews, Lynn: Die Medizinfrau. Der Einweihungsweg einer weißen Schamanin, Reinbek 1986,
Castaneda, Carlos: Die Lehren des Don Juan. Ein Yaki-Weg des Wissens, Frankfurt a.M. 1991
Cowan, Elot: Pflanzengeist Medizin, München 1994
Danaan, Parry: Krieger des Herzens, Freiburg i.Br. 1992
Doug, Boya: Rolling Thunder, München 1981
Duerr, Hans-Peter: Traumzeit, Frankfurt a.M. 1978
Eliade, Mircea: Schamanismus und Ekstasetechnik, Frankfurt a.M. 1974
Foster/Little: Vision Quest, Braunschweig, 1991
Froemer, Fried: So heilt der Schamane, München 1992
Früh, Sigrid: Märchen von Hexen und weisen Frauen, Frankfurt a.M. 1987
Gallegos, Eligio Stephen: Indianisches Chakra-Heilen, München 1991
Goodman, Felicitas: Wo die Geister auf den Winden reiten, Freiburg i.Br. 1993
Graichen, Giesela: Das Kultplatzbuch, Hamburg 1988
Gruber, Elmar: Trance Formation, Basel 1982
Halifax, Joan: Die andere Wirklichkeit der Schamanen, München 1985
Harner, Michael: Der Weg des Schamanen, Reinbek 1986
Hessel, Greta: Bahya – Der Einweihungsweg einer Schamanin, Oldenburg 1994 (nur noch bei der Autorin zu erhalten)
Hoffmann, Kaye: Play ecstasy; Durch Bewegung zur Ekstase, Südergellersen 1991
Hultkranz, Ake: Schamanische Heilkunst, München 1994
Kalweit, Holger: Die Welt der Schamanen, Frankfurt a.M. 1988
King, Serge Kahili: Der Stadt-Schamane, Freiburg i.Br. 1992

Klöwer, Tom: Die Welt der Trommeln und Klanginstrumente, Südergellersen 1994
Millman, Dan: Tate Topa – Der indianische Weg, Neuwied 1992
Mühlmann: Die Metamorphose der Frau. Weiblicher Schamanismus und Dichtung, Berlin 1984
Müller, Werner: Indianische Welterfahrung, Stuttgart 1976
Passie, Torsten: Schamanismus, eine kommentierte Auswahlbibliographie, Hannover 1992
Rätsch, Christian: Von den Wurzeln der Kultur, Basel 1991
Resch, Andreas: Veränderte Bewußtseinszustände, Innsbruck 1990
Roth, Gabriele: Das befreite Herz, München 1990
Sun Bear: Das Medizinrad-Praxisbuch, München 1993
Sun Bear: Die Erde liegt in unserer Hand, München 1991
Vescoli, Michael: Keltischer Baumkreis, Küssnacht 1991
Villolder/Jendresen: Die Macht der vier Winde, Hamburg 1993
Wolinsky, Stephen: Die alltägliche Trance, Freiburg i.Br. 1993

Tantra

Mookerjee/Khanna: Die Welt des Tantra, München
Khetsün Sangpo Rinpoche/Hopkins: Die Praxis des Tantra, München
Walker: Das geheime Wissen der Frauen, München 1995

Weibliche Spiritualität

Pema/Dorje: Tara – Weiblich-göttliche Weisheitskraft im Menschen, Olten 1991
Moltmann-Wendel/Schwelien/Stamer: Erde, Quelle, Baum, Stuttgart 1994
Bolen, Jean Shinoda: Göttinnen in jeder Frau, Basel 1986
Göttner-Abendroth, Heide: Die Göttin und ihr Heros, München, 1986
Galland, China: Grüne Tara und schwarze Madonna, Düsseldorf 1993
Kraaz/von Rohr: Die neue Weiblichkeit, München 1991
Iglehart, Hallie. Weibliche Spiritualität, München 1988
Benard/Schlafer: Grenzenlos Weiblich, Köln 1990
Allione, Tsültrim: Tibets weise Frauen, München 1994
Rinne, Olga: Medea, Das Recht auf Zorn und Eifersucht, Zürich 1988

Zen

Shibayama, Zenkei: Zu den Quellen des ZEN, München 1988

DIE AUTORIN

Greta Hessel M.A. Studium der Philosophie mit Abschlußarbeit über den Schamanismus, Fotografin, Model und Journalistin, mehrjährige Auseinandersetzung mit indianischen und schamanischen Selbstfindungsprozessen, Initiationen und Einweihungen. 5-jährige Seminarerfahrung in alternativen Heilweisen, VHS Dozentin, Veröffentlichung von zwei Büchern über alternative Heilweisen (Transform und Urania Verlag).

Diverse Fernsehauftritte in: Mona Lisa, Spiegel TV, Hessischer Rundfunk, Vox Extra, Schweizer Fernsehen, Spiegel TV Themen Abend; ARD-Wunschbox, Focus TV, Fliege.

Presseartikel in: Neue Welt, Allegra, Eschweger Tageszeitung, Freizeit Revue, KGS Hamburg, Spirit, Bad Pyrmonter Tageszeitung, Calenberger Zeitung, Hannoversche Allgemeine, Grenzenlos.

Greta Hessel ist 1. Vorsitzende des Naturheilvereins Baden-Baden e.V. 1. Vorsitzende und Gründerin der Gesellschaft für angewandte Philosophie e.V. Baden-Baden.

Eigene Wellnessence® – Persönlichkeitscoaching Institut in Baden-Baden.

Friesenbergstr. 25
76530 Baden-Baden
Tel. 07221-290646
Fax 07221-278173
E-Mail: Greta.Hessel@t-online.de
Internet: www.wellnessence.de